制造业先进技术系列

材料成形设备与系统
——车辆制造中的应用

张大伟　赵升吨　编著

机械工业出版社

本书围绕车辆制造流程，详细介绍了车辆关键金属零部件在铸造、锻造、连接（焊接）成形工艺流程中相关设备与系统的基本组成，核心关键制造设备的类型、工作原理、主要技术参数、关键零部件的主要结构和应用场合等内容，阐述了智能制造、智能机器及车辆制造典型智能生产线的构建，讲解了伺服压力机、冲铆设备等有一定应用规模或具有标志性的先进成形设备和生产线。全书共 8 章，包括绪论、智能制造及装备智能化、机械压力机及其伺服化、液压机及其伺服化、能量成形与回转成形设备、连接（焊接）成形设备、液态（铸造）成形设备、车辆制造中的典型智能生产线。

本书可作为普通高等院校车辆工程、材料成型及控制工程、机械设计制造及其自动化、机械工程以及相关专业本科生教材，也可供企事业单位与科研院所的工程技术人员及高等院校相关专业的研究生参考。

图书在版编目（CIP）数据

材料成形设备与系统：车辆制造中的应用/张大伟，赵升吨编著．—北京：机械工业出版社，2023.4

（制造业先进技术系列）

ISBN 978-7-111-72637-1

Ⅰ.①材⋯　Ⅱ.①张⋯　②赵⋯　Ⅲ.①工程材料-成型-设备-应用-车辆制造　Ⅳ.①U270.6

中国国家版本馆 CIP 数据核字（2023）第 025556 号

机械工业出版社（北京市百万庄大街 22 号　邮政编码 100037）
策划编辑：孔　劲　　　　　责任编辑：孔　劲　高依楠
责任校对：薄萌钰　王春雨　　封面设计：马精明
责任印制：邓　博
北京盛通商印快线网络科技有限公司印刷
2023 年 6 月第 1 版第 1 次印刷
169mm×239mm・15.75 印张・320 千字
标准书号：ISBN 978-7-111-72637-1
定价：69.00 元

电话服务　　　　　　　　　　网络服务
客服电话：010-88361066　　　机　工　官　网：www.cmpbook.com
　　　　　010-88379833　　　机　工　官　博：weibo.com/cmp1952
　　　　　010-68326294　　　金　书　网：www.golden-book.com
封底无防伪标均为盗版　　　机工教育服务网：www.cmpedu.com

前言

材料加工中成形加工占有半壁江山。近年来随着增材制造等先进成形技术的发展，具有节材、高效、高性能特性的成形加工的应用领域越来越广泛，尤其在航空、航天等高技术领域，成形加工扮演着极其重要的角色。材料成形设备是材料成形技术的载体，是实现成形技术、保证成形质量的基础。然而，机械制造流程（如汽车制造四大工艺）涉及的核心关键制造设备并非孤立存在的，而是一个有机的整体。

基于轻量化与环保的迫切要求，材料成形技术不断更新发展，非熔焊的连接方式在车辆等制造业中的应用不断增加，相应的新传动原理、满足新材料与新工艺的先进成形设备不断发展。目前，制造业已从以工厂化、规模化、自动化为特征的工业制造模式，转向了多样化、个性化、定制式的智能制造模式。汽车及其他制造业都面临产业升级与制造智能化。先进的智能成形设备，如伺服压力机，性能不断提升，应用范围不断拓展。

本书围绕车辆制造流程，整合铸造、锻造、连接（焊接）成形制造装备相关内容，介绍了智能制造、智能机器及车辆制造典型智能生产线的构建，论述了伺服压力机、冲铆设备、225MN卧式铝挤压生产线等有一定应用规模或具有标志性的先进成形设备和生产线，全面介绍了材料成形设备与系统的基本组成部分，阐述了材料成形涉及的核心关键制造设备类型、工作原理、主要技术参数、关键零部件的主要结构和应用场合。

本书共8章，内容包括绪论、智能制造及装备智能化、机械压力机及其伺服化、液压机及其伺服化、能量成形与回转成形设备、连接（焊接）成形设备、液态（铸造）成形设备，以及车辆制造中的典型智能生产线。书中概述了车辆的基本组成及轻量化、车辆制造设备与工艺，介绍了智能制造、智能机器及实施途径，详述了机械压力机、液压机、能量成形与回转成形设备等行程限定、压力限定、能量限定类塑性成形设备及其伺服化，介绍了弧焊、电阻焊、冲铆等熔焊与基于塑性变形连接（焊接）成形设备，讲解了压力铸造、低压铸造、真空实型铸造等车辆制造应用较多的液态（铸造）成形设备，阐述了大型铝型材挤压、焊装自动化、汽车纵梁辊弯—冲孔—折弯柔性生产等车辆制造典型智能生产线。

本书的出版也得益于西安交通大学本科"十四五"规划教材建设项目的出版资助，在此，作者表示衷心的感谢。

由于编者的水平和认识有限，书中难免存在不足、疏漏和不当之处，敬请读者批评指正。

编 者

目 录

前言
第1章 绪论 ………………………………………………………………………… 1
　1.1 轻量化需求及其实施途径 …………………………………………………… 1
　1.2 车辆制造工艺及其装备 ……………………………………………………… 3
　1.3 材料成形设备概述 …………………………………………………………… 6
　　1.3.1 机械设备运动和能量转化基本原理 ………………………………… 6
　　1.3.2 塑性成形设备与工艺 ………………………………………………… 8
　　1.3.3 焊接成形设备与工艺 ………………………………………………… 9
　　1.3.4 铸造成形设备与工艺 ………………………………………………… 9
　思考与练习 …………………………………………………………………………… 10
第2章 智能制造及装备智能化 …………………………………………………… 11
　2.1 智能制造内涵与外延 ………………………………………………………… 11
　2.2 智能工厂及智能机器 ………………………………………………………… 17
　2.3 装备智能化实施途径 ………………………………………………………… 20
　　2.3.1 分散多动力 …………………………………………………………… 21
　　2.3.2 伺服电直驱 …………………………………………………………… 25
　　2.3.3 集成一体化 …………………………………………………………… 30
　思考与练习 …………………………………………………………………………… 33
第3章 机械压力机及其伺服化 …………………………………………………… 34
　3.1 机械压力机概述 ……………………………………………………………… 34
　3.2 通用机械压力机 ……………………………………………………………… 39
　　3.2.1 曲柄滑块机构运动及受力 …………………………………………… 39
　　3.2.2 离合器与制动器 ……………………………………………………… 49
　　3.2.3 通用机械压力机主要零部件 ………………………………………… 53
　3.3 多连杆压力机 ………………………………………………………………… 57
　　3.3.1 多连杆压力机特点及应用 …………………………………………… 57
　　3.3.2 多连杆压力机主要结构 ……………………………………………… 59
　　3.3.3 多连杆压力机关键技术 ……………………………………………… 62
　3.4 伺服压力机 …………………………………………………………………… 63
　　3.4.1 伺服压力机特点及应用 ……………………………………………… 63
　　3.4.2 伺服压力机主要结构 ………………………………………………… 67
　　3.4.3 伺服压力机关键技术 ………………………………………………… 70

思考与练习 ·· 72

第4章　液压机及其伺服化 ··· 74
4.1　液压机动力装置与液压系统 ·· 74
　　4.1.1　基本组成与技术参数 ··· 74
　　4.1.2　动力装置 ·· 76
　　4.1.3　典型液压系统 ·· 77
4.2　液压机结构与关键部件 ··· 80
　　4.2.1　机身结构 ·· 80
　　4.2.2　液压缸结构 ··· 82
　　4.2.3　液压缸强度校核 ··· 84
4.3　模锻液压机与板料冲压液压机 ·· 87
　　4.3.1　大型模锻液压机 ··· 87
　　4.3.2　板料冲压液压机 ··· 90
4.4　板材充液与内高压成形设备 ·· 92
　　4.4.1　板材充液成形设备 ·· 93
　　4.4.2　内高压成形设备 ··· 95
4.5　挤压液压机 ·· 98
　　4.5.1　挤压液压机主机 ··· 99
　　4.5.2　液压传动与控制系统 ··· 101
4.6　伺服液压机 ··· 105
　　4.6.1　伺服液压机工作原理 ··· 105
　　4.6.2　典型伺服液压机 ··· 107
　　4.6.3　泵控电液伺服系统 ·· 110
　　思考与练习 ··· 112

第5章　能量成形与回转成形设备 ·· 113
5.1　螺旋压力机 ·· 113
　　5.1.1　螺旋压力机工作原理 ··· 113
　　5.1.2　螺旋压力机典型结构 ··· 116
　　5.1.3　螺旋压力机力能关系 ··· 121
5.2　楔横轧机 ··· 125
　　5.2.1　弧形式楔横轧机 ··· 126
　　5.2.2　辊式楔横轧机 ·· 126
　　5.2.3　板式楔横轧机 ·· 128
5.3　复杂型面滚轧设备 ·· 128
　　5.3.1　板式搓制成形设备 ·· 129
　　5.3.2　轮式滚轧成形设备 ·· 131
　　5.3.3　轴向推进主动旋转滚轧成形设备 ······························· 133
5.4　径向锻造与旋转锻造设备 ·· 134
　　5.4.1　径向锻造设备 ·· 135

  5.4.2 旋转锻造设备 ······ 139
 思考与练习 ······ 143

第 6 章 连接（焊接）成形设备 ······ 144
 6.1 白车身连接技术 ······ 144
 6.2 电阻焊设备 ······ 149
  6.2.1 电阻焊设备基本组成 ······ 149
  6.2.2 电阻焊设备主电源 ······ 152
  6.2.3 电阻焊设备机械结构 ······ 156
 6.3 电弧焊设备 ······ 162
  6.3.1 焊接电弧与电弧焊工艺 ······ 162
  6.3.2 GMAW 设备 ······ 164
  6.3.3 钨极氩弧焊设备 ······ 166
 6.4 冲铆连接设备 ······ 169
  6.4.1 冲铆连接设备增力机构 ······ 169
  6.4.2 锁铆连接设备结构 ······ 171
  6.4.3 无铆连接设备结构 ······ 172
 思考与练习 ······ 175

第 7 章 液态（铸造）成形设备 ······ 177
 7.1 压铸机 ······ 177
  7.1.1 压铸机分类及基本结构 ······ 177
  7.1.2 开合模机构 ······ 181
  7.1.3 压射机构 ······ 183
 7.2 低压铸造设备 ······ 188
  7.2.1 低压铸造设备原理及组成 ······ 188
  7.2.2 低压铸造设备机体 ······ 190
  7.2.3 开合型机构 ······ 193
 7.3 真空实型铸造设备 ······ 197
  7.3.1 真空实型铸造设备概述 ······ 197
  7.3.2 制模工部设备 ······ 198
  7.3.3 典型黑区设备 ······ 200
 7.4 挤压铸造机 ······ 203
 思考与练习 ······ 208

第 8 章 车辆制造中的典型智能生产线 ······ 209
 8.1 大型铝型材挤压自动化生产线 ······ 209
  8.1.1 铝挤压型材在车辆中的应用及制造工艺 ······ 209
  8.1.2 短行程前上料卧式铝挤压机结构 ······ 210
  8.1.3 225MN 重型卧式铝挤压成套设备 ······ 212
 8.2 汽车焊装智能化柔性生产线 ······ 218
  8.2.1 白车身焊装生产线的组成与典型结构 ······ 218

8.2.2 汽车焊装柔性生产关键设备 …………………………………………… 220
8.3 汽车纵梁生产线及数字化车间 …………………………………………… 226
　　8.3.1 汽车纵梁及其制造工艺简介 …………………………………………… 226
　　8.3.2 汽车纵梁数控生产线结构 ……………………………………………… 227
　　8.3.3 汽车纵梁制造数字化车间 ……………………………………………… 233
　思考与练习 ……………………………………………………………………… 239
参考文献 …………………………………………………………………………… 240

第 1 章

绪 论

"工欲善其事，必先利其器。"材料成形设备是材料成形技术的载体，是实现成形、保证成形质量的技术的基础。材料-工艺-设备一体化是材料成形设备，特别是锻压设备的显著特点，结构-材料-工艺-设备一体化与进一步融合是新一代工业变革的趋势。

受环境和资源的制约，对各行业来说升级转型都成了当务之急。交通运输、航空航天、机械装备制造等领域的轻量化技术不断发展，对成形工艺的要求不断升级。材料成形设备服务于相应的成形工艺，伴随着成形工艺的升级及新材料、新工艺的不断涌现，材料成形设备也不断更新换代、推陈出新。

1.1 轻量化需求及其实施途径

环境污染、生态破坏、资源能源匮乏是人类所要面对的严峻挑战，解决这些全球性社会问题，实现可持续发展已经成为人类共识，而资源和环境的制约将成为可持续发展的主要瓶颈。新一代工业变革中的现代制造模式需综合考虑环境影响和资源效率，使得产品在从设计、制造、包装、运输、使用到报废处理的整个生命周期中对环境的影响（副作用）最小，资源效率最高。

随着航空、航天、舰船和高铁等关系国民经济命脉的产业步入高速发展时期，各种载具加快向高速化方向发展。轻量化是提升速度的优先采用的方法，它可以减轻自重、减小运行中的阻力、降低能耗、增加载重等。我国高铁技术世界领先，已经成为对外重要名片之一。截至 2020 年底，我国高速铁路运营里程达 3.79 万千米。我国汽车产销量 2013 年双双突破 2000 万辆，2017 年汽车产销量达到峰值（见图 1.1），2017 年汽车总产量约为世界汽车总产量的 30%。至 2021 年，我国汽车产销量连续 13 年位居世界第一。

然而，汽车、飞机、高速列车等都是大量消耗能源和资源、影响环境、涉及生命安全、并需要庞大基础设施支撑的产品，其发展面临来自能源、环保、安全等方面的巨大压力。节能减排技术已成为交通运载产业发展中的关键技术。油耗和排放与产品重量直接相关，如汽车空载情况下约70%的油耗用于驱动车身重量，汽车重量每下降10%，油耗下降6%~8%，相应的排放下降5%~6%；若差速器、变速器等装置的传动效率提高10%，燃油效率可提高7%。航空、航天领域减重带来的燃料费用节省更是汽车的百倍、千倍。

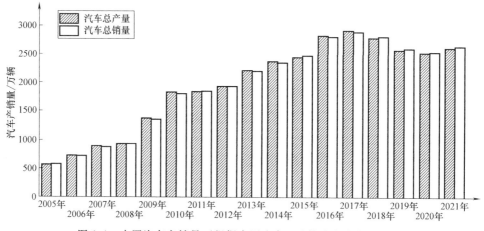

图1.1 中国汽车产销量（根据中国汽车工业协会发布数据整理）

因此，轻量化是节约能源和减少有害气体排放的有效途径，而且是提高飞机、汽车等运载工具性能的重要途径，也是实现"碳达峰""碳中和"的重要技术手段。汽车轻量化后，加速性能提高，车辆控制稳定性、噪声、振动方面也均有改善；碰撞时惯性小，制动距离减小；轻量化可直接降低能量消耗，减少环境污染；汽车轻量化对于提高整车的燃油经济性、碰撞安全性、操控性都大有帮助，利于实现汽车节能、环保、安全、智能。

轻量化实施途径主要包括运用高性能轻质新材料，如高强钢板、钛合金、铝合金、镁合金、玻璃钢复合材料、碳纤维复合材料、陶瓷材料等；采用轻量化的结构，如连续挤压变截面型材、激光焊接板材、薄壁、空心变截面、整体和带筋结构等；采用新成形工艺，如内高压成形、半固态成形、粉末注射成型、摩擦焊、拼焊板冲压、充液拉深、变速率冲压、形变热处理技术等。

吉利在底盘、动力系统中开始运用镁铝合金，在金刚车型中大量运用高强度钢板、大量采用铝合金部件（比如轮毂、变速器构件等）等，使其整车质量达到1040kg；远景的CVVT发动机采用了塑料进气歧管、全铝缸体等新材料，大大减轻了发动机的重量，同时提高了燃油经济性。

奥迪A8、捷豹XFL等豪华车采用全铝车身，有效减轻了整车重量。2015年款福特F150采用全铝白车身，较2014年款车身减重高达45%。宝马i3系列纯电动车采用的碳纤维复合材料，重量占白车身重量的49.41%；东丽TEEWAVE AR1大量采用碳纤维复合材料（160kg），其整车重846kg。综合考虑成本、性能、重量，多种材料混合车身结构，特别是钢铝混合车身，是汽车车身结构的主要发展方向。如欧盟开展的"超轻汽车"项目白车身材料中高强钢占36%、铝合金占53%；凯迪拉克CT6白车身的钢材用量约占38%、铝合金用量约占62%。

高性能轻合金大型整体构件是大运输机与新一代战斗机中广泛使用的用以减重、提高飞机性能的关键构件。如美国通过工艺创新，在4.5万吨压力机上制造了投影面积达5.16m^2的大型整体钛框。宝马7系采用一个铝合金铸件代替原来18个零件组成的后纵梁及加强件。凯迪拉克CT6采用真空和压力铸造工艺整体成形减振塔等零件，替代传统多个冲压件组合，将原来227个零件缩减为31个零件，有效降低零件总重量。汽车副车架、后轴、凸轮轴等采用空心结构，铝合金保险杠广泛采用"口""日""田"等截面形状，以空代实减少车重。

采用先进的成形工艺也可有效实现轻量化，采用内高压成形车身结构中的空心零部件，相对于冲压焊接组合件，内高压成形的空心零件可减重20%~30%，材料利用率提高30%~50%。采用将若干不同材质、不同厚度的材料按重量、结构、性能最优组合进行拼合和焊接而形成一块整体板材，可以满足零部件不同性能需求，因此拼焊板冲压可有效降低整车重量。例如，北汽绅宝D50车门内板和窗框加强板采用激光拼焊板冲压，相对于传统冲压零件减少零件数量和定位焊，单车减重6.1kg。

汽车轻量化主要围绕发动机、底盘、车身开展，采用新材料，优化整车结构设计，运用先进成形工艺，使车辆自重大幅度降低。车辆减重，必须要以保证整车的可靠性、安全性和舒适性为前提。

1.2 车辆制造工艺及其装备

汽车有四大组成部分：动力系统（发动机、变速器）、底盘（传动系统、行驶系统、转向系统和制动系统）、车身（车架、驾驶室和车厢）、电气设备。轨道车辆（车厢）主要包括车体、走行装置（转向架）、制动装置、车钩缓冲装置、车内设备等。车辆制造主要是围绕着发动机、底盘、车身、车体、走行装置、制动装置、车钩等关键零件成形开展。

在汽车制造业中，冲压、焊装、涂装、总装为四大核心技术，即四大工艺。然而汽车零件涉及锻造、铸造工艺，装配中大量应用的螺栓等复杂型面轴类采用滚轧成形（见图1.2）。铝合金、空心副车架、铝合金挤压型材等新材料、新结构在汽车中得到越来越多的应用。如凯迪拉克CT6白车身62%铝合金用量中的11.7%为挤压铝合金、17%为铸造铝合金。

冲压是汽车制造四大工艺之首，据保守估计汽车上有60%~70%的零件是用冲压工艺生产出来的，有些车型甚至高达75%。轨道车辆车体零件成形工艺也多以冲压为主。冲压成形设备主要包括机械压力机和液压机，在智能制造中伺服压力机

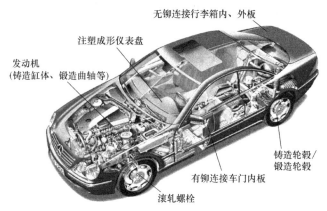

图 1.2 汽车制造四大工艺外的典型成形工艺

和伺服液压机将发挥重要作用。

轨道交通领域大量采用铝合金挤压型材车体框架（见图 1.3），此外在高速舰船船体、民用航空中也大量采用铝合金挤压型材。微型电动汽车奇瑞小蚂蚁全铝车身骨架，即采用铝合金挤压型材通过弯曲、焊接等工艺制造而成，其整个车身材料中铝合金用量高于 95%，且 66.9% 为铝合金挤压型材。2015 年款福特 F150 采用全铝白车身，顶盖、前后横梁、门槛加强件、车厢地板等均采用铝合金挤压成形。奥迪 A3 防撞梁与吸能盒均采用铝合金挤压型材。铝合金型材挤压成形主要使用铝合金卧式挤压机，它是一种液压机。

图 1.3 铝合金挤压型材组合车体

飞机、汽车等运载工具轻量化进程中采用了大量薄壁空心结构，内高压成形是一种适合制造此类零件的先进技术。汽车上采用的内高压成形典型零件有仪表盘和散热器支架、座椅框、车顶侧梁等车体零件，前后副车架、保险杠、纵梁等底盘零件，排气管件、凸轮轴、连接管等发动机与系统启动零件。克莱斯勒、奔驰、福特等在 20 世纪 90 年代就采用内高压成形支架、副车架、排气管等零件。内高压成形设备是一种液压机，其合模与开模、高压源中增压器运动、水平伺服缸运动等均由液压系统完成。

关键承载零部件往往采用锻造成形工艺。齿轮是汽车、机械装备传动系统中常用的零件，普遍采用锻造成形或锻造制坯。汽车前轴（见图 1.4a）用于安装车轮，承受车重和侧向力及其引起的弯矩、制动力、地面和车架间载荷等;辊锻制坯和整体模锻成形是其典型的成形工艺,辊锻机与螺旋压力机组合生产线如图1.4b所示。锻造成形设备主要为螺旋压力机、锤等能量成形设备与液压机。

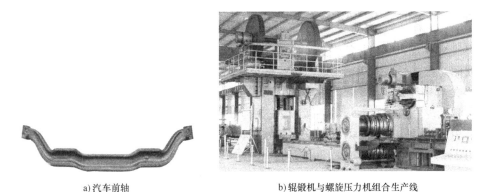

a) 汽车前轴　　　　　　b) 辊锻机与螺旋压力机组合生产线

图 1.4　汽车前轴及其典型生产线

螺纹、花键等复杂型面轴类零件通常作为基础关键零部件广泛应用于汽车、机床、航天、航空、兵器装备等工业领域,实现传递运动、转换运动形式以及连接紧固等功能。此类零件在汽车中应用很多,如图1.5所示。通常一辆普通中型货车上约含30个花键轴零件,通常用在离合器、变速器、传动轴总成、差速器、转向总成等位置;一辆普通汽车上有上千个螺纹连接件,通常起到固定、传力、连接、定位、密封、调整等作用,在整个汽车的各个部件上都有应用。

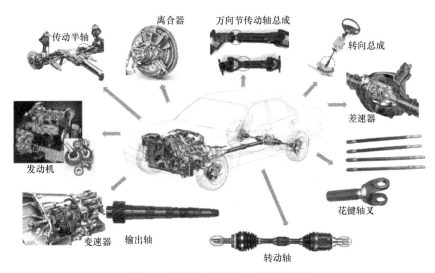

图 1.5　汽车上的螺纹、花键等零件

汽车、拖拉机、摩托车的轴类零件的毛坯生产常采用楔横轧。早在1995年北京科技大学就利用楔横轧多楔的方法轧出了列车RD2轴45钢1:5.5毛坯模型,随后又发展了列车车轴毛坯楔横轧多楔精密成形方法,并拓展应用于空心车轴成形制造。此外径向锻造与旋转锻造也是轴类零件常用的成形制造方法,特别是径向锻造车轴具有较大的市场占有率。复杂型面滚轧设备、楔横轧机、径向锻造设备等回转成形设备是这些成形工艺的主要机械设备。

一般来说,汽车覆盖件通常采用的连接方式主要有电阻焊、熔化极惰性气体保护焊(MIG 焊接)、冲铆连接(包括无铆连接和有铆连接),不同的连接方式对应不同的连接部件。在奥迪 A8(D2)车身采用 500 处电阻点焊、70m 的 MIG 焊接、1100 处有铆连接、178 处无铆连接。随着铝合金在车身中的应用比例扩大,冲铆连接、激光焊、搅拌摩擦焊等连接方式被引入或扩大应用。如 2014 年款福特 F150 车身采用 2959 处电阻点焊,但 2015 年款福特 F150 车身中仅采用 98 处电阻点焊,却采用了 2270 处有铆连接和 120 处无铆连接。轨道车辆车体连接也根据耐候钢、不锈钢、铝合金等不同材料分别采用埋弧焊、电阻焊、MIG 焊接、钨极氩弧焊(TIG 焊接)等焊接方式。焊接设备(焊接方法)用于保证焊接强度;焊接夹具,用于保证焊接尺寸/精度。

如图 1.2 所示发动机缸体采用铸造后机加工而成,气缸体和气缸盖分别采用压铸、低压铸造工艺。压缩机缸体等也可采用真空实型铸造(消失模铸造)工艺。铸造铝合金轮毂也广泛用于乘用车中。在高速动车组的转向架、牵引系统、制动系统中也大量采用了铁、钢、铝合金等铸件。

随着轻量化需求与性能要求的提升,成形过程中的形性调控技术不断突破,打断与融合了铸、锻、焊工艺之间的天然壁垒,如半固态成形技术、铸锻一体化成形技术。西安交通大学开发了铝合金轮毂铸锻一体化成形技术,结合了挤压铸造与锻造工艺,在轮芯、轮辐、轮辋区获得了不同组织状态(见图 1.6),提高了轮毂性能。

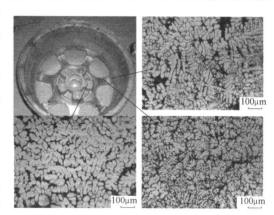

图 1.6 铸锻一体化成形铝合金轮毂

1.3 材料成形设备概述

1.3.1 机械设备运动和能量转化基本原理

任何一种材料成形方式,都是为了达到材料的形状和性能要求,其成形过程包含了材料、能量和信息三个基本流程。成形设备就是实现通过能量流程把信息流程施加于材料流程的载体。根据三个基本流程，可从工模具和相对运动、成形设备的基本构成、施加能量与运动的介质三个途径了解掌握成形设备，乃至机械设备。这三者是紧密联系的，与所要实现的成形工艺也是密切相关的。

成形零件的形状信息是由工模具（具有一定形状信息量）和成形材料之间相对运动共同产生的。形状变化过程就是借助能量流程把信息流程中的形状变化信息施加于材料流程的过程，如图 1.7 所示。零件信息包括形状信息和性能信息，最终形状信息就等于材料的初始形状信息与加工所施加的形状变化信息之和。性

图 1.7 形状变化过程

能信息流程涉及材料的初始性能和通过各种加工过程所产生的材料性能的变化。工件最终的性能则是初始和加工过程两方面性能变化综合作用的结果。

一般来说，工模具所包含的形状信息量越少，则它们与加工材料的相对运动对于材料的形状变化所起的作用越大，反之亦然。如相对于传统有芯模旋压，对轮旋压的模具（旋轮）所具备的零件形状信息更少，因此其旋压成形过程中的运动更加复杂（见图 1.8）。机械加工零件的形状也是由刀具形状和刀具与加工材料之间的相对运动决定的，也具有类似的特征。

为了提高设备的柔性，现代机械加工设备朝着加工材料和刀具、工模具之间相对运动越来越复杂（例如切削加工中的数控加工中心、板料冲压中的回转头冲床、交流伺服数控旋压机等），以及通过加工进一步提高材料的综合性能（活塞销的冷挤压工艺、小模数齿轮的冷挤压工艺、形变热处理工艺等）的方向发展。

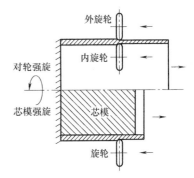

图 1.8 对轮旋压与芯模旋压比较

成形设备乃至机械设备主要由本体与控制两大部分构成，机械本体部分包括动力装置、传动部件、工作装置三大系统组。动力装置是原动机，如电动机、内燃机等；传动部件是一个中间环节，它把原动机的输出的能量和运动经过转换后提供给工作装置，如机械、电力、液压、气压等传动方式；工作装置是执行机器规定功能的装置，如直线运动缸、摆动缸、旋转轮、曲柄连杆滑块机构等。控制部分是依据对工作装置的动作要求，对传动系统进行检测、显示、调节的装置，如开关、阀门、继电器、计算机、按钮等。

材料成形过程中运动与能量的施加是通过成形设备实现的，对于不同类型的设备，施加能量与运动的介质和方式也是不同的。金属塑性成形设备施加能量或力的介质主要有机械、液体、气体等；金属焊接成形设备产生热量的方式主要有焦耳

热、摩擦热等；金属液态成形设备产生力的方式主要有重力、离心力、流体压力。

1.3.2 塑性成形设备与工艺

塑性成形是指利用固态金属的塑性，在外力和相应的工模具的约束下，使金属产生永久变形以获得所需形状和性能的一种加工方法，成形过程中材料质量不变，材料状态一般为固态。塑性成形过程中模具对加工材料施加外力和做功，压力很大，功率巨大，故早期称为压力加工。塑性变形的前提条件是材料的塑性，而材料的塑性由内部条件和外部条件共同决定。内部条件主要是金属材料自身的化学成分、组织状态、晶体结构等，外部条件主要是成形温度、变形速率、应力状态等。

塑性变形技术涉及的核心问题及研究内容包括：塑性变形的物理本质和机理；塑性变形过程中金属的塑性行为、抗力行为和组织性能的变化规律；弹性与塑性变形体内部的应力、应变分布和质点流动的规律；塑性变形所需的变形力及变形功的正确计算；工艺及模具设计；塑性成形设备的正确选择。前4项内容是后2项的基础，后2项内容是前4项内容的约束条件，对其结果有密切影响。

塑性成形设备的作用是将一个或者多个力和运动施加到模具上，从而对材料进行塑性加变形加工。塑性成形设备可以根据使用场合不同，设计制造为仅适用于某一生产工艺的专用设备，或是以多用途为主的通用设备。在塑性成形设备上，按照规定的变形规律完成任何一道成形工序都必须满足以下三个条件：第一，在工作的任一瞬间，机器可产生的力 F_m 必须大于或等于工艺要求的力 F_p，即 $F_m \geqslant F_p$；第二，在整个工作行程中，机器可提供的有效能量 E_m 必须大于或等于工艺要求的能量 E_p，即 $E_m \geqslant E_p$；第三，在工作行程中任一瞬间，机器可提供的有效功率 P_m 必须大于或等于工艺要求的功率 P_p，即 $P_m \geqslant P_p$。如果第一个条件未能满足，液压机会停止工作而不能完成所要求的变形；机械压力机则会发生摩擦离合器打滑，或在没有过载保险装置时，发生压力机过载，模具或压力机零件可能发生破坏，工件均达不到要求的变形量。如果第二、第三个条件未能满足，则锤或螺旋压力机将不能一击成形；机械压力机将会发生闷车现象，或工件不能按照规定的规律变形。

塑性成形设备施加能量或力的介质主要有机械、液体、气体等，其相对应的典型成形设备分别为机械压力机、液压机、锤。根据被加工的原材料形状可将塑性成形设备分为板料成形设备、体积成形设备两大类；根据材料变形区域的大小，可将塑性成形设备分为整体成形设备与局部成形设备两大类；根据塑性成形设备的机械传动特性（同时也反映了传动介质种类），可将塑性成形设备分为电动机拖动设备、液压传动设备、气压传动设备。

实际工业中，更多地根据塑性成形设备工作原理（反映载荷、能量、行程的特点），可将塑性成形设备分为以下三类：行程限定设备，设备滑块的行程是确定的，完成工艺的能力因行程位置而异，其传动介质通常为皮带或齿轮等机械零部件，如机械压力机（俗称曲柄压力机）；载荷限定设备，设备的最大作用力是确定的，完成工艺的能力主要受最大载荷的限制，其传动介质通常为液体，如液压机；能量限定设备，设备每次打击输出的能量是事先调定的，完成工艺的能力取决于打击时执行机构释放的能量，其传动介质通常为气体，如锻锤。

1.3.3 焊接成形设备与工艺

焊接成形是利用各种形式的能量使被连接的两个表面产生原子（分子）间的结合而成为一体的成形加工方法，其过程包含热过程、物理化学冶金及应力应变过程，成形过程中材料质量不变或增加。焊接成形方法可分为熔焊（被焊接材料表面熔化）、固相焊（塑性变形连接，即被焊接材料表面不熔化）、钎焊（被焊材料表面之间填加低熔点材料）。

焊接或连接工艺基本要求包括连接界面干净、连接面积足够大、温度合适。因此，解决焊接成形的基本问题主要包括如下内容：避免焊缝处能量的剧烈输入导致不平衡的物理化学冶金、焊接应力和变形；焊接材料表面往往存在有机薄膜、吸附的气体和氧化物，需通过焊前清理，或焊接中焊剂化学反应、电弧飞溅等方式清除；焊接熔池伴随着极不平衡的复杂冶金过程，焊缝两侧也经历复杂的热循环，导致组织性能不均匀变化，对此需进行控制；残余应力和残余变形控制；选择合理的焊接热输入、焊接结构的形状尺寸以及拘束状态。

金属焊接成形方法种类繁多，通常以所采用的能源形式来划分，其中应用较为广泛及近年来发展较快的有电弧焊、电阻焊、高能束焊、摩擦焊、钎焊等，每类焊接方法都有相应的设备来保证该工艺的实现和质量。金属焊接成形设备产生热量的方式主要有焦耳热、摩擦热等，其相对应的典型成形设备分别为电弧焊设备、电阻焊设备、摩擦焊设备。

根据金属焊接成形应用范围，可将焊接成形设备分为通用焊接设备和专用焊接设备两大类。通用焊接设备是指那些在各种焊接结构生产中都可普遍采用的焊接设备，按照焊接原理及工艺不同，可分为电弧焊设备、电阻焊设备、特种焊接设备等类别，在每一类焊接设备中按不同的焊接工艺又可分为若干种。专用焊接设备是指为焊接某产品结构专门设计的焊机、焊接辅助设备，以及焊接集成装备等。包括焊件传送和变位设备、自动化焊接装备、焊接生产线、焊接机器人及其工作站、柔性焊接制造系统和计算机集成焊接或切割加工中心，以及全自动生产线等。

1.3.4 铸造成形设备与工艺

铸造成形（凝固成形）是将满足化学成分要求的液态合金在重力或其他力的作用下，引入预制好的型腔，然后经过冷却使其凝固，成为具有型腔形状和相应尺寸的固体制品的方法。铸造成形过程包括充填、凝固两个基本过程，成形过程中材料质量基本不变。

凝固组织的形成与控制、铸造缺陷的防止与控制、铸件尺寸精度和表面粗糙度控制是铸造成形中的基本问题。凝固组织涉及晶粒的大小、方向和形态等，它们对铸件的物理性能和力学性能有着重大的影响，控制铸件的凝固组织是铸造成形中的一个基本问题。但是铸件组织的表现形式受诸多因素的影响和制约，欲控制凝固组织，就必须对其形成机理、形成过程和影响因素等有全面的了解。

存在于铸件的缺陷五花八门，有内在缺陷和外观缺陷之分，这些是造成废品的主要原因，因此铸造缺陷的防止与控制也是铸造成形中的一个基本问题。由于铸造成形时条件的差异，缺陷的种类、存在形态和表现部位不尽相同。液态金属的结晶收缩可形成缩孔、缩松，结晶期间元素在固相和液相中的再分配会造成偏析缺陷，冷却过程中热应力的集中可能会造成铸件裂纹。此外，还有许多缺陷（如夹杂物、气孔、冷隔等）出现在充填过程中，它们不仅与合金种类有关，而且还与具体成形工艺有关。

增加铸造成形过程的作用力可在一定程度上改善铸件性能。金属液态成形设备产生力的方式主要有重力、离心力、流体压力等，其相对应的典型成形设备分别为连铸机、离心铸造机、压铸机。与传统模铸相比，连铸不但简化了生产工艺流程，提高了生产率和产品质量，而且合金收得率得到大幅度提高，能耗和生产成本也得到降低。连铸机按照机型，可分为立式、立弯式、垂直多点弯曲式、弧形及水平形等。离心铸造是利用旋转的离心力，完成液态金属或合金充型的一种工艺。根据离心力分布平面的方向不同，可以将离心铸造分成卧式离心铸造方法和立式离心铸造方法，因而所对应的设备也分成立式离心铸造机和卧式离心铸造机。压力铸造是在高压高速下充填型腔，并在压力作用下凝固的一种铸造方法。压铸机按压室的受热条件可分为热压室压铸机（热室压铸机）与冷压室压铸机（冷室压铸机）两大类。

思考与练习

［1］ 试从材料角度讨论汽车车身结构发展趋势。
［2］ 试讨论轻量化的实施途径，并举例说明其在汽车轻量进程中的体现。
［3］ 简述3种以上汽车制造涉及的工艺及其采用的设备。
［4］ 简述机械装备的基本构成。
［5］ 试阐述零件形状同模具形状和模具运动的关系。
［6］ 塑性成形设备按照工作原理可分为几类？各自的特点是什么？
［7］ 塑性成形设备按照规定的变形规律完成任何一道成形工序，都必须满足的三个条件是什么？
［8］ 焊接或连接工艺的基本要求有哪些。

第 2 章

智能制造及装备智能化

2.1 智能制造内涵与外延

智能制造技术基于新一代信息技术，贯穿设计、生产、管理、服务等制造活动各个环节，是先进制造过程、系统与模式的总称。智能产品通过独特的形式加以识别，可以在任何时候被定位，并能知道它们的历史、当前状态和为了实现其目标状态的替代路线。在产品的全生命周期内具有信息深度自感知（全面传感）、智慧优化自决策（优化决策）、精准控制自执行（安全执行）。智能制造产业已成为各国占领制造技术制高点的重点研发与产业化领域。

一些发达国家将智能制造列为支撑未来可持续发展的重要智能技术，如美国推出了"先进制造业伙伴计划"，德国推动了"工业4.0战略计划"，韩国提出了"制造业创新3.0计划"，日本提出了"超智能社会5.0战略"等。我国也将智能制造作为当前和今后一个时期推进两化深度融合的主攻方向和抢占新一轮产业竞争制高点的重要手段，是"中国制造2025"的主攻方向。

智能制造，就是面向产品全生命周期，实现泛在感知条件下的信息化制造。智能制造技术是在现代传感技术、网络技术、自动化技术、拟人化智能技术等先进技术的基础上，通过智能化的感知、人机交互、决策和执行技术，实现设计过程、制造过程和制造装备智能化，是信息技术、智能技术与装备制造技术的深度融合与集成。智能制造，是信息化与工业化深度融合的大趋势。

智能制造是制造业依据其内在发展逻辑，经过长时间的演变和整合逐步形成的。从广义的智能制造概念出发，智能制造在实践演化中形成了许多不同的相关范式——精益生产、柔性制造、并行工程、敏捷制造、数字化制造、计算机集成制造、网络化制造、云制造、智能化制造等。中国工程院指出，根据全球信息化发展，智能制造可归纳为数字化制造、数字化网络化制造、数字化网络化智能化制造三个基本范式。沿着智能制造概念发展与演化，关于智能制造的研究大致经历了以下三个阶段：

1) 20世纪80年代智能制造概念的提出源于人工智能在制造领域的应用。

美国赖特（Paul Kenneth Wright）、伯恩（David Alan Bourne）正式出版了智能制造研究领域的首本专著《制造智能》，就智能制造的内涵与前景进行了系统描述，将智能制造定义为"通过集成知识工程、制造软件系统、机器人视觉和机器人控制来对制造技工们的技能与专家知识进行建模，以使智能机器能够在没有人工干预的情况下进行小批量生产"。在此基础上，英国技术大学Williams教授对上述定义做了更为广泛的补充，认为集成范围还应包括贯穿制造组织内部的智能决策支持系统。麦格劳-希尔科技词典将智能制造界定为，采用自适应环境和工艺要求的生产技术、最大限度地减少监督和操作的制造物品的活动。

2) 20世纪90年代智能制造技术、智能制造系统的提出。

在智能制造概念提出不久后，智能制造的研究获得欧、美、日等工业发达国家的普遍重视，围绕智能制造技术（IMT）与智能制造系统（IMS）开展国际合作研究。欧、美、日共同发起实施的"智能制造国际合作研究计划"中提出："智能制造系统是一种在整个制造过程中贯穿智能活动，并将这种智能活动与智能机器有机融合，将整个制造过程从订货、产品设计、生产到市场销售等各个环节以柔性方式集成起来的能发挥最大生产力的先进生产系统"。

3) 21世纪以来新一代信息技术的快速发展及应用。

21世纪以来，随着物联网、大数据、云计算等新一代信息技术的快速发展及应用，智能制造被赋予了新的内涵，即新一代信息技术条件下的智能制造。

为了应对生态环境压力、不可再生资源匮乏、市场多样性个性化与快速响应需求，发达工业国家结合自身优势对制造业提出了各自的愿景。美国利用互联网优势，让互联网吞并制造业，即得到工业互联网；德国以制造业为根基，让制造业互联网化。2015年3月"互联网+"首次出现在我国的《政府工作报告》中，利用互联网平台，利用信息通信技术，能够把互联网和包括传统行业在内的各行各业结合起来，能够在新的领域创造一种新的生态。"互联网+工业"将从"物理"到"信息"、从"群体"到"个体"的制造，以及互联制造、数据制造融合到一起，开创制造业的新思维。

不同于历史上的工业革命，现在面临的工业变革不仅包含机械化生产过程以及与它相关联的组织流程，还包括机械及非机械组件的供应链以及整个生产环节。在整个产品生命周期中，从开发、生产、使用到回收，机械装置和嵌入式软件相互融合、不可分割。移动计算、社会化媒体、物联网、大数据、分析及优化/预测等技术是新一代工业变革的基础。

1. 美国工业互联网中的"智能制造"

工业互联网的概念最早由通用公司于2012年提出，随后美国5家行业领头企业联手组建了工业互联网联盟，通用电气（GE）在工业互联网（Industrial Internet）概念中，更是明确希望把生产设备与IT相融合，目标是通过高性能设备、低成本传感器、互联网、大数据收集及分析技术等的组合,大幅提高现有产业的效率并创造新产业。

人类历史发展的大部分时间里,生产力的增长几乎难以觉察,生活水平提升也非常缓慢。若将人类文明的发展史浓缩为 30min,则原始的采猎文明占去 29min51s,接下来的 8s 多时间是定居的农业文明,现代工业文明只占随后不到 1s 的时间。18 世纪开始的现代工业革命至今,人类文明发生的变化超过了以往人类历史两百多万年中变化的总和。

若以生产力和创新的飞跃变化为主线,近 200 多年的工业变革存在三次创新与变革的浪潮,推动着社会和工业进步与发展,如图 2.1 所示。

第一次创新的飞跃变化——工业革命,从 18 世纪中叶开始到 19 世纪末,经历蒸汽机商业化、内燃机及电力应用。这一阶段的技术创新应用到制造、能源生产、交通和农业中,推动了规模经济和经济领域的拓展。

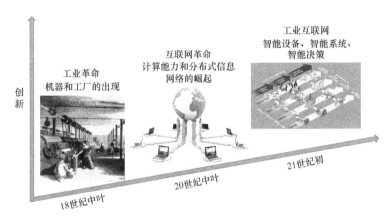

图 2.1 三次创新与变革的浪潮

第二次创新的飞跃变化——互联网革命,始于 20 世纪中叶大型计算机、软件以及允许计算机之间相互通信,到封闭的政府和私有网络让位于开放式网络(万维网),网络开放性和灵活性带来其爆发式增长。互联网革命和工业革命有很大不同,其是知识和信息密集型,而不是资源密集型。

第三次创新的飞跃变化——工业互联网,将进一步提高生产率,如同工业革命、互联网革命那样加快生产力发展。正在进行中的工业互联网变革的主要表现方式是智能设备、智能系统和智能决策,其代表着机器、设备组、设施和系统网络的世界能够更深入地与连接、大数据和分析所代表的数字世界融合。

2. 德国工业 4.0 中的智能制造

德国工业 4.0 的概念包含了由集中式控制向分散式增强型控制的基本模式转变,目标是建立一个高度灵活的个性化和数字化的产品与服务的生产模式。在这种模式中,传统的行业界限将消失。核心内容可以总结为:建设一个网络(信息物理系统),研究两大主题(智能工厂,智能生产),实现三大集成(纵向集成,横向集成,端到端集成),推进三大转变(生产由集中向分散转变,产品由趋同向个性转变,用户由部分参与向全程参与转变)。

工业 4.0 描绘了制造业的未来愿景,提出继蒸汽机的应用、规模化生产和电子信息技术三次工业革命后,人类将迎来以信息物理融合系统为基础,以生产高度数字化、网络化、机器自组织为标志的第四次工业革命。实际上,一般认为的工业 1.0、工业 2.0、工业 3.0 和工业 4.0 分别指的是第一次工业革命、第二次工业革命、第三次工业革命和第四次工业革命,如图 2.2 所示。

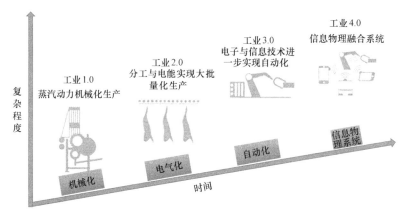

图 2.2 工业革命进程

工业 4.0 是一次现代信息和软件技术与传统工业生产相互作用的革命性转变,在很大程度上是信息技术在工业上更深层次的应用,广义上可看作是第三次工业革命的重要组成部分。关键是将软件、传感器和通信系统集成于所谓的物理网络系统。在这个虚拟世界与现实世界的交汇之处,人们越来越多地构思、优化、测试和设计产品。

德国工业 4.0 的实质就是信息物理系统(Cyber Physical System),它是通过人机交互接口实现对物理进程的交互,使物理系统具有计算、通信、精确控制、远程协作和自治功能。核心思想是指在整个产品生命周期中,从开发、生产、使用到回收,机械装置和嵌入式软件相互融合,不可分割,即信息物理系统,也就是全生命周期的机电软一体化。信息物理融合系统分为嵌入式、智能型嵌入式、智能及合作型嵌入、成体系和信息物理融合五个演化阶段。信息物理系统是一个综合计算、通信和控制的多维复杂系统,通过 3C(Computation、Communication、Control)技术的有机融合与深度协作,实现大型工程系统的实时感知、动态控制和信息服务。在工业 4.0 下其从 3C 拓展到 6C:Computation(计算)、Communication(通信)、Control(控制)、Content(内容)、Community(社群)、Customization(定制化)。

近些年来数字孪生(Digital twin)技术广受关注,其也为工业 4.0 提供了技术支持。CPS 和数字孪生都描述了信息物理融合，都体现了实体与虚拟对象双向连接，但二者有联系也有区别。对于信息世界，CPS 和数字孪生各有侧重。数字孪生更侧重于虚拟模型，从而在数字孪生中实现一对一映射；CPS 则强调 6C 功能，从而导致一对多映射关系。数字孪生也为 CPS 融合提供一条有效途径和方法，通过新一代信息技术的集成，CPS 和数字孪生可提供优化的解决方案，增强制造系统智能化，助力智能制造的实现。

3. 中国制造 2025 中的"智能制造"

早在 2012 年科技部组织编制了《智能制造科技发展"十二五"专项规划》。2014 年 12 月，首次提出"中国制造 2025"这一概念。2015 年 3 月 5 日，《政府工作报告》中首次提出"中国制造 2025"的宏大计划。同年 5 月 19 日，国务院印发《中国制造 2025》。

"中国制造 2025"的宏大计划力争通过"三步走"来实现战略目标。第一步是力争用十年时间，迈入制造强国行列；第二步是到 2035 年，我国制造业整体达到世界制造强国阵营中等水平；第三步是新中国成立一百年时，制造业大国地位更加巩固，综合实力进入世界制造强国前列。三步走战略是比较实事求是的，是立足于我国制造业实际的安排。它不同于德国工业 4.0 计划只针对高新技术，而是将整个制造业做大、做精、做强。我国制造业中不同的行业差异很大，某些行业需要长期积累。时任工信部部长苗圩也表示中国制造业必须走工业 2.0 补课、工业 3.0 普及和工业 4.0 示范的并联式发展道路。《中国制造 2025》的五个基本方针是"创新驱动、质量为先、绿色发展、结构优化、人才为本"，坚持"市场主导、政府引导，立足当前、着眼长远，整体推进、重点突破，自主发展、开放合作"的基本原则，通过三个阶段实现制造强国的目标。

"中国制造 2025"主题是促进制造业创新发展，主线是加快新一代信息技术与制造业深度融合，主攻方向是推进智能制造。《智能制造发展规划（2016—2020 年）》给出了一个比较全面的描述性定义：智能制造是基于新一代信息技术与先进制造技术深度融合，贯穿于设计、生产、管理、服务等制造活动的各个环节，具有自感知、自学习、自决策、自执行、自适应等功能的新型生产方式。智能制造体系如图 2.3 所示。推动智能制造，能够有效缩短产品研制周期、提高生产率和产品质量、降低运营成本和资源能源消耗，并促进基于互联网的众创、众包、众筹等新业态、新模式的孕育发展。智能制造具有以智能工厂为载体、以关键制造环节智能化为核心、以端到端数据流为基础、以网络互联为支撑等特征，这实际上指出了智能制造的核心技术、管理要求、主要功能和经济目标，体现了智能制造对于我国工业转型升级和国民经济持续发展的重要作用。

加快推动新一代信息技术与制造技术融合发展，把智能制造作为两化深度融合的主攻方向；着力发展智能装备和智能产品，推进生产过程智能化，培育新型生产方式，全面提升企业研发、生产、管理和服务的智能化水平。包含的主要内容之一

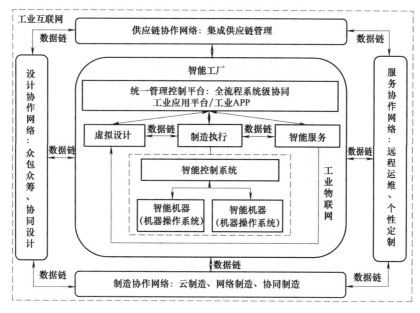

图 2.3 智能制造体系

就是加快发展智能制造装备和产品。组织研发具有深度感知、智慧决策、自动执行功能的高档数控机床、工业机器人、增材制造装备等智能制造装备以及智能化生产线，突破新型传感器、智能测量仪表、工业控制系统、伺服电动机及驱动器和减速器等智能核心装置，推进工程化和产业化。加快机械、航空、船舶、汽车、轻工、纺织、食品、电子等行业生产设备的智能化改造，提高精准制造、敏捷制造能力。统筹布局和推动智能交通工具、智能工程机械、服务机器人、智能家电、智能照明电器、可穿戴设备等产品研发和产业化。

智能制造的最终目的是实现智能决策，其主要实施途径包括：开发和研制智能产品；加大智能装备的应用；按照自底向上的层次顺序，建立智能生产线，构建智能车间，打造智能工厂；践行和开展智能研发；形成智能物流和供应链体系；开展实施环节的智能管理；推进整体性智能服务。

在智能制造的关键技术当中，智能产品与智能服务可以帮助企业带来商业模式的创新；智能装备、智能产线、智能车间和智能工厂可以帮助企业实现生产模式的创新；智能研发、智能管理、智能物流与供应链则可以帮助企业实现运营模式的创新；而智能决策则可以帮助企业实现科学决策。如图 2.4 所示，智能制造的 10 项关键技术分别为智能产品（Smart Product）、智能服务（Smart Service）、智能装备（Smart Equipment）、智能产线（Smart Production line）、智能车间（Smart workshop）、智能工厂（Smart Factory）、智能研发（Smart R&D）、智能管理（Smart Management）、智能物流与供应链（Smart Logistics and SCM）、智能决策（Smart Decision Making），这 10 项技术之间是息息相关的，制造企业应当渐进、理性地推进这 10 项智能技术的应用。

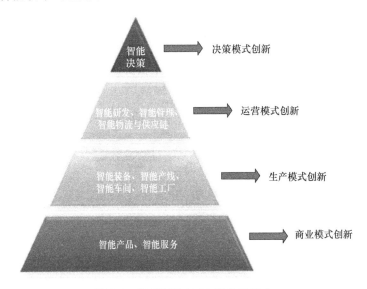

图 2.4 智能制造的 10 项关键技术

2.2 智能工厂及智能机器

智能制造是一个大系统，主要由智能产品、智能生产及智能服务三大功能系统以及工业智联网和智能制造云两大支撑系统集合而成。智能产品是主体，智能生产是主线，以智能服务为中心的产业模式变革是主题。智能制造云和工业智联网是支撑智能制造的基础。

产品是智能制造的价值载体，智能工厂是智能生产的主要载体，制造装备是实施智能制造的前提和基础。先进智能化高端装备是先进制造技术、信息技术和智能技术的集成和融合，通常是具有感知、分析、推理、决策和控制功能的装备的统称，体现了制造业的智能化、数字化和网络化的发展要求。装备智能化首先要实现产品信息化，即越来越多的制造信息被录制、物化到产品中；产品中的信息含量逐渐增高，一直到其在产品中占据主导地位。产品信息化是信息化的基础，含两层意思：一是产品所含各类信息比重日益增大、物质比重日益降低，产品日益由物质产品的特征向信息产品的特征迈进；二是越来越多的产品中嵌入了智能化元器件（如交流伺服压力机），使产品具有越来越强的信息处理功能。

智能工厂是智能制造的一个关键技术，也是工业 4.0 的一个关键特征。智能工厂是在制造过程中能以一种高度柔性与高集成度的方式，借助计算机模拟人类专家的智能活动进行分析、推理、判断、构思和决策等，从而取代或者延伸制造环境中人的部分脑力劳动，如图 2.5 所示。同时，收集、存储、完善、共享、集成和发展人类专家的智能。智能工厂支持产品全生命周期的三个重要架构领域，包括产品和系统架构（研发与制造）、增值和企业架构（全生命周期）、数据和信息等组成的IT架构（网络平台）。

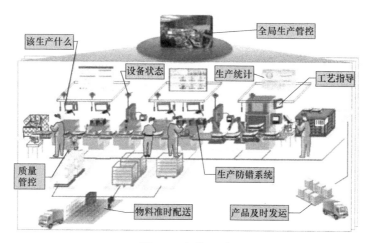

图 2.5　智能工厂

在智能工厂中，数字世界与物理世界无缝融合，工厂中的产品包含了全部必需的生产信息，如产品的识别、产品定位、生产工艺方案、实际运行状况、达到目标状态的可选路径等，智能工厂也是实现去中心化的重要一步，实体的物理数据将通过传感器的方式获得。联网将通过数字化通信技术实现，而实体世界中的运营将由人类或者机器人来实现。智能工厂的目标是根据终端客户，以特定方式来提供定制化服务。只有通过阶层性较弱的网络来互相配合，才能让这种服务在经济上取得成功。

智能工厂中的核心系统就是"网络-物理生产系统"（Cyber-Physical Production Systems）。它包括三个层面：在应用层面，信息从生产控制和运营中获取；在平台层面，负责各种IT服务的整合；在元器件层面，提供了传感器、促动器、机器、订单、员工和产品。将这些所有层面集成在一起，就有了智能化制造。在智能工厂里，人、机器和资源如同在一个社交网络里一般自然地相互沟通协作。智能机器是具有感知、分析、推理、决策和控制功能的装备的统称。智能产品通过独特的形式加以识别，可以在任何时候被定位，并能知道它们自己的历史、当前状态和为了实现其目标状态的替代路线。

生产现场集中控制管理系统（Shop Floor Control，SFC）、制造执行系统（Manufacturing Execution System，MES）和制造资源计划管理系统（Enterprise Resource Planning，ERP），分别对应工厂生产底层（控制层）、制造过程（执行层）和制造资源（计划层）。通过采用这三套系统，企业能够充分利用信息技术、物联网技术和设备监控技术，加强生产信息管理和服务，清楚掌握产销流程、提高生产过程的可控性、减少生产线上人工的干预,同时,还能即时正确地采集生产线数据,合理编排生产计划与生产进度,打造"三维"智能工厂。

"三维"智能工厂集绿色、智能等新兴技术于一体,构建一个高效节能、绿色环保、环境舒适的生产制造管理控制系统,其核心是将生产系统及过程用网络化分布式生产设施来实现。同时,企业管理包括生产物流管理、人机互动管理,以及信息技术在产品生产过程中的应用,形成新产品研发生产制造管理一体化。结合我国工业现状,国内很多制造型企业将搭建三层架构模式(SFC-MES-ERP)的智能工厂,从"三个维度"对企业资源计划、制造过程执行和生产底层进行严密监控,实时跟踪生产计划、产品的状态,可视化、透明化地展现生产现场状况,推进企业改善生产流程、提高生产率,实现智能化、网络化、柔性化、精益化以及绿色生产。国内特色智能工厂的"智能"主要体现在智能计划排产、智能生产过程协同、智能设备互联互通、智能生产资源管控、智能质量过程控制、智能大数据分析与决策支持等方面。

智能工厂一般具有设备互联,广泛应用工业软件,充分结合精益生产理念,实现柔性自动化、绿色制造、实时洞察等显著特征。仅有自动化生产线和工业机器人的工厂,还不能称为智能工厂。智能工厂不仅生产过程应实现自动化、透明化、可视化、精益化,而且,在产品检测、质量检验和分析、生产物流等环节也应当与生产过程实现闭环集成。一个工厂的多个车间之间也要实现信息共享、准时配送和协同作业。智能工厂的建设充分融合了信息技术、先进制造技术、自动化技术、通信技术和人工智能技术。

智能制造装备是全生命周期内机电软一体化的智能机器,包含三个基本要素:信息深度自感知(全面传感),准确感知企业、车间、系统、设备、产品的运行状态;智慧优化自决策(优化决策),对实时运行状态数据进行识别、分析、处理,自动做出判断与选择;精准控制自执行(安全执行),执行决策,对设备状态、车间和生产线的计划做出调整。

(1) 信息深度自感知 智能制造的基础是对制造资源装备状态信息进行接入以及感知,通过对所获取的各种物理资源数据及信息资源数据进行处理分析,实现对加工问题自处理反馈的智能化加工、对用户需求灵敏响应的共享式加工、对基于服务平台的虚拟化加工。感知就是机器具有能够感觉内部状态和外部环境的变化,理解这些变化的某种内在含义的能力。智能机器感知信息的方法主要有四种:物料信息获取,图像信息获取,物理信息获取,程序信息获取。

(2) 智慧优化自决策 让机器具备一定的判断和决策能力是智能制造实践的基础。系统将数据转换成信息,再将信息转换成知识,通过知识的积累最终形成可供执行的模型或规则,进而实现对生产过程与设备的实时诊断、预警与优化建议的流程、技术与工具。因此,在智能制造实践过程中,通过面向产品全生命周期的信息进行挖掘提炼,计算分析,推理预测,形成优化制造过程的决策指令。机器对实时运行状态数据进行识别、处理、分析，根据分析结果，自动做出判断与选择。最终让机器延伸或部分地取代人类专家在制造过程中的体力和脑力劳动，把制造自动化扩展到柔性化、智能化和高度集成化。

(3) 精准控制自执行　伺服控制系统是实现智能机器的机械本体控制和伺服机构控制的重要部分。伺服系统是以变频技术为基础发展起来的产品，是一种以机械位置或角度作为控制对象的自动控制系统。伺服系统除了可以进行速度与转矩控制外，还可以进行精确、快速、稳定的位置控制。广义的伺服系统是精确地跟踪或复现某个给定过程的控制系统，也可称作随动系统。狭义伺服系统又称位置随动系统，其被控制量（输出量）是负载机械空间位置的线位移或角位移，当位置给定量（输入量）做任意变化时，系统的主要任务是使输出量快速而准确地复现给定量的变化（见图2.6）。

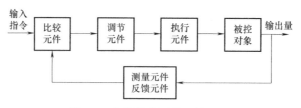

图 2.6　伺服控制系统工作原理

机电一体化的伺服控制系统的结构、类型繁多，但从自动控制理论的角度来分析，伺服控制系统一般包括控制器、被控对象、执行环节、检测环节、比较环节五部分。常见的伺服系统的执行元件包括电气式、液压式和气动式三类。随着伺服系统的应用越来越广，用户对伺服驱动技术的要求也越来越高，伺服系统向集成化、智能化、网络化、简易化等方向发展。

智能制造的特征包括智能工厂（载体）、关键环节智能化（核心）、端到端数据流（基础）和网络互连（支撑）。智能制造的核心信息设备主要包括四大部分：传感器，自动控制系统，工业机器人，以伺服和执行部件等为代表的关键基础零部件与元器件及通用部件。智能制造的任务之一就是在这些智能装备上实现突破并达到国际先进水平，使重大成套装备及生产线系统集成水平大幅度提升。传感器领域重点是智能化压力、温度、转矩、流量、物位、成分、材料、力学性能、位置、速度、加速度、流量的检测；自动控制系统最有代表性的就是国际上著名的西门子与发那科数控系统、国内的广州数控与华中数控系统；伺服和执行部件主要包括交直流伺服电动机、伺服电动缸、液压与气动比例及伺服阀、变频器、伺服驱动器等。

2.3　装备智能化实施途径

大吨位锻压设备若采用集中动力源则存在输出特性单一、动力特性固定、可调节性差等缺点，完成不同工件加工时的实际负荷差异大，往往会造成严重的能量浪费。智能型的集中动力源的规格大、造价高、能量利用率低，甚至目前还没有制造出来的产品；传统的集中动力源，动力特性单一，动力源的能量与运动的传递路线长，机械整体传动系统结构复杂且庞大，传动系统中摩擦与间隙等非线性因素多，机器工作可靠性差。因此，集中动力源无法满足智能化锻压设备生产过程高效、柔性、节能、高质量的要求，无法实现对机器内各个环节的能量与运动特性的实时监控。

在传统机械装备中，从动力源到工作部件之间的动力传动，需要通过一整套复杂的运动转换和机械传动机构来实现，这些运动转换和机械传动机构在实现动力传动的同时会带来一系列的问题，如造成较大的转动惯量、弹性变形、反向间隙、运动滞后等，使得机械装备的加工精度、运行可靠性降低；传动环节存在机械摩擦，产生机械振动、噪声及磨损等，必定会增加维护、维修的时间和成本；复杂的传动环节会造成锻压装备的工作效率下降、工作成本升高。传统机械设备多采用交流异步电动机驱动，其起动电流是额定电流的5～7倍，且不能频繁起动，不能满足每分钟需起停十几次或几十次的生产工艺要求，必须带有离合器和制动器。长期以来，针对机械传动环节的传动性能开展了很多研究和改进，虽取得了一定的节能效果，传动性能得到了优化，但并未从根本上解决问题。

传统机械设计中，按照各个部件的用途可以分为原动机、传动机构及执行机构等几部分，在机械设备的设计中，动力从原动机传递到执行机构需要设计专门的传动机构，比如液压传动或者机械传动装置，当执行机构较多的时候，需要在原动机位置安装分动箱，增加了整体设备的造价。在动力传动过程中，传动零部件需要占据较大的安装空间，尤其是机械传动方式，从而为整体的结构设计增加难度。通过集成一体化的设计，可以极大地改善整体机型的结构布置，降低设计安装空间布局难度，并且降低单个原动机的功率，从而降低整体成本。

因此，装备智能化、发展智能机器的实施途径有分散多动力、伺服电直驱和集成一体化，其目标是节能、节材、高效、简洁、可靠。

2.3.1 分散多动力

分散多动力，狭义上是指机器采用单独的动力源来驱动每个自由度动作的方式，即每个自由度使用各自独立的动力源，每个自由度全面深度地传感机器内部信息，每个自由度均可柔性地实现控制。广义上来讲，就是机器的每个自由度的运动零部件可采用一个或者多个独立动力源来驱动。可供采用的动力源类型包括机械、液压、气动等，不同的动力源类型（例如机械、液压、气压等）驱动同一运动部件，多个传动零部件同时带动下一级的同一零部件，例如双边齿轮传动、多根V带传动、行星齿轮传动、多点机械压力机以及多液压缸的液压机等。也就是说机器的每一个自由度的动作依靠动力源、传动机构和各类传感器之间构成的控制回路来完成。"分散多动力"的思路使机器实现了全面传感——信息深度自感知的基本功能,准确感知企业、车间、系统、设备、产品的运行状态,从而实现动力源、传动机构的数字化控制,机器的高效、节能运行。

伺服压力机在工作中受到的负载是典型的冲击负载,只是在模具接触工件并进行加工时承受较高的工作负荷,而其他较长的时间段内只受运动部件的摩擦力和重力的影响,这时工作基本没有负载要求。如果按照短时的冲击负载情况来选择单个伺服电动机直驱压力机运转,势必会造成电动机容量的增大,成本过高。因此,现有的伺服压力机驱动经常采用多电动机及增力机构(见图2.7)。

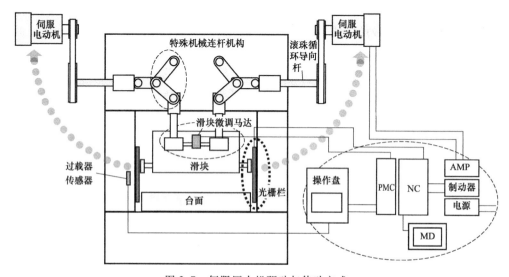

图 2.7　伺服压力机驱动与传动方式

分散多动力的实施途径主要有以下四个方面:

1)多电动机驱动。多电动机驱动即采用多台电动机分别驱动多套传动系统带动同一个滑块完成锻压工作。大吨位的伺服式热模锻压力机需要大功率的伺服电动机,但受限于伺服电动机技术的发展,伺服电动机的功率很难做得非常大,而且大功率的伺服电动机价格也非常昂贵。为了降低单个电动机的功率,可以采用多边布局,多电动机进行驱动的方案,这将显著降低伺服式热模锻压力机的成本。如图2.8所示的SE4-2000伺服压力机采用了4台电动机进行驱动的方案,能够同时运转驱动滑块运动。

2)多齿轮分散传动。大中型机械压力机所需的减速比高达30～90,其

图 2.8　SE4-2000 多电动机驱动伺服压力机

至上百，当采用普通的齿轮减速方式（一级齿轮减速比最多 7~9 级）时，需要将齿轮做得很大，导致减速的齿轮传动系统体积庞大，重量大，惯性大，动作灵敏性差，生产成本高，大尺寸的齿轮切削加工费用高，传动效率低，消耗材料多，不利于装配和运输等。多齿轮分散传动方案具有低惯量轻量化的特点，可以提高压力机的承载力，降低转动部分的转动惯量，减小压力机传动部分的尺寸。

采用多齿轮分散传动方案，可以大大降低传动部分的质量，降低传动机构在工作时的转动惯量。以 400t 热模锻压力机为例，根据计算，采用多齿轮传动方案的质量仅为普通齿轮减速方式质量的 30% 左右，转动惯量为普通齿轮减速方式的 20%。如图 2.9 所示，采用 4 个齿轮分散驱动中心齿轮，有利于实现传动过程中的多齿啮合，提高传递转矩和传动平稳性，降低质量和转动惯量。

3) 多套传动机构同步传动。为了实现多套传动机构同步传动，可以在传动齿轮间加过桥齿轮，从而使传动机构能够实现同步工作，保证滑块在运动过程中不产生偏转和倾覆，如图 2.10 所示。

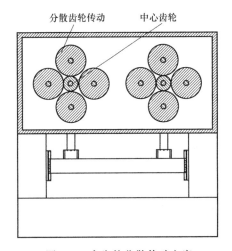

图 2.9　多齿轮分散传动方案

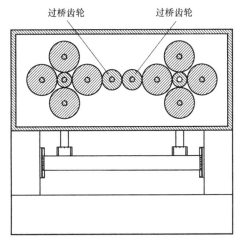

图 2.10　多套传动机构同步传动

4) 行星齿轮传动。如图 2.11 所示的行星齿轮传动具有传动效率高、承载能力强、传递功率大、传动比大、结构紧凑、传动平稳等优点，非常适合应用于伺服式热模锻压力机。采用了行星齿轮后可以明显减小压力机的体积，使布局更为紧凑，同时也有利于提高热模锻压力机的锻压能力，提高传动平稳性。

在液压马达式液压螺旋压力机中，采用多个液压马达（2~6 个）通过齿轮传动

图 2.11　行星齿轮传动机构

直接驱动飞轮旋转并储能。捷克专家设计的一种 25MN 直驱式压力机,采用双边电动机进行驱动,采用行星齿轮机构传动。图 2.12 所示为 Hoden Seimitsu Kako 公司研发的一种滚珠丝杠型同步伺服压力机,其公称压力为 5000kN,压力机创新地采用 4 个交流伺服电动机作为动力源,4 套滚柱丝杠副作为传动机构来驱动滑块,此种结构可以随时调整滑块平行度,而且偏心负载时,滑块平行度误差可以控制在 0.03mm/m 以内,很好地解决了机床偏载问题。德国 Heitkamp & Thumann 公司和 Synchro Press 公司也研发了类似的滚珠丝杠直驱型伺服压力机。

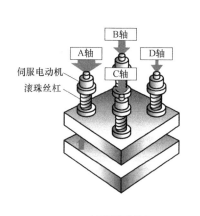 

a) 四轴驱动结构　　　　　　　　b) 5000 kN滚珠丝杠同步伺服压力机

图 2.12　Hoden Seimitsu Kako 公司研发的一种滚珠丝杠型同步伺服压力机

德国通快公司设计了一种新型双电动机螺旋副伺服直驱式回转头压力机,该压力机采用两个交流伺服同步电动机作为动力源,且两个电动机的转子分别与两个螺母固定连接,通过两个伺服电动机的转动实现滑块的上下往复运动。西安交通大学研发的新型对轮旋压设备如图 2.13 所示,其机械部分采用龙门式结构,主轴系统由变频电动机、减速器、主轴转盘等组成;两对旋轮安装于动横梁之上,而动横梁由两侧伺服电动机通过丝杠驱动;内旋轮和外旋轮分别通过独立的伺服电动机控制丝杠实现轴向运动;由反向丝杠实现径向的反向同步运动。该旋压设备的各旋轮均采用单独动力驱动的方式,各旋轮纵向各有一台伺服电动机驱动,横向分组驱动。有效地降低了对动力源的要求,并简化了传动结构,提高了系统的可靠性。而且,设备除主轴采用变频电动机外,其余装置均由伺服电动机驱动,并采取直驱方式构建运动系统,共 8 个伺服电动机和 1 个交流异步电动机。这种方式有效地利用了伺服电动机可控性好、功率密度大等优点,并缩短了传动链,提高了设备的精度。西安交通大学研发的 1600kN 双电动机双肘杆伺服压力机如图 2.14 所示,采用自主研制的内环为主从控制方式、外环带有误差偏置补偿的双闭环控制策略的伺服压力机控制系统,实现滑块位移精度达到 0.1mm,并使得两电动机的输出转矩瞬时差控制在额定转矩的 0.3% 以内。

图 2.13　多电动机驱动新型对轮旋压设备

图 2.14　双电动机双肘杆伺服压力机

多电动机驱动方式可以有效分散电动机动力,避免出现单个大容量电动机及其驱动器设计制造成本过高的问题。同时,多电动机驱动有时也可以更好地平衡压力机传动结构的受力。通过设计合理的增力机构可以使压力机滑块运动具备低速锻冲、快速空程的运动特性。压力机中常用的增力机构包括曲柄连杆增力机构、肘杆增力机构、多连杆增力机构、螺旋增力机构、混合输入增力机构等。

分散多动力需要解决的关键科学与技术问题包括:不同类型、形式的动力源及其组合下,智能型分散多动力设计理论的建立;以质量最轻、体积最小、能量利用率最高、经济性最好等为优化目标的分散多动力优化模型的建立与求解算法的研究;新原理的不同类型智能型动力源的研发;机器常用智能型分散多动力源的数据库的建立与完善;新原理的分散多动力的标准化传动部件的研发;新原理的分散动力机械传动方案的数据库的建立与完善;标准化、系列化、模块化、信息化的高性能和高可靠性的机器常用的智能型分散多动力的功能部件的研发;工业实际中量大面广的典型机器的分散多动力技术方案的确定及其推广;智能型分散多动力部件的全生命周期的全面传感、优化决策与可靠执行的远程服务网络的构建与合理布局方案研发。

2.3.2　伺服电直驱

直接驱动与零传动是由电动机直接驱动执行机构,驱动工作部件(被控对象)完成相应的动作,取消了系统动力装置与被控对象或执行机构之间的所有机械传动环节,缩短了系统动力源与工作部件、执行机构之间的传动距离。直驱系统是真正意义上的"机电一体化"。直接驱动的三个层次为:直驱被控对象;直驱执行元件,精简传动环节;短流程工艺与直驱设备一体化。结合交流伺服电气控制系统,进行机器实时运行状态数据的实时检测和识别，并对所采集的实时运行参数进行相应的分析和实时处理，可以使系统根据机器的实时运行状态自动做出判断与选择，系统更加简洁，机器工作效率可以得到大幅度提高。

目前材料成形设备上可以采用的电动机有交流异步电动机、变频调速电动机、开关磁阻电动机和交流伺服电动机等。交流异步电动机是目前工业设备上应用最广泛的电动机。交流异步电动机具有结构简单、价格便宜、牢固耐用和维护方便等优点，但也有电动机频繁起停时发热严重，起动电流过大等缺点。目前国内常见的传统机械设备都采用交流异步电动机作为驱动源，这种压力机需要离合器和制动器等，能量利用率低。

变频调速电动机是利用变频器驱动的电动机的总称。变频器主要通过控制半导体元件的通断把电压和频率不变的交流电变成电压和频率可变的交流电。变频调速电动机具有调速效率高、噪声小、调速范围宽、适应不同工况下的频繁变速等优点，非常适合应用于需要频繁起停或变速的场合。目前我国发电厂的电动机供电电压高于功率开关器件的耐压水平，造成电压上的不匹配。变频调速系统由于大量使用了电子元器件，造价较高，目前变频调速电动机主要应用于小功率场合。

开关磁阻电动机是一种新型的调速电动机。开关磁阻电动机具有结构简单、可靠性高、成本低、动态响应好等优点，但也具有转矩脉动大、震动和噪声大等缺点。西安交通大学在将开关磁阻电动机应用于热模锻压力机方面进行了一定的研究工作。由开关磁阻电动机驱动的伺服式热模锻压力机与传统热模锻压力机最大的区别是没有离合器和飞轮等。开关磁阻电动机通过一级或多级齿轮减速驱动工作机构运动，由工作机构带动滑块做上下往复直线运动，完成工件的锻压工作。

交流伺服电动机的控制速度和位置精度非常准确，通过控制电压信号来控制电动机的转矩和转速。伺服电动机的抗过载能力强，非常适合应用于有转矩波动或快速起动的场合。伺服电动机的响应速度快，发热少，噪声低，工作稳定。但是，伺服电动机目前也存在价格高等缺点，尤其是大功率的伺服电动机造价非常高。目前的伺服压力机多采用交流伺服电动机作为动力源，在伺服压力机领域，日本的小松、天田和会田，德国的舒勒等公司生产的伺服压力机处于世界领先水平。

伺服电直驱实施途径主要有以下三个方面：

1）动力源都转换成伺服电动机。将传统的液压驱动或者气压传动转换成伺服电动机驱动的装置。例如最早的飞机制动采用液压方式，主轮装有多个制动衬片，可以由两个独立制动系统（正常的和紧急备用的，由液压驱动）的任一系统启动，近些年来发展的全电制动作动结构由无刷直流电动机、滚珠丝杠、锥齿轮、圆柱减速齿轮、支撑轴承、壳体和活塞等构成。

2）电动机直接驱动执行机构（零传动）。伺服电直驱与零传动是由电动机直接驱动执行机构，驱动工作部件（被控对象）完成相应的动作，取消了系统动力装置与被控对象或执行机构之间的所有机械传动环节，缩短了系统动力源与工作部件、执行机构之间的传动距离。结合交流伺服电气控制系统，进行机器实时运行状态数据的实时监测和识别，并对所采集的实时运行参数进行相应的分析和实时处理，从而可以使系统根据机器的实时运行状态自动做出判断与选择，系统更加简洁，机器工作效率可以得到大幅度提高。

3）伺服电动机与执行部件的耦合。实现伺服电动机与执行部件的耦合，完成一体化的结构设计，集成度更高，省去了中间的动力源与执行结构的装配工艺，缩短了工艺流程，让整个设备的可靠度更高，使用更加便捷。

工业3.0的锻压设备为第3代锻压设备，一般称为伺服压力机。其将传统压力机上的交流异步电动机、飞轮、离合器、制动器等通过伺服电动机的直接驱动代替。伺服压力机仍然保持了作为机械压力机的高刚性、高精度和高做功能力的特点，并在节能、柔性生产等方面的有较大提高。工业4.0的锻压设备采用伺服电动机直接驱动与零传动，锻压过程采用智能化伺服控制，可以实现智能化、数控化、信息化加工。锻压时的工作曲线可以根据需求进行设置，对打击能量进行伺服控制，可以有效拓宽锻压设备的工艺范围，提高锻压设备的工艺性能。在工作时，实时监测记录设备的锻压参数，对伺服式锻压设备进行信息化管理，实现真正意义上的"机电软一体化"。

现有的交流伺服电动机直接驱动的机械压力机的传动机构主要有以下四种：由伺服电动机带动丝杠旋转，使多杆机构推动滑块完成冲压工作；由伺服电动机带动曲柄旋转，使多杆机构推动滑块完成冲压工作；由直线电动机直接驱动滑块完成冲压工作；由直线电动机经一级增力肘杆机构驱动滑块完成冲压工作。

1997年，世界上第1台800kN伺服压力机——HCP3000由日本小松公司生产。从那以后，日本、德国、西班牙和中国纷纷开始研制伺服压力机，相继生产出各种类型的伺服压力机。日本会田和小松公司将传统机械压力机驱动部分更换为伺服电动机驱动，开发出小型伺服压力机。德国舒勒公司将偏心驱动与伺服驱动技术相结合，开发了新型伺服压力机。西班牙法格公司开发了伺服电动机直接驱动的曲柄压力机。日本网野公司推出了大型机械连杆式伺服压力机和液压式伺服压力机，其液压式伺服压力机及驱动原理如图2.15所示，采用交流伺服电动机通过减速器和特殊驱动螺杆驱动液压缸进行直线运动，不使用液压泵和伺服阀等，电能消耗是普通压力机的1/3、发热少、噪声低（75dB以下）、振动小且工作用油少。

德国舒勒公司研发了一种新型直线锻锤，如图2.16所示，其摒弃了传统的动力源，使用直线电动机提供动力，将直线电动机的动子和锻锤的锤头直接相连，并利用锤头自身的重力势能使得锤头高速运动，从而实现对锻件的打击。日本会田（AIDA）公司研发了一种采用直线电动机作为动力源、传动方式为直接驱动、主要用于小型精密零件加工的新型成形压力机，其最大工作压力为5kN，成形过程中几乎没有噪声，进一步实现了高精度成形。该压力机甚至可以在对环境条件要求较高的半导体制造工程等生产线上使用。此外，该成形机操作简便，对模具不需要机械

 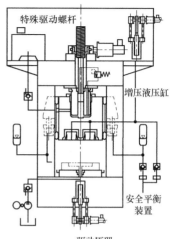

图 2.15 日本网野液压式伺服压力机及驱动原理

限位装置，容易实现质量控制。山田 DOBBY 公司与发那科公司联合开发了一种智能型高精度直线电动机驱动压力机，压力机采用示教式数控技术，下死点精度可控制在 5 μm 之内，驱动直线电动机为下置式结构，这种下传动方式使机床具备良好和便捷的操作性，改善了生产加工环境。

 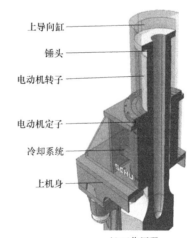

a) 锻锤设备　　　　　　　　　　　　　　b) 工作原理

图 2.16 伺服直驱的直线锻锤及工作原理

华中科技大学研发了一种新型同步直驱式伺服压力机，公称压力为 1000kN，率先采用低速大转矩新型伺服电动机直接驱动，如图 2.17 所示。提出了适用于伺服压力机的高性能曲线规划方法，能够实现滑块运动曲线的高精度控制。开展了多电动机同步控制策略研究，采用电子虚拟主轴控制策略，实现了多电动机位置同步精确控制，将两电动机最小偏差控制在 0.18°以内。

1000kN伺服压力机　　　　　　　　大转矩电动机

图 2.17　同步直驱式伺服压力机

西安交通大学和广东锻压机床厂有限公司共同设计了一种新型双电动机直驱式伺服压力机，主工作机构如图 2.18 所示。以"分散多动力、伺服电直驱"的思想为主导，运用两个开关磁通永磁电动机作为动力源，电动机直接与曲轴连接实现零传动，取消了复杂的飞轮、离合器与制动器传动机构，提高了传动效率；控制系统采用速度环+电流环双闭环控制策略，可以控制滑块实现"快速空行程-慢速冲压-快速回程"的动作，运动控制精度高，大大提高了生产效率。

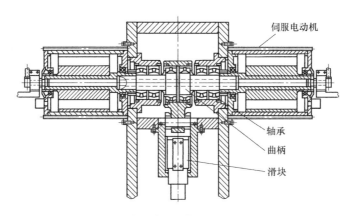

图 2.18　双电动机直驱式伺服压力机主工作机构

2017 年，扬力集团在机床展览会上展出了 GM-315K 数控门式万能液压机，通过取消压力控制、速度控制等液压回路简化了液压传动系统，采用伺服电动机直接驱动液压泵，实现滑块运动的高精度控制，且滑块运动速度控制更加平稳，解决了传统液压机滑块运动过程中存在的振动、冲击等问题。采用伺服电动机直接驱动，系统噪声低、发热量小、工作效率高、重复定位精度高，不需要额外安装空调等设备进行液压系统冷却，能耗大大降低。液压机采用伺服电动机驱动液压泵、液压系统与液压缸，可以不再使用节流阀和溢流阀等，通过实时监测数字压力表和电动机泵转数、转速反馈值，实时控制液压机的运动和压力。可根据速度与位置预设值、压力表实时反馈值来控制电动机转数和转速，可实现对液压缸的无级调速和调压，实现液压系统由阀控向智能数控的转化。

伺服电动机直接驱动的关键科学与技术问题如下：不同机器的直接驱动或近直驱的动力学理论的研究；适合不同使用机器的高性能新原理的伺服电动机的研发；典型机器的伺服电动机直驱或近直驱的方案的研究；不同行业的标准化、系列化的直驱与近直驱的功能部件的研发；大功率伺服电动机用驱动器与控制器的研发；大功率伺服电动机的储能方式与器件的研发；伺服电动机与机械减速器合理匹配理论的研究；伺服电动机与机械减速器、液压泵、气泵的一体化产品的研发；典型机器直驱与近直驱系统的能量与运动转换过程的计算机仿真软件的研制；典型工业行业或领域的整体直驱与近直驱技术的规划。

2.3.3 集成一体化

集成一体化是基于全生命周期理念，在机器功能及其关键零部件结构两个层面，进行机械、电气与软件的全面与深度的融合，实现机器的智能、高效、精密、低能耗、可靠运行。机器实现精准控制自执行，系统具备高可靠性，也就是系统安全执行各项决策，实时对设备状态、车间和生产线的计划自行做出优化、调整。将机器的各部分功能与传动及控制等关键零部件紧密结合，通过高度融合各类传感器，对机器的工作状态实时监控并做出相应的控制策略，在机器的全生命周期内监控机器的各个方面的数据，在机器的整个工作期间提供相应的决策数据。

集成一体化设计发展的现代新型机械是高度集成设计、多信息传感及智能控制技术多学科融合的集合体，其中可以通过采用先进的技术将原动机、传动机构、特有的执行机构设计成一个高度集成的整体，当该高度集成的整体安装在整机上时，可以较大地提高整机的运行可靠性，降低整体的成本，并且能够节省更多的安装空间，从而令整机设计更加稳定可靠，布局合理。

集成一体化是基于智能机器的三个基本要素，将机械传动、液压传动、气压传动、电气传动各自内部零部件相互融合，研发出资源利用率高的环境友好的产品。从原动机经传动系统到执行部件，智能机器可以针对各部分各环节进行相应的技术融合。集成一体化设计的智能机器，一般要包含其中的至少两项或者全部涵盖。尤其在大型复杂多执行器的机器中，针对不同功能动作，可以规划多个集成设计的相应模块来实现不同的执行器动作。

集成一体化有六个层次：复杂与大型的高性能机械零件的整体化，传动系统的零件一体化，机器的每个自由度的动力源与传动系统的一体化，机器每个自由度的动力源与传动、工作机构的一体化，智能作动器与全面传感器嵌入机械零部件的一体化，智能材料、工艺与设备的一体化。

在整个集成一体化的实施过程中，主要包含两种实施途径：结构一体化、功能一体化。在机器的设计过程中，从原动机到执行元件，中间的多个环节综合一体化设计的过程称为结构一体化；为实现机器的某个动作而采用一体化设计的零部件称为功能一体化。

1）结构一体化。从原动机到执行机构，中间需要传动环节，为了实现整个环节的协调统一设计，将原动机、传动系统及执行元件进行一体化设计，设计过程中要综合考虑各个环节的参数匹配及结构特点，力求以较少的零部件实现稳定可靠的动力输出。

2）功能一体化。在原动机、传动系统及执行元件中，每一部分都有其独有的作用和功能，当某一部分功能较为复杂且零部件较多时，将此部分进行一体化设计以降低整体机器的复杂程度。例如汽车的变速箱，它承担了从发动机到输出轴的主要动力传输及换档动作，零部件较多，结构相当复杂，为了简化汽车的整体设计复杂性，将其设计成一个整体的换档单元，从而降低汽车的整体布局难度，提高车辆的整体设计效率。

如图 2.19 所示的舒勒伺服冲压生产线采用伺服直接驱动技术，冲压线配备装载机、横杆机械手和尾线系统，可用于大规模批量生产和小批量生产，很好地解决了多品种生产问题。据报道，舒勒的伺服冲压线目前在中国有 10 条，在欧洲有 16 条。德国舒勒公司研制的一种交流伺服直线电动机驱动的新型直线锻锤如图 2.16a 所示，将动力源、传动系统与工作机构三者有机地集成复合在一起。利用伺服直线电动机取代传统的气缸或液压缸，将锤头直接与电动机动子相连，无中间传动机构。由于直线电动机取代了气缸或液压缸，也省去了较多的管路系统及各种密封零部件，大大降低了结构的复杂性，增强了系统的集成化。在一定程度上降低了系统的故障率。由于电动机的运动和所通电流的大小、方向、相位有着直接关系，而现阶段对电流的控制系统已十分发达，所以相对于控制气压或是液压，控制电动机就显得方便很多。

扬力集团自主研发的 HFP 2500t 热模锻压力机全自动生产线如图 2.20 所示，高度集成了主电动机变频驱动、现代化智能控制等先进技术，产品稳定性好，可靠性和生产效率高。太重集团基于 Virtools 渲染引擎和 C++语言编写的可视化集成仿真引擎，开发了锻造液压机成套设备可视化集成平台，实现了对成套设备组成、基本运动、工艺过程和工作性能的可视化仿真。

如图 2.21 所示为西安交通大学研制的交流伺服驱动轴向推进滚扎成形设备，该设备是根据工艺与装备一体化的研究思路，为发展花键轴的轴向推进增量式成形工艺而设计并研制的新型特种成形设备。主要由实现滚轧模具旋转功能和径向位置调整功能的滚轧系统、实现花键轴坯料前后夹紧及轴向推进的推进系统、实现对花键轴坯料快速加热的感应加热系统，以及实现对装置中动作执行元件进行精确控制的伺服控制系统构成。

图 2.19　舒勒伺服冲压生产线

图 2.20　热模锻压力机全自动生产线

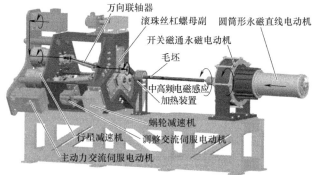

图 2.21　交流伺服驱动轴向推进滚扎成形设备

集成一体化的关键科学与技术问题如下：不同机器的集成一体化的动力学设计理论的研究；适用典型机器的高性能新原理的交流伺服电动机的研发；典型机器的一体化驱动与传动方案的研究；不同行业的标准化、系列化、信息化与网络化的一体化的功能部件的研发；大功率伺服电动机用驱动器与智能控制器的研发；大功率伺服电动机的储能方式与器件的研发；伺服电动机与机械减速器合理匹配理论的研究；伺服电动机与机械减速器、液压泵、气泵的一体化产品的研发；典型机器的集成一体化的能量与运动转换过程的计算机仿真软件的研制；典型工业行业或领域智能机器的集成一体化的规划；典型材料、工艺与设备一体化。

思考与练习

［1］ 试从不同角度讨论近代工业进程的发展。

［2］ 什么是智能制造？试讨论智能制造的系统组成。

［3］ 试讨论智能工厂三个维度及其之间关系。

［4］ 试讨论数字孪生（Digital Twin）在智能工厂中的应用。

［5］ 试讨论智能机器基本要素及其之间的关系。

［6］ 试从智能制造关键技术和智能制造实施基础等角度讨论智能制造装备在智能制造中的作用和地位。

［7］ 试讨论一种装备智能化实施途径的必要性和可行性。

［8］ 试讨论一种装备智能化实施途径要解决的科学与技术问题。

第 3 章

机械压力机及其伺服化

3.1 机械压力机概述

机械压力机是塑性成形设备中最主要的设备,它依靠电动机作为原动机,通过传动系统或直接驱动工作机构,通过机械传动方式使工模具获得材料成形所需的力和直线位移,从而使坯料获得确定的变形,制成所需的工件,可进行冲压、挤压和锻造等工艺。典型机械压力机传动原理如图 3.1 所示。

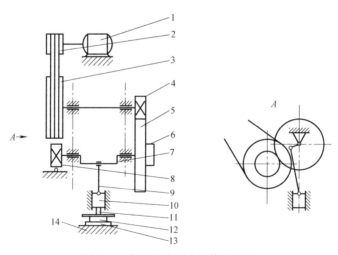

图 3.1 典型机械压力机传动原理
1—电动机 2—小带轮 3—大带轮 4—小齿轮 5—大齿轮 6—离合器 7—曲轴
8—制动器 9—连杆 10—滑块 11—上模 12—下模 13—垫板 14—工作台

机械压力机的类型很多,按机身的结构可分为开式压力机和闭式压力机。按曲柄滑块机构的组数(或连杆的个数,或按连杆与滑块连接的"点"数)可分为单点压力机、双点压力机和四点压力机。按传动的形式可分为上传动压力机和下传动压力机。根据标准 GB/T 28761—2012《锻压机械 型号编制方法》,锻压机械分为八类,其中第一类即为机械压力机。然而其他类中的如弯曲矫正机、剪切机等部分类型从结构和原理来看也是属于机械压力机范畴。若根据工艺用途也可将机械压力机分为板料冲压压力机(如通用机械压力机、拉深压力机、板料多工位压力机等)、体积锻造压力机(如冷挤压机、热模锻造压力机、冷镦机等)、剪切机(如剪板机等)。

机械压力机的工作机构多采用曲柄滑块机构,如通用机械压力机、热模锻压力机、机械剪板机等,曲柄滑块机构的工作原理如图3.2所示。此外,多连杆机构是一种满足慢速压制、快速回程要求的具有前景的工作机构,在新研制的机械压力机,特别是伺服压力机中应用广泛。

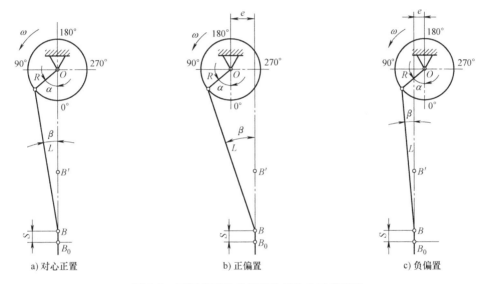

图 3.2 不同类型的曲柄滑块机构的工作原理

图3.2a所示为滑块和连杆结点B对心正置曲柄滑块机构,结点B的运动轨迹位于曲柄旋转中心(和结点B的连线上),通用机械压力机多采用此类节点对心正置的曲柄滑块机构。在有些专用压力机上,为了改善压力机的运动特性和受力状态,提高压力机精度,适应某些工艺要求,还采用结点偏置的曲柄滑块机构。偏置机构即为曲柄的旋转中心点O有时偏离滑块的直线运动方向,偏离的距离e称为偏置距。向前偏称为正偏置机构(常用于平锻机、冷镦机等),如图3.2b所示;反之称为负偏置机构(常用于热模锻压力机、冷挤压机等),如图3.2c所示。

曲轴(主轴)是曲柄压力机传递运动和动力的主要零件,它与滑块的行程和允许作用力有关。常见的曲轴有曲柄轴、曲拐轴、偏心轴及偏心齿轮四种形式,如图3.3所示。

1)曲柄轴也称为曲轴,如图3.3a所示。在支承颈d_0与曲柄颈d_A之间为曲柄臂。它的曲柄半径R较大,适用于滑块行程较大的压力机。在工作台面较大的压力机上，常采用双曲轴形式。一般曲柄直径较小，传动效率高，在中、小型压力机上广泛采用。

2) 偏心轴如图 3.3b 所示，其曲轴颈短而粗，支座间距小，结构紧凑，刚性好，但偏心部分直径 d_A 大，摩擦力也大，制造比较困难，故适用于行程小的压力机，该曲轴形式广泛采用在热模锻压力机上。

3) 曲拐轴如图 3.3c 所示，在轴的一端形成悬臂，故刚性较差，随着曲柄半径 R 的增加，轴颈 d_{02} 增大，摩擦损耗加大，因此曲柄直径不能取得过大。但其结构简单，易于制造，采用偏心套后还可改变曲柄半径 R，达到滑块行程可调的目的，适于开式单柱压力机。

4) 偏心齿轮如图 3.3d 所示，是采用齿轮代替曲轴，故受力情况好，即齿轮受扭矩作用，芯轴只承受弯矩。偏心齿轮安装在芯轴上并绕芯轴转动，通过偏心齿轮与芯轴偏心距，实现曲柄机构动作，毛坯为铸件，芯轴为光轴，制造容易，结构紧凑。但偏心部分直径较大，摩擦损耗也大，超载时比曲轴容易发生卡死现象，故适用于冷挤压机和中大型板料冲压机。

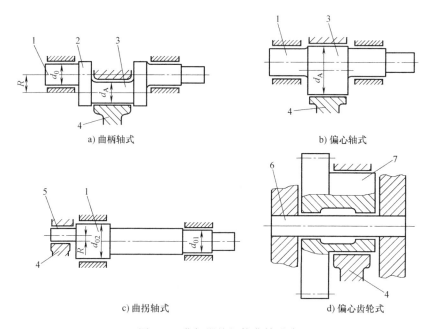

图 3.3 曲柄滑块机构曲轴形式
1—支承颈 2—曲柄臂 3—曲柄颈 4—连杆 5—曲拐颈 6—芯轴 7—偏心齿轮

图 3.1 所示的典型机械压力机中，为使电动机负荷均匀、有效地利用能量，一般装有飞轮，并设置离合器和制动器以减少起动、停止的响应时间和避免频繁起动，其由以下几个方面组成。

1) 工作机构，它的作用是将旋转运动变为滑块的往复运动，如曲柄滑块机构。

2）传动系统，通常包括了带传动、齿轮传动，它的作用是传递电动机的运动和能量到工作机构，以满足工件成形的要求。

3）操纵系统，其作用是在电动机经常开动、飞轮不断运转的条件下，控制工作机构的运动或停止，该系统通常是由离合器或者制动器组成的。

4）能源系统，其作用是提供工件变形所需的能量，一般包括电动机和飞轮两部件。

5）机身，把压力机所有部分联结成一个整体，组成一部完整的机器，并支承其自重。

6）辅助及附属装置，一类是保证压力机正常运转的辅助装置，如润滑系统、超载保护装置、滑块平衡装置、电路系统等；另一类是为了工艺方便和扩大压力机工艺应用范围的附属装置，如顶件装置等。

上述前五个部分为机械压力机的基本部件，基本部件和辅助及附属装置构成完整的通用机械压力机。

机械压力机一般具有以下几个方面基本特性：

1）机械压力机属于机械刚性传动，工作时机身形成一个封闭力系，对地面的冲击振动小，机械压力机所能承受的负荷（或工作能力）完全决定于所有受力零件的强度和刚度要求。并且传动系统通常为带有离合器与制动器的皮带及齿轮减速传动。

2）工作机构多为刚性连接，滑块有严格的运动规律，有固定的下死点，因此，在机械压力机上便于实现机械化和自动化，生产率高。

3）机械压力机的机身刚度大，滑块导向性能较好，所以加工出的零件精度高，可以完成挤压、精压等精度较高的少无切削工艺。

4）压力机在整个工作周期内进行工艺操作的时间很短，与工件接触使其变形的时间很短，也就是说负荷的工作时间很短，大部分时间为无负荷的空程。因此，一般机械压力机的传动系统往往都带有大惯量的飞轮。工件塑性变形所需要的能量主要来自于非锻冲阶段飞轮所存储的转动动能的波动量。这是由于通常机械压力机承受的是短期高峰的负荷，为提高工作的平稳性，降低电动机功率，减少对电网的冲击而设置飞轮。

机械压力机的主要技术参数反映了一台压力机的工艺能力。所能加工零件的尺寸范围，以及有关生产率等指标，是使用压力机和设计模具的主要依据。除了主要技术参数之外，还有压力机主要尺寸、重量、电动机功率等运输和安装所需的尺寸。通用机械压力机的主要技术参数包括以下几项：

1）公称压力（kN），它是指滑块运动到距下死点前某一特定距离 S_P（公称压力行程）或曲柄旋转到离下死点某一特定角度 α_P（公称压力角）时，滑块上允许的最大作用力。公称压力表示了其能提供长期使用的压力，而公称压力为机械压力机的主参数。我国的公称压力标准采用 R5 和 R10 系列。R5 系列的公比为 $10^{\frac{1}{5}}$，用于小型压力机；R10 系列的公比为 $10^{\frac{1}{10}}$，用于大中型压力机，这两种分别有 12 和 15 种规格。

2）滑块行程，它是指滑块从上死点运动到下死点所走过的距离，它的大小随工艺用途和公称压力不同而不同。很显然，滑块的行程 S_0 等于曲柄半径 R 的两倍，即 $S_0 = 2R$。滑块行程等于模具的开启高度。拉延压力机的行程比较大，精压机的行程比较小。

3）滑块每分钟行程次数，它是指滑块每分钟从上死点运动到下死点，然后再回到上死点所往复的次数。有负荷时，实际滑块行程次数小于空载次数，这是因为有负荷时电动机的转速小于空载时的转速。有自动上、下料装置时比手工进行上、下料时滑块的实际行程次数高。

4）最大装模高度及装模高度调节量，所谓装模高度是指滑块处于下死点时，滑块下表面到工作垫板上表面之间的距离 h（见图 3.4）。部分企业则仍沿用最大封闭高度和封闭高度调节量的概念，所谓最大封闭高度是指滑块处于下死点时，滑块下表面距离工作垫板之间的距离 H（见图 3.4）。最大封闭高度和最大装模高度之间相差了一个工作台垫板的厚度 δ：

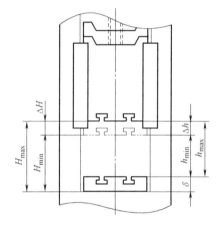

图 3.4 装模高度（封闭高度）及其调节量之间的关系

$$H = h + \delta \tag{3.1}$$

当机械压力机的装模高度调整装置将滑块调整到最上位置时，装模高度达到最大值，称为最大装模高度 h_{max}；反之，当机械压力机的装模高度调整装置使机械压力机的滑块运动到最下位置时，装模高度达到最小值，该高度称为最小装模高度 h_{min}。很显然，装模高度的调节量 Δh 和封闭高度 ΔH 是相等的，即

$$\Delta h = h_{max} - h_{min} = \Delta H = H_{max} - H_{min} \tag{3.2}$$

由于通常机械压力机出厂时，工作台板上都带有工作垫板，所以，最大装模高度和装模高度调节量比最大封闭高度和封闭高度调节量更有用。由于机械压力机装模高度调整好以后，滑块就具有固定的下死点，工作过程中滑块必须越过下死点才能回程再进行下一次锻冲动作，所以实际的模具闭合高度必须小于机械压力机的最大装模高度，否则会造成压力机损坏。对于模具高度小于最小装模高度的情况，可采用在模具下增加垫板的方式来增加模具的高度，使得实际的模具高度比 h_{min} 大。此外，还有其他基本参数，如工作台尺寸、滑块底面尺寸、立柱间的距离等，以及

开式压力机的喉深等参数,设计和使用机械压力机时可查阅有关的手册及产品使用说明书。目前,我国相关标准(如 GB/T 14347—2009、JB/T 1647.1—2012)中制定了开式单点、闭式单点、闭式双点等系列产品的技术参数。

3.2 通用机械压力机

3.2.1 曲柄滑块机构运动及受力

仅对结点正置的情况进行分析,至于其他类型的曲柄连杆滑块机构的运动与受力分析可参阅相关的资料。

1. 曲柄滑块机构的运动分析

在如图 3.5 所示的结点正置的曲柄连杆滑块机构中,R 为曲柄半径,L 为连杆长度,ω 为曲柄的角速度,B_0 和 B_0' 分别代表滑块的下死点和上死点。由于曲柄压力机滑块是在接近下死点的一段区间工作的,因此,在研究运动规律时,取滑块行程的下死点 B_0 为行程 S 的起点,滑块从 B_0 到 B 点为滑块的位移 s。位移 s 的正方向由 B_0 指向曲柄旋转中心点 O,曲柄转角由 A_0 点算起,由顺时针方向(和曲柄实际转动方向相反)转到 A 点时,曲柄转角为 α。

为方便工业生产,机械压力机停机时滑块一般都位于上死点,所以当系统再次开机时,时间零点位于上死点,而曲柄转角则定义在下死点处,如图 3.5 所示。设 ω 为旋转角速度,α 为曲柄相对下死点对应的坐标零点的偏转角,而 γ 为曲柄相对于上死点的旋转角,s 为滑块位移,其零点定义为滑块下死点位置 B_0,滑块位移的正方向朝上。

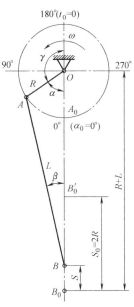

图 3.5 结点正置的曲柄连杆滑块机构运动

(1) 曲柄转动的角速度 ω 为一常数 当曲柄转到图 3.5 所示位置时,有

$$\gamma = \omega t \tag{3.3}$$

$$\alpha + \gamma = 180° \tag{3.4}$$

则有

$$\alpha = 180° - \omega t \tag{3.5}$$

而滑块的位移为

$$s = (R+L) - (R\cos\alpha + L\cos\beta) \tag{3.6}$$

由图 3.5,根据正弦定理得

$$\sin\beta = \frac{R\sin\alpha}{L}$$

令

$$\frac{R}{L} = \lambda$$

由图 3.5 可得

$$\sin\beta = \lambda\sin\alpha$$

$$\cos\beta = \sqrt{1-\sin^2\beta}$$

即

$$\cos\beta = \sqrt{1-\lambda^2\sin^2\alpha}$$

代入式（3.6）得

$$s = R\left[(1-\cos\alpha) + \frac{1}{\lambda}(1-\sqrt{1-\lambda^2\sin^2\alpha})\right] \tag{3.7}$$

由于 λ 一般小于 0.3，对于通用机械压力机，λ 一般在 0.1~0.2 范围内，故式（3.7）可进行简化。根据二项式定理，取

$$\sqrt{1-\lambda^2\sin^2\alpha} \approx 1 - \frac{1}{2}\lambda^2\sin^2\alpha$$

代入式（3.7）得

$$s = R\left[(1-\cos\alpha) + \frac{\lambda}{4}(1-\cos 2\alpha)\right] \tag{3.8}$$

求出滑块的位移与曲柄偏转角的关系后，将位移 s 对时间 t 求导数就可得到滑块的速度 v，即

$$v = \frac{ds}{dt} = \frac{ds}{d\alpha}\frac{d\alpha}{dt}$$

$$= \frac{d}{d\alpha}\left\{R\left[(1-\cos\alpha) + \frac{\lambda}{4}(1-\cos 2\alpha)\right]\right\}\frac{d\alpha}{dt} = R\left(\sin\alpha + \frac{\lambda}{2}\sin 2\alpha\right)\frac{d\alpha}{dt}$$

而由式（3.5）可得

$$\frac{d\alpha}{dt} = \frac{d}{dt}(180° - \omega t) = -\omega$$

则

$$v = -\omega R\left(\sin\alpha + \frac{\lambda}{2}\sin 2\alpha\right) \tag{3.9}$$

将式（3.9）继续对时间 t 求导数，并考虑到上面的假设——曲柄的转动角速度 ω 在机械压力机整个工作过程中近似为一常数（对于传统的异步电动机驱动、并带有很大转动惯量飞轮的通用机械压力机而言，这一假设基本合理；但对于其他类型的机械压力机，如交流伺服压力机，这一假设不成立），这样曲柄的转动角速

度 ω 对时间 t 求导时的值为零。从而可得出当曲柄的转动角速度 ω 为一常数时，滑块的加速度和曲柄偏转角的关系，即

$$a = \frac{\mathrm{d}v}{\mathrm{d}t} = \frac{\mathrm{d}v}{\mathrm{d}\alpha} \frac{\mathrm{d}\alpha}{\mathrm{d}t} = \frac{\mathrm{d}}{\mathrm{d}\alpha}\left[-\omega R\left(\sin\alpha + \frac{\lambda}{2}\sin 2\alpha\right)\right] \frac{\mathrm{d}}{\mathrm{d}t}(180° - \omega t)$$

即

$$a = \omega^2 R(\cos\alpha + \lambda\cos 2\alpha) \tag{3.10}$$

已知 J31-315 机械压力机的滑块行程 $S_0 = 315\mathrm{mm}$，连杆长度 $L = 1450\mathrm{mm}$，滑块每分钟的行程次数仍为 20，曲柄转速 $n = 20\mathrm{r/min}$，则滑块位移、速度和加速度曲线如图 3.6 所示。

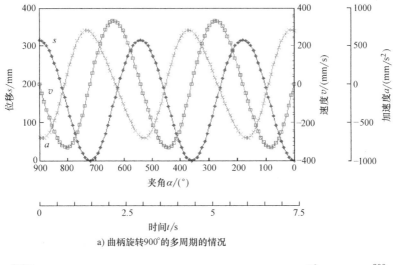

a) 曲柄旋转900°的多周期的情况

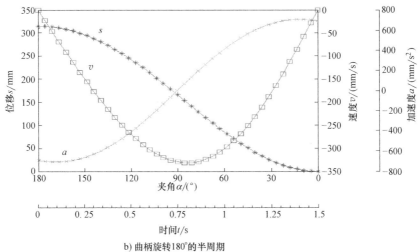

b) 曲柄旋转180°的半周期

图 3.6　J31-315 机械压力机滑块位移、速度和加速度曲线

由滑块的位移表达式（3.8）及图3.6曲线可看出，滑块位移曲线在曲柄处于上死点时位移取到最大值，而对于图3.2b、c所示的正偏置与负偏置曲柄滑块机构而言，当曲柄处于上死点时，滑块位移并未达到最大值，这是因为正偏置与负偏置曲柄滑块机构分别存在着急进、急回特性。在专用的机械压力机中，常采用偏置的曲柄滑块机构以得到不同的运动与受力要求。例如，平锻机常采用正偏置的曲柄滑块机构，以充分利用正偏置时连杆对滑块产生的巨大侧向压力，来避免模锻时滑块产生倾翻，提高模锻件的质量；而热模锻压力机工作时变形力巨大，为了降低连杆对滑块作用的巨大侧向力，宜采用如图3.2c所示的负偏置的曲柄滑块机构。

由上述速度表达式（3.9）、加速度的表达式（3.10）和图3.6曲线可以看出，曲柄位于90°及270°附近滑块速度取最大值；而滑块在上下死点时，滑块的速度为零，加速度值最大，相应的运动惯性力较大。并且转速越高，ω值越大，惯性力也越大，特别对于高速冲床（每分钟滑块行程次数最高可达4000）来说，设法平衡惯性力对保证压力机正常工作就显得尤为重要。否则，由惯性力引起的不平衡力会使机器工作时产生较大的振动和噪声，从而降低加工零件的质量。

滑块在行程上各点的速度是不同的，上死点速度为零，随后逐渐增加，达到最大值后逐渐降低，下死点速度为零，回程与向下行程一样。从能量守恒的角度去考察滑块运动整个一个周期可以发现，当滑块处于上死点时，其重力势能最大；随着滑块的下行，到达行程中点时速度近似达到最大值，此时，滑块的动能最大，滑块的势能部分地转化为其动能；而当滑块再继续从 $\alpha = 90°$ 的行程中点朝下运动时，滑块的动能及势能均下降，到达下死点时，其重力势能及动能均变为最小值，从 $\alpha = 90°$ 变化到 $\alpha = 0°$ 时，滑块必定要向外输出能量。

在设计机械压力机时，滑块运动的速度应符合生产工艺的要求，对于拉深工艺来说，滑块速度应不大于被拉深材料塑性变形所允许的最大速度，以避免工件拉延破裂。因为随着应变速率的增加，金属板料拉深时的变形抗力增加，而塑性降低。现有国内通用机械压力机的滑块速度可达130~450mm/s。而拉深工艺的合理速度范围见表3.1。

表3.1 金属板料拉深工艺允许的最大拉深速度

材料	碳钢	不锈钢	铝	硬铝	黄铜	铜	锌
最大拉深速度/(mm/s)	400	180	890	200	1020	760	760

（2）曲柄转动的角速度 $\omega(t)$ 为一确定的可变函数　依据图3.5，考虑曲柄以变化的角速度 $\omega(t)$ 从位于上死点的位置的时间零点 $t=0$ 逆时针向下旋转 γ 角时，曲柄转角 γ 和曲柄偏转角 α 为

$$\gamma = \int \omega(t) \mathrm{d}t$$

$$\alpha = 180° - \int \omega(t) \mathrm{d}t$$

按照情况（1）中的曲柄转动的角速度 ω 为一常数的方式进行推导，可以得到滑块位移关于曲柄偏转角 α 的变化关系式：

$$s = R\left[(1-\cos\alpha)+\frac{\lambda}{4}(1-\cos2\alpha)\right] \tag{3.11}$$

可以看到，滑块的位移公式和上述的曲柄角速度为常量的公式一样，并未发生变化。将位移 s 对时间 t 求导数就可得到滑块的速度 v，即

$$v = \frac{ds}{dt} = \frac{ds}{d\alpha}\frac{d\alpha}{dt} = \frac{d}{d\alpha}\left\{R\left[(1-\cos\alpha)+\frac{\lambda}{4}(1-\cos2\alpha)\right]\right\}\frac{d}{dt}\left[180°-\int\omega(t)dt\right]$$

即

$$v = -\omega(t)R\left(\sin\alpha+\frac{\lambda}{2}\sin2\alpha\right) \tag{3.12}$$

将式（3.12）继续对时间 t 求导数可得出滑块的加速度和曲柄偏转角的关系，即

$$a = \frac{dv}{dt} = R\left(\sin\alpha+\frac{\lambda}{2}\sin2\alpha\right)\frac{d}{dt}[-\omega(t)] - \omega(t)\frac{d}{dt}\left[R\left(\sin\alpha+\frac{\lambda}{2}\sin2\alpha\right)\right]$$

$$= -\omega'(t)R\left(\sin\alpha+\frac{\lambda}{2}\sin2\alpha\right) - \omega(t)\frac{d}{d\alpha}\left[R\left(\sin\alpha+\frac{\lambda}{2}\sin2\alpha\right)\right]\frac{d\alpha}{dt}$$

$$= -\omega'(t)R\left(\sin\alpha+\frac{\lambda}{2}\sin2\alpha\right) - \omega(t)R(\cos\alpha+\lambda\cos2\alpha)\frac{d}{dt}\left[180°-\int\omega(t)dt\right]$$

即

$$a = -\omega'(t)R\left(\sin\alpha+\frac{\lambda}{2}\sin2\alpha\right) + \omega^2(t)R(\cos\alpha+\lambda\cos2\alpha) \tag{3.13}$$

机械压力机在实际进行锻冲工作时，为了提高工作效率，常要求机械压力机的滑块在空程向下以及回程向上的两个阶段的速度越快越好，越接近锻冲工件的阶段，则希望速度慢慢下降，而在进行锻冲工件时希望滑块速度尽可能地低一些。低的滑块速度有利于提高被加工材料的塑性变形能力，提高产品质量，降低废品率，提高模具寿命，减少冲击振动与噪声，改善工作环境。传统的交流伺服电动机驱动的机械压力机无法实现曲柄旋转角速度快速准确的调节，而被称为第三代锻压设备的交流伺服压力机则可方便地通过使交流伺服电动机变速，实现曲柄旋转角速度变化规律的任意设定，达到对滑块速度的有效控制。

这里仍以 J31-315 机械压力机为例，其滑块每分钟的行程次数仍为 20，即曲柄转速 $n=20$ r/min，其周期为 3s，行程 $S_0=315$ mm，连杆长度 $L=1450$ mm，若取角速度函数 $\omega(t)$ 为如图 3.7a 所示的曲线，则可得其滑块的位移、速度和加速度的曲线如图 3.7b 所示。

不同的锻冲工艺对曲柄旋转的角速度变化规律要求不一样。为实现上述的快速空程向下、慢速压制、快速回程的要求，新型的锻压设备（亦称第三代锻压设备）

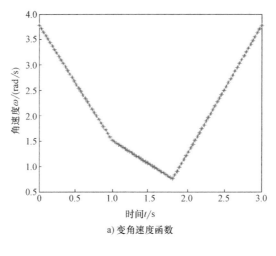

a) 变角速度函数

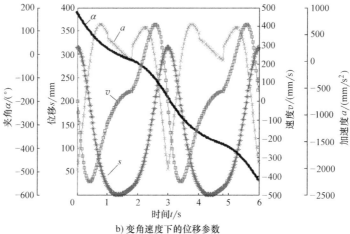

b) 变角速度下的位移参数

图 3.7 J31-315 机械压力机在变角速度情况下的夹角、位移、速度和加速度曲线

常采用交流变频电动机、交流伺服电动机、开关磁阻电动机、横向磁场电动机等作为原动机,并在新型电动机与曲柄滑块机构之间设置减速用的传动带和齿轮系统,以实现对电动机转矩的放大。与传统的交流异步电动机相比,这种新型电动机在额定转速以下为恒转矩输出,而在额定转速以上为恒功率输出。也就是说,用这种新型电动机驱动机械压力机的曲柄连杆滑块机构时,电动机常常工作在恒转矩或恒功率的状态。在恒转矩及恒功率的原动机作用下,机械压力机的曲柄滑块工作机构的滑块将会产生不同的运动规律。

2. 曲柄滑块机构的受力分析

曲柄压力机工作时,曲柄滑块机构要承受全部的工艺力,是主要的受力机构之一,其强度决定了滑块允许承载的大小,对此机构所承受的作用力和曲柄扭矩的计算是设计曲柄滑块机构和传动系统的基础,也是理解公称压力、公称压力行程的定义以及滑块许用负荷图含义的基础。对通用机械压力机进行锻冲工作时主要受力零部件的强度分析采用静力分析结果已能满足工业实际要求。故下面仅进行曲柄滑块机构的静力学分析,但对机械压力机的关键零部件的应力集中区域、疲劳强度校核,以及高速压力机宜采用动力学、有限元与模态分析的方法。对机械压力机的曲柄滑块机构锻冲工作时的作用力及曲轴扭矩进行计算,是曲柄滑块机构和传动系统设计的基础,对于保证机械压力机安全可靠的工作来说至关重要。另外,设计机械压力机的电动机与飞轮时,工件锻冲变形阶段的功能分析也需要曲柄滑块机构的静力学分析结果。

如图3.8所示为曲轴、连杆、滑块的受力分析。其中滑块受到来自工件变形的抗力F的作用,连杆相应产生对滑块的作用力F_{AB}且导轨给予滑块反作用力Q。滑块与导轨之间的摩擦系数设为μ,这里忽略曲轴轴颈与机身和连杆大端、连杆小端与滑块连接等处的摩擦力。F_t为大齿轮或大带轮上的切向力。

(1) 理想状态下(不考虑所有的摩擦) 基于图3.8中B点的受力平衡,可得

$$F_{AB} = \frac{F}{\cos\beta} \tag{3.14}$$

$$Q = F\tan\beta \tag{3.15}$$

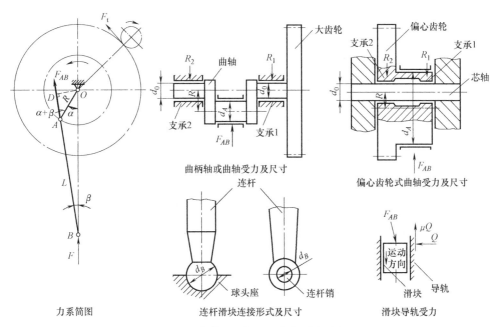

图3.8 曲轴、连杆、滑块的受力分析

由于一般通用机械压力机的工作行程β角较小,因此,$\cos\beta \approx 1$,$\tan\beta \approx \sin\beta = \lambda\sin\alpha$,故上述二式可简化为

$$F_{AB} \approx F \tag{3.16}$$

$$Q \approx F\lambda\sin\alpha \tag{3.17}$$

在连杆给予曲轴上的力 F_{AB} 的作用下，曲轴上所受的转矩为

$$M_q^l = F_{AB} m_l \approx F m_l \tag{3.18}$$

式中，m_l 为图 3.8 中 OD 线段的长度，它相当于连杆力 F_{AB} 对曲轴回转中心取矩时的力臂，因为没有考虑摩擦，故称 m_l 为理想当量力臂；M_q^l 为曲轴的理想转矩。由图 3.8 可得

$$m_l = R\sin(\alpha+\beta) = R(\sin\alpha\cos\beta + \cos\alpha\sin\beta)$$

如前所述，因通用机械压力机的 β 很小，故 $\cos\beta \approx 1$，$\sin\beta = \lambda\sin\alpha$，所以再代入式（3.16）和式（3.18）可得

$$m_l = R\left[\sin\alpha + \frac{\lambda}{2}\sin(2\alpha)\right] \tag{3.19}$$

$$M_q^l = FR\left[\sin\alpha + \frac{\lambda}{2}\sin(2\alpha)\right] \tag{3.20}$$

由式（3.20）可知，在机械压力机所受变形抗力一定时，曲轴所受的转矩随曲柄轴角 α 变化而变化。α 越大，m_l 越大，则 M_q^l 越大，所以，前述的压力机公称压力行程 S_p 或公称压力角 α_p 的含义就可以从式（3.20）得到反映。很显然，曲轴上可承受的最大扭矩 $M_{q\max}^l$ 为

$$M_{q\max}^l = F_g R\left[\sin\alpha_p + \frac{\lambda}{2}\sin(2\alpha_p)\right] \tag{3.21}$$

（2）考虑摩擦状态下　由于机械压力机在工作时的变形抗力是巨大的，所以在工作时，曲柄滑块机构的零件承受着很大的摩擦力，各零件的实际受力比理想状态下的大，忽略摩擦系数 μ 对计算有关零件强度和电动机功率等会造成一定的误差，因此要分析有关摩擦的真实情况。而曲柄滑块机构中摩擦主要发生在四个部位，即滑块与导轨之间的摩擦、曲轴两支承处的摩擦、连杆大端和曲柄颈之间的摩擦及连杆小端处的摩擦。根据功率平衡原理，曲轴所需增加的摩擦转矩 M_f 在单位时间内所做的功，即功率应等于克服各处摩擦所消耗的功率。当设摩擦当量力臂为 m_f 时，由功率平衡原理可得

$$m_f = \frac{1}{2}\mu\left\{(1+\lambda\cos\alpha)d_A + \lambda d_B\cos\alpha + d_0 + 2\lambda R\sin\alpha\left[\sin\alpha + \frac{\lambda}{2}\sin(2\alpha)\right]\right\} \tag{3.22}$$

这样，由于上述四个部分产生的摩擦，必然增大了驱动曲轴产生旋转运动所需的力矩，由该摩擦造成的曲轴上所需增加的传递转矩 M_f 为

$$M_f = F m_f \tag{3.23}$$

这样总的当量力臂 $m_q = m_f + m_l$，再代入式（3.19）和式（3.22）可得到

$$m_q = R\left[\sin\alpha + \frac{\lambda}{2}\sin(2\alpha)\right] + \frac{1}{2}\mu\left\{(1+\lambda\cos\alpha)d_A + \lambda d_B\cos\alpha + d_0 + \right.$$
$$\left. 2\lambda R\sin\alpha\left[\sin\alpha + \frac{\lambda}{2}\sin(2\alpha)\right]\right\} \tag{3.24}$$

这样,当滑块上需要产生向下的变形力 F 时,曲轴上所需传递的总扭矩 M_q 为

$$M_q = F m_q \tag{3.25}$$

很显然,从式(3.22)可看出,m_f 与曲轴的位置及结构尺寸有关,但通用机械压力机进行锻冲工件阶段对应的曲轴的工作角度 α 通常不大于 30°。而当 $\alpha = 0° \sim 30°$ 时,式(3.22)中所表示的摩擦当量力臂 m_f 的值变化范围不大,故在近似计算中,可认为 m_f 为一常数,并取 $\alpha = 0°$ 时的值。因此式(3.22)中的摩擦当量力臂 m_f 可表示为

$$m_f \approx \frac{1}{2}\mu[(1+\lambda)d_A + \lambda d_B + d_0] \tag{3.26}$$

摩擦系数 μ 随机械压力机的机种类不同而不同,对开式压力机 $\mu = 0.04 \sim 0.05$,对闭式压力机 $\mu = 0.045 \sim 0.055$。

3. 滑块许用负荷图

仅对曲柄轴的情况进行考察分析,机械压力机在工作时,曲轴受剪切、弯矩和转矩的联合作用,负荷情况等较复杂。有些因素还难以估计,所以在计算时常常有一些简化。例如,采用集中载荷简支梁简化,可用如图 3.9b、c 按弯扭联合作用分别校核 C—C、B—B 截面的强度,两个截面的强度按扭转和剪切联合的强度计算,即 $\sigma = \sqrt{M_w + M_c}/W$。经大量的理论及试验结果分析表明,对通用机械压力机可只校核 C—C 截面的抗弯强度和 B—B 截面的抗扭强度。

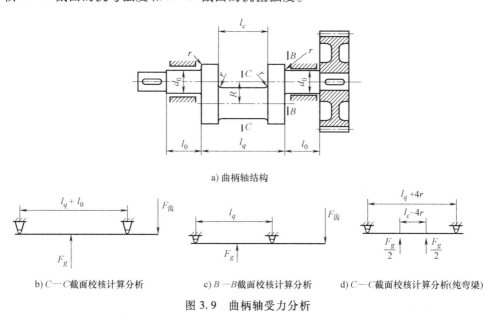

a) 曲柄轴结构

b) C—C 截面校核计算分析   c) B—B 截面校核计算分析   d) C—C 截面校核计算分析(纯弯梁)

图 3.9 曲柄轴受力分析

此外,传动齿轮对曲柄轴作用力相比连杆的作用力可以忽略。连杆对曲柄轴作用力为公称压力,并分别以一半的公称压力作用于连杆和曲柄轴连接处两侧,如

图 3.9b 所示，则 $C—C$ 截面的抗弯强度条件为

$$\sigma = \frac{M_w}{W} = \frac{[0.25(l_q - l_c) + 2r]F_g}{0.1 d_A^3} \leqslant [\sigma] \tag{3.27}$$

式中，M_w 为 $C—C$ 截面的最大弯矩；W 为抗弯截面模量。

若令 $\sigma = [\sigma]$，则 $C—C$ 截面决定的滑块上许用负荷为

$$[F]_{C-C} = \frac{0.1 d_A^3 [\sigma]}{0.25(l_q - l_a + 8r)} \tag{3.28}$$

对于大行程的机械压力机，如拉深压力机，转矩不能忽略，应按第三或第四强度理论校核，其强度条件为

$$\sigma = \frac{F_g}{0.1 d_A^3}\sqrt{[0.25(l_q - l_c) + 2r]^2 + \{0.5R[\sin\alpha_p + 0.5\sin(2\alpha_p)]\}^2} \leqslant [\sigma] \tag{3.29}$$

式中，α_p 为公称压力角。

$B—B$ 截面的弯矩比转矩小得多，因此，只考虑转矩，相应的该截面的最大剪应力为

$$\tau = \frac{M_q}{W} = \frac{F_g m_q}{0.2 d_0^3} \leqslant [\tau] \tag{3.30}$$

令 $\tau = [\tau]$ 时，则有 $B—B$ 截面决定的滑块上的许用负荷为

$$[F]_{B-B} = \frac{0.2 d_0^3 [\tau]}{m_q} \tag{3.31}$$

若忽略摩擦当量力臂的变化，则将式（3.24）和式（3.26）均代入式（3.31）可得

$$[F]_{B-B} = \frac{0.2 d_0^3 [\tau]}{R\left(\sin\alpha + \dfrac{\lambda}{2}\sin 2\alpha\right) + \dfrac{1}{2}\mu[(1+\lambda)d_A + \lambda d_B + d_0]} \tag{3.32}$$

以上各式中的许用应力 $[\sigma] = \dfrac{\sigma_s}{n}$；$[\tau] = 0.75[\sigma]$；安全系数 n 取 2.5～3.5，曲柄轴刚度要求高的取上限，低的取下限。

所谓滑块许用负荷图，是指机械压力机在工作时，滑块上的允许最大力 $[F]$ 与曲柄转角 α 之间的关系曲线。在使用机械压力机时，需要知道滑块上的许用负荷图，这样才能保证滑块在任何位置上的作用力不超过相应的许用值，使其能安全工作。

不同结构的机械压力机有不同的滑块许用负荷图，从式（3.28）可以看出，当曲柄设计完成后，即对某一实际使用的曲柄压力机来说，式（3.28）右边各参数均为确定不变的量，所以，由曲轴 $C—C$ 截面强度决定的允许滑块作用力 $[F]_{C-C}$ 为一水平线，如图 3.10 中的 abc 线所示。但对于行程较大的拉深压力机而

言，由于其应力表达式（3.29）中含有变量 α，故许用滑块力 [F] 的曲线不是一条直线。

对于曲轴上的 B—B 截面来说，由式（3.32）可看出，其滑块上的许用力 [F] 随着曲柄转角的不同而变化，α 增大、$[F]_{B-B}$ 减小，因此，由曲柄 B—B 截面的材料强度决定的滑块上许用力 $[F]_{B-B}$ 如图 3.10 中的 ecd 所示。要保证曲柄压力机安全工作，则滑块上的作用的工件变形抗力 [F] 必须落在图 3.10 中的 acd 折线以内的区域。

为了保证机械压力机上在公称压力角 α_p 范围内能发挥其最大力 F_g，很显然 $[F]_{C-C} \geqslant F_g$，而图 3.10 中的 ecd 曲线和 abc 的交点上的曲柄的转角 $\alpha_p' \geqslant \alpha_p$。当 $[F]_{C-C} = F_g$ 及 $\alpha_p' = \alpha_p$ 时为临界工作状态，对于 $[F]_{B-B}$-α 曲线 ecd 来讲，当 $\alpha = \alpha_p$ 时，$[F] = F_g$。

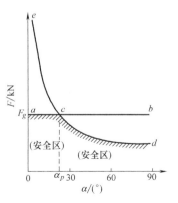

图 3.10 滑块许用负荷图

而对于确定的机械压力机及设计已完成的曲柄轴，式（3.32）中的 d_0 和 $[\tau]$ 均不发生变化，$0.2d_0^3[\tau]$ 等于一个常数，令

$$a = 0.2d_0^3[\tau] \tag{3.33}$$

$$y = [F]_{B-B} \tag{3.34}$$

$$x = m_q \tag{3.35}$$

则式（3.31）相当于函数

$$y = \frac{a}{x} \tag{3.36}$$

要得到这一函数曲线，只要确定 a 值即可。

而由上述分析，根据边界条件 $[F]_{B-B}|_{\alpha=\alpha_p} = F_g$，可求得常数 a。这样可确定曲柄轴 B—B 截面决定的滑块许用负荷 $[F]_{B-B}$ 的表达式。

3.2.2 离合器与制动器

为了避免电动机频繁起停，便于有大惯量的飞轮利用非锻冲阶段存储能量，以及方便操作工人调试模具，保证工人的人身安全，机械压力机中基本上都设置了离合器与制动器这一机械压力机的心脏部件。机械压力机工作的可靠性、安全性与操作维修的方便性都与离合器与制动器密切相关。

摩擦离合器和摩擦制动器的结构比较完善，普遍应用于大、中型压力机。摩擦离合器传递转矩大，工作平稳，没有冲击，滑块可在任意位置使离合器离合，调整模具方便，超负荷时，摩擦片之间会打滑，可起到一定的保险作用。摩擦离合器与摩擦制动器按照摩擦副所处的环境分为干式（空气中）和湿式（液体），驱动摩擦盘运动的动力通常主要有压缩空气压力、液压油压力与电磁力三种，其中以气动方式应用最为广泛。根据摩擦材料的形状，摩擦离合器可分为圆盘式和浮动镶块式两种，浮动镶块式更换摩擦材料方便。

气动摩擦离合器（pneumatic friction clutch，PFC）与气动摩擦制动器（pneumatic friction brake，PFB）广泛应用于机械压力机，其工作原理如图3.11所示。图3.11a所示PFC的飞轮3、活塞2和主动摩擦衬片4为主动部分，只要电动机工作，这部分就不停地旋转。主轴6和从动摩擦衬片5为从动部分。飞轮是通过滚动轴承套装在主轴上的，故平时飞轮旋转时主轴并不转。当压缩空气通过飞轮上的孔道进入气室1时，推动活塞2向右移动，使活塞、从动摩擦衬片和主动摩擦衬片彼此压紧，依靠镶块与活塞和主动摩擦衬片间的摩擦力矩使主轴旋转，即离合器接合。当气室排气时，在弹簧8的作用下，三者脱开，即离合器脱开。

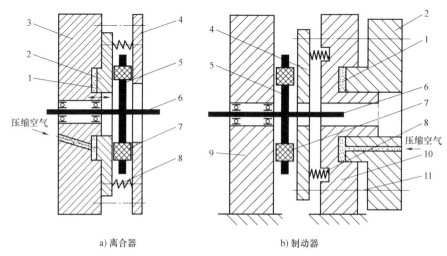

a) 离合器　　　　　　　　b) 制动器

图 3.11　PFC 与 PFB 工作原理

1—气室　2—活塞　3—飞轮　4—主动摩擦衬片　5—从动摩擦衬片　6—主轴
7—摩擦镶块　8—弹簧　9—固定摩擦衬片　10—气缸　11—螺栓

图 3.11b 所示 PFB 中，气缸 10 和固定摩擦衬片 9 是固定在机身上的。不进气时，在弹簧 8 的作用下将主动摩擦衬片 4、从动摩擦衬片 5 和固定摩擦衬片 9 压紧，即处于制动状态。压缩空气先进入气缸 10 的气室中，推动活塞 2 右移，再通过螺栓 11 拉动主动摩擦衬片 4 右移，使制动器脱开。

为了防止主机断电后滑块以自重下滑，PFB 往往采用的是气压脱开摩擦副，弹簧压力压紧 PFB 摩擦副，使其产生机械制动的方式。为了使 PFC 和 PFB 动作协调工作而不发生干涉，常要求两者具有正确的联锁关系，即要求在 PFC 摩擦副接合前，PFB 摩擦副先分离而不制动；而在 PFB 摩擦副接触进行机械制动前，PFC 摩擦副先分离。为满足上面正确的联锁动作协调性要求，国内外的机械压力机 PFC-PFB 多采用气阀式和刚性式两种联锁方式，其中刚性式联锁工作可靠，操纵系统简单，动作迅速。

所谓气阀式联锁是指 PFC 和 PFB 两者协调工作而不发生干涉，实现正确的联锁要求是通过控制两者气动系统中的气阀进排气的先后次序等来实现的。如图3.12所示为J31-315型机械压力机气阀式联锁的PFC-PFB，图中左端是悬臂布置的制动器，而在两PFC轴的两轴承之间的是离合器，PFC和PFB有各自单独的气缸与活塞，离合器与飞轮及大带轮成一体。通过在气路系统中控制PFC和PFB气缸的进排气，用电磁阀通断电时间来保证协调性。

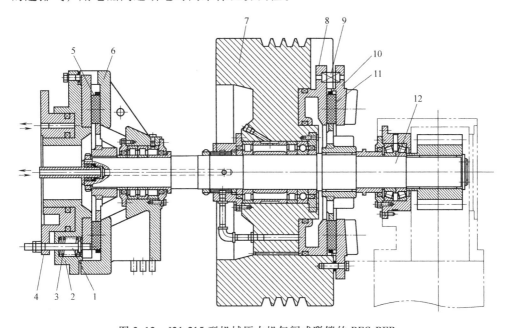

图3.12　J31-315型机械压力机气阀式联锁的PFC-PFB
1—导向销　2—气缸　3—制动弹簧　4、8—活塞　5、11—浮动摩擦镶块　6—外摩擦衬片　7—大带轮
9—脱开弹簧　10—主动摩擦衬片　12—从动轴

图3.12中的PFC-PFB动作过程如下：当需要离合器接合时，通过电磁空气分配阀，使压缩空气从左端经从动轴中心的孔道、旋转密封环和连接管，进入右端离合器气缸（在大带轮上），气压力推动离合器活塞向右移动，使活塞8、主动摩擦衬片上浮动摩擦镶块11和主动摩擦衬片10紧贴在一起，是使飞轮的运动通过PFC摩擦副驱动从动摩擦衬片和从动轴（主轴）运转。当需要离合器脱开时，通过电磁空气分配阀使离合器气缸排气。离合器活塞盘便在脱开弹簧9的作用下向左复位。离合器摩擦副脱开，从动轴失去驱动力而减速，而大带轮在电动机的驱动下仍高速运转。

当需要制动器制动时，应先使PFC摩擦副脱开，然后图3.12左边的制动器气缸排气，在制动弹簧3的作用下，其活塞向右运动，通过压紧圆盘和外摩擦衬片6（与轴承座组成同一零件）压住内摩擦衬片上浮动摩擦镶块5，迫使内摩擦衬片和从动轴减速直至停止转动，完成机械制动过程。如制动器气缸进气，其活塞向左运动，这样同时带动压紧圆盘向左移动并压缩制动弹簧，这时压紧圆盘不再压住镶块，制动器也就脱开。

所谓刚性联锁方式是指PFC-PFB的结构中PFC的摩擦衬片和PFB的摩擦衬片之间存在一种机械刚性互动的关系，从而使得在PFC接合过程中PFC气缸的气动力先克服制动弹簧的压缩正压力，迫使PFB摩擦副先分离，再继续使气缸的活塞运动将PFC摩擦副压紧，完成PFC摩擦接合的动作，反之，在气缸排气后，PFB制动弹簧先将PFC摩擦副分离，然后再使活塞后退将PFB摩擦副压紧。这种联锁方式可靠地保证了PFC-PFB之间正确的联锁关系。这种联锁方式的PFC-PFB往往采用同一个气缸，目前常见的PFC-PFB的刚性联锁结构有轴中心推力杆式和PFC-PFB组合结构式两种。其中推力杆式常在老式的、PFC和PFB均是悬臂地布置在PFC轴两端的结构中采用。组合式常用在中小吨位的机械压力机之中，其PFC-PFB的结构紧密地组合在一起。

如图3.13所示为JH23-63型机械压力机刚性式联锁PFC-PFB，PFC-PFB在结构上是一个整体，采用机械刚性联锁的方式，两者共用一个气缸。其动作过程如下：当PFC气缸所需压缩空气进入离合器气缸后，气动力推动气缸盘向左运动，先压缩制动弹簧，使制动器摩擦面先分离，气缸盘再继续向左运动，离合器主、从动摩擦片被压紧而传递动力和转矩，大带轮带动从动轴转动，完成PFC的接合；而当离合器气缸与大气相通时，在制动弹簧力的作用下，离合器气缸盘向右运动，离合器摩擦副先脱开，气缸盘再继续向右运动，制动器的摩擦片被压紧，产生机械

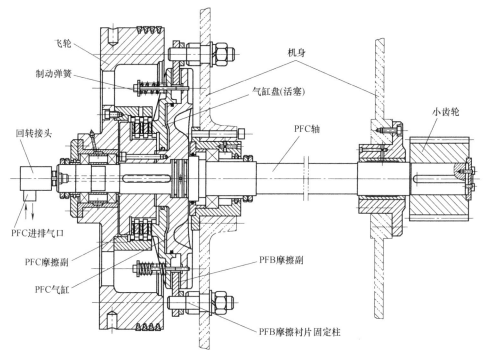

图3.13　JH23-63型机械压力机刚性式联锁PFC-PFB

摩擦制动作用，从而迫使从动部分停止运动。

图 3.13 所示的刚性式联锁 PFC-PFB 中的 PFC 气缸进、排气，必然伴随着 PFC 与 PFB 相继动作，两者动作紧密相连，联锁特性难以改变。而图 3.12 中 PFC 与 PFB 的动作可单独控制，即 PFC 脱开后，PFB 可不制动，从动系统可空载运行，PFC 和 PFB 的联锁特性可任意调节，柔性好。但上述的两种联锁方式在工业实际中都是在滑块锻冲工件后向上运动，在接近上死点的位置，才使 PFC 摩擦副分开而使 PFB 摩擦副贴合制动。

由于机械压力机的传动系统属于减速方式，因此，离合器和制动器常安放在同一轴上，或者制动器放在比离合器安放轴转速更低的下一级轴之上。采用摩擦离合器时，对于具有两级以上传动级的压力机，离合器可置于转速较低的曲轴上，也可置于中间传动轴上。摩擦离合器通常与飞轮一起安装在同一传动轴上，而制动器位置总是与离合器同轴。从机械压力机能量消耗来看，若摩擦离合器安放在低速轴上，离合器接合时由于从动系统的零件数较少，因而接合时摩擦功值也较小，故离合器磨损发热小，工作条件良好。由功率守恒原理可知，在低速轴上离合器需要传递的转矩较大，结构尺寸大；离合器处于较高速轴的情况正好和上述情况相反。

3.2.3 通用机械压力机主要零部件

1. 连杆及装模高度调节

连杆的大端与曲轴铰接，而其小端则和滑块铰接。按驱动同一滑块运动的连杆个数划分，可将机械压力机分为单点（一根连杆）、双点（两根连杆）、四点（四根连杆）三种不同类型。

一台压力机适用于各种模具，为了适应不同闭合高度的模具，压力机的装模高度必须能够调节。对于任何一台通用机械压力机来说，工作台上表面距曲轴回转中心的长度 L_0 是一个不变的值，即为常数，如图 3.14 所示，因此可得机械压力机的封闭高度 H 为

$$H = L_0 - R - (L_1 + L_2) \tag{3.37}$$

通常，曲柄半径 R 是不可调节的，可通过改变 L_1 或 L_2 的任何一个均可以达到调节装模高度的目的。根据调节方式的不同，可将机械压力机中的连杆可分为下列两种结构。前者通过改变 L_1 来达到对装模高度的调节，后者通过改变 L_2 来达到对装模高度的调节。而热模锻压力机则是通过改变 L_0 来达到对 H 的调节。

所谓连杆的长度，是指连杆大小端铰接中心之间的长度。图 3.15 所示的连杆长度是可调的，该连杆由连杆

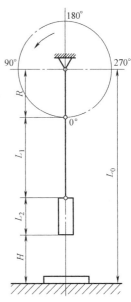

图 3.14 装模高度调节原理

体和调节螺杆组成,调节螺杆下端用球头(见图3.15a)或柱销(见图3.15b)和滑块连接。图3.15中的两种结构均采用手动方式进行装模高度的调节。而对大型压力机,由于滑块尺寸大,重量大,往往采用蜗轮或齿轮机构进行装模高度的机动调节。为了保证连杆有足够的强度、刚度和尺寸精度,受力较大的大中型机械压力机多采用长度不可调节的连杆,如图3.16、图3.17所示。图3.17中的导向柱塞式连杆常用在大型压力机上。连杆体一般用HT250灰铸铁或QT600-3球墨铸铁制成,调节螺杆一般用45钢或40Cr钢锻成,圆球传力部分表面硬度为42HRC,圆柱销用40Cr锻成,其表面硬度为52HRC。

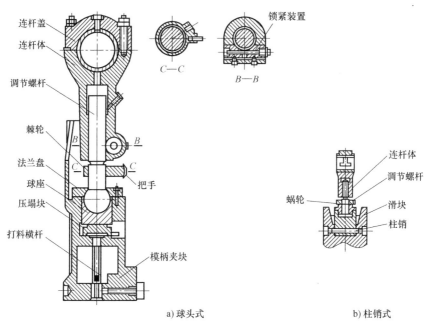

图3.15 长度可调的连杆具体结构

2. 滑块与导轨

滑块将连杆传递来的作用力通过模具传递给工件,在工作时连杆产生的侧向力通过滑块导轨传至机身获得平衡。此外,在滑块上还要安装其他辅助装置,如打料杆、超载保护装置、装模高度调节装置等。开式压力机滑块为箱形件,滑块底面中心有模柄孔,模具通过夹持块夹紧,而对大中型压力机,上模用T形螺栓通过T形槽和滑块相连。

常见的滑块导轨结构如图3.18所示,图3.18a、b所示有两个V形导轨,一个固定,一个活动,其只能单面调节导轨间隙,这种导轨结构主要用于小吨位压力机。图3.18c所示有四个导向面,其中两个面是固定的,承受滑块工作时的侧压力,另外两个成45°的面是可调的,通过螺栓来调节导轨间隙,这种结构多用于大中型闭式压力机。图3.18d所示有四个成45°的导向面,每个导向面都可通过螺栓

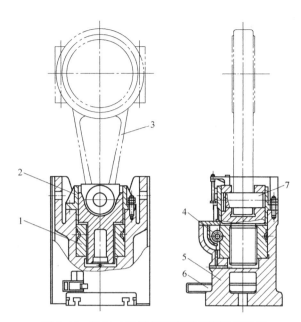
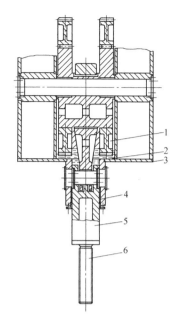

图 3.16　JA31-160 连杆及装模高度调节装置
1—蜗轮　2—导套　3—连杆　4—蜗杆
5—滑块　6—打料杆　7—连杆销

图 3.17　导向柱塞式连杆
1—偏心齿轮　2—润滑油　3—上横梁
4—导向导套　5—导向柱塞　6—调节螺杆

进行调节，使各个方面能得到较为精确的间隙。这种结构主要用于滑块比较重，又不能做水平移动的压力机，例如带有附加导向柱塞连杆的偏心齿轮压力机。图 3.18e 所示有八个导向面，每个导向面都有一组推拉螺钉，进行单独调节，这种结构导向精度高，调节方便。滑块是一个复杂的箱形结构，用铸铁铸成或用钢板焊

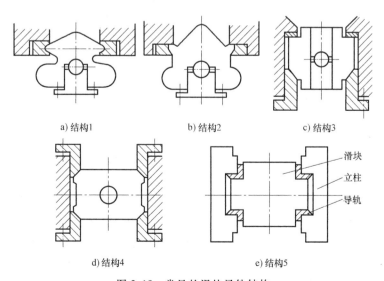

图 3.18　常见的滑块导轨结构

成，常用的材料有 HT250 灰铸铁，QT600-3 球墨铸铁及 Q235 钢板等。而导轨滑动面常用的材料有铸造锡青铜、以 Q235 为基体表面高温烧结 ZCuPb10Sn10 耐磨材料的双金属导板、HT250 灰铸铁、酚醛层压布板、SF-Ⅱ复合材料等。

3. 机身

机身是压力机的一个基本部件。所有零部件都装在机身上面。工作时要承受全部工作变形力（某些下传动压力机除外）。因此，机身的合理设计对减轻压力机重量、提高压力机刚度、减少制造工时，都具有直接的影响。

机身分为两大类型：开式机身和闭式机身，前者三面敞开，操作方便，但刚度较差，适用于中小型压力机；后者两侧封闭，刚度较好，但操作不如开式的方便，适用于中大型压力机以及某些精度要求较高的小型压力机。机身结构分为铸造结构和焊接结构两种。铸造材料有 HT250 或 HT300 灰铸铁、QT500-7 球墨铸铁和 ZG270-500 铸钢等。焊接结构使用材料多为 Q235-A 优质钢板，要求高的则用 Q235-B（替代以前的 16Mn）钢板。铸造结构的材料比较容易供应，消振性能较好，但重量较重，刚度较差。焊接结构与之相反，重量较轻，刚度较好，外形比较美观，但消振性能较差。

常见开式机身类型如图 3.19 所示。按机身背部有无开口可分为双柱机身（见图 3.19a）和单柱机身（见图 3.19b、c）。按机身是否可以倾斜分为可倾机身（见图 3.19a）和不可倾机身（见图 3.19b、c）。按机身的工作台是否可以移动分为固定台（见图 3.19b）和活动台（见图 3.19c）。此外，尚分柱形台、转动台等。不同的机身结构有不同的用途，双柱可倾机身便于从机身背部卸料，有利于冲压工作的机械化和自动化。活动台机身可以在较大范围内改变压力机的装模高度，适用工艺范围较广。单柱固定台机身一般用于公称压力较大的开式压力机。由于开式机身近似 C 形，在受力变形时产生垂直位移（Δh）和角位移（$\Delta \alpha$），上下模具不能很好对中，尤其是角位移 $\Delta \alpha$ 加剧模具的磨损和影响冲压件质量，严重时会折断冲头，故设计时引入角刚度参数 $C_\alpha = F/\Delta \alpha$，通过优化床身横截面可提高 C_α 值。

常见闭式机身类型如图 3.20 所示。闭式机身形成一个对称的封闭框架，受力后只产生垂直变形，不产生角变形，刚度比开式机身好，广泛应用于大中型机械压力机。整体式机身（见图 3.20a）加工装配工作量较少；但需要大型加工设备，运输安装也较困难。组合式机身（见图 3.20b）是由上横梁、立柱、底座和拉紧螺栓组合而成的，考虑工作时框架受力，装配时立柱需进行预紧，保证设备工作时不产生错移。应用较多的预紧方法之一是电加热法，先将各部分安装好并拧紧螺母做上标记，计算预紧所需拧动的螺母转角，加热预先绕在拉紧螺柱上的电阻丝，使螺柱受热伸长，将螺母旋转计算好的角度值，电阻丝断点后即可达到预紧状态。采用组合式机身可以将机身分成几部分加工和运输，因此加工运输比较方便，在大中型压力机上此种机身应用较多。

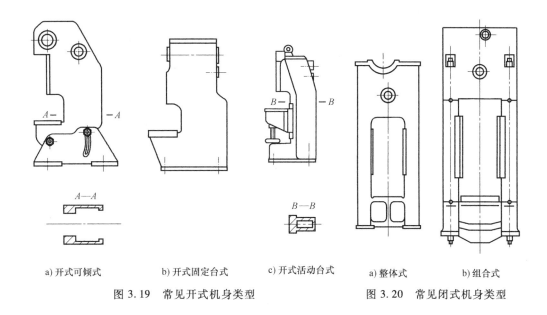

| a) 开式可倾式 | b) 开式固定台式 | c) 开式活动台式 | a) 整体式 | b) 组合式 |

图 3.19　常见开式机身类型　　　　图 3.20　常见闭式机身类型

3.3　多连杆压力机

3.3.1　多连杆压力机特点及应用

　　传统曲柄连杆压力机的运动曲线过于简单，难以满足各种材料的加工需求，因此通过增加连杆、改变连杆几何参数的方式逐步开发了不同种类的压力机传动机构，如肘杆机构等。采用多连杆技术和大吨位拉深垫进行大型覆盖件拉深的技术，既可以拉深质量合格的覆盖件，又可以得到良好的经济性。而且，使用多连杆驱动技术的机械压力机，其压力机的工作行程速度根据材料的性能曲线要求不必过多提高，却可以达到提高生产率的目的，所采用的方式就是优化工作行程速度，加快空行程速度，以此来达到提高整机生产率的目的。同时由于压力机滑块在工作行程段的运行速度降低，上下模具合模瞬间的速度也得以大大降低，这使得压力机工作时的冲击现象得到改善，在延长模具的寿命同时有效降低了冲压工作时的冲击噪声。

　　多连杆结构的压力机的主要特点如下：

　　1) 与普通压力机比较，多连杆机构传动的压力机只是工作机构的设计不一样，压力机的其他部分仍然是标准的，因此可大大降低成本。

　　2) 与技术参数相同的曲柄滑块机构传动的压力机相比，曲柄半径和曲柄扭矩较小，从而使压力机结构紧凑，总体尺寸减小，减轻了机器的重量，对大型压力机的制造具有重要意义。

　　3) 多连杆压力机在同样公称压力的情况下，能在较长的工作区域承受较大的负荷,而不必要靠增加压力机的吨位来满足拉深工艺力的特殊要求。

4) 多连杆压力机具有慢进急回的特性,提速只是提高滑块在非工作区域的运行速度,可以在满足拉深速度要求的情况下,尽可能提高压力机滑块的行程次数,从而提高冲压的生产效率。

5) 多连杆传动压力机滑块能以更慢的速度接触板料,降低了材料撕裂的可能性,提高了冲压零件的质量,降低了模具的冲击载荷,延长了模具寿命。

6) 多连杆压力机拉深深度大,以较小的偏心距实现大的滑块行程长度,更好地满足拉深工艺的需要和自动化上下料的需要。在允许的速度内,多连杆压力机拉深深度可达 320mm,而一般曲柄压力机只有 70mm 左右。

7) 由于多连杆压力机的主传动、滑块运行平稳,主机的工作噪声比普通曲柄连杆压力机的噪声大大降低,从而改善了压力机生产线上操作工人的工作环境。

8) 多连杆压力机主要零部件的受力状态比普通曲柄连杆压力机的受力状态好。在拉深区域内,主传动系统的杆系几乎处于直线状态,从而使力矩负荷比曲柄连杆压力机降低,多连杆压力机的每一个驱动元件负载都比较低,因此其加速和制动的惯量低,从而大大地节约了能源。

尽管多连杆压力机的优点较多,但是多连杆压力机的结构复杂,制造精度要求也较高,这使得多连杆压力机的制造成本和维护维修成本相对较高。多连杆压力机设计的关键就是多杆系的优化与杆系参数的确定,迅猛发展的计算机技术为快速获取良好的杆系优化效果、缩短设计制造周期提供了有效途径。多连杆压力机特别适合进行形状复杂的大型薄板或者薄筒形状零件的拉深成形,以及较厚板材的冲孔、落料、成形等工艺。如进行轿车车门内外板、侧围等大型覆盖件的冲压生产,重型货车大梁的成形、落料、冲孔等的生产。

多连杆压力机的主要应用领域还是在板料成形领域:多连杆压力机特别适用于大型薄板的深拉深工艺工作,普通地用于拉深的钢板即可满足拉深性能的需要,而不必研制新型材质的钢板;拉深开始时,由于多连杆压力机的滑块速度几乎降低为恒速运行,其速度的变化平稳,滑块的冲击减弱,使得主机、模具的使用寿命得到提高,没必要为满足拉深工艺的需要而改变模具的结构;多连杆压力机的工作行程比普通曲柄连杆压力机的工作区域长,在整个工作区域内能够实现满负荷冲压工作,故多连杆压力机可用于高强钢板的成形制造;多连杆压力机可应用于含有深拉深工艺成形的多工位生产制造,从而可替代压力机制造生产线,节约场地、人工、成本,高度的集成化与自动化还可实现高于生产线节拍的生产制造。

按用途可将多连杆压力机分为多连杆级进模压力机、多连杆多工位压力机、多连杆成形压力机;按连杆与滑块连接的"点"数可将多连杆压力机分为双点和四点多连杆压力机;按连杆数量可将多连杆压力机分为六连杆、八连杆和十连杆压力机;按滑块的动作可将多连杆压力机分为单动、双动多连杆压力机。

3.3.2 多连杆压力机主要结构

现有的多连杆压力机主要有六连杆压力机、八连杆压力机及十连杆压力机等。六连杆结构的压力机主要用于较厚钢板的冲孔、落料、成形等冲压工艺，一般用于大工艺力的冲压工作，如在一次冲压工作中完成重型货车大梁的落料、成形、冲孔等。八杆机构主要应用在薄板冲压成形、深拉深等工艺，多用于大型汽车覆盖件的大批量生产，如小客车、面包车等的车顶车门等。十杆机构应用较少，主要应用于双动压力机外滑块主驱动。

单动六连杆结构压力机是最为简单，也是最常用的，由偏心齿轮、拉杆、角架与连杆等组成，如图 3.21 所示。压力机正常工作时，电动机通过传动带带动飞轮旋转，飞轮与高速轴相连，高速轴齿轮与惰轮、中间大齿轮啮合，通过中间小齿轮驱动左右偏心齿轮转动，再通过六连杆机构带动滑块做上下往复运动。利用连杆上任意一点的连杆曲线的多样性，来实现连杆下端轨迹符合预期的轨迹要求。其主要特点是机身机构紧凑、刚性强，其冲压和工艺力比同类型的曲柄连杆机构的机械压力机大，满负荷的工作区域较长，下死点附近速度小，工作效率高。

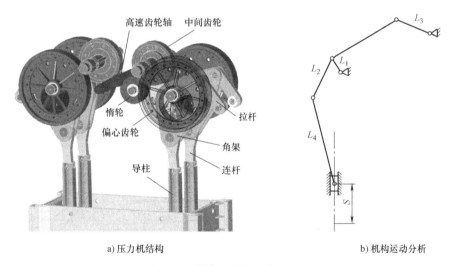

a) 压力机结构　　　　　　　　　b) 机构运动分析

图 3.21　单动六连杆压力机原理

单动八连杆压力机是拉深压力机中应用非常广泛的多连杆机构，由偏心齿轮、上拉杆、摇杆、下拉杆、角架与连杆等组成，如图 3.22 所示。压力机正常工作时，电动机带动飞轮旋转，飞轮安装在高速轴上，高速轴与惰轮及其中一个中间大齿轮啮合，惰轮与另外一个中间大齿轮啮合，中间小齿轮与偏心齿轮啮合，通过偏心体驱动八连杆机构进而带动滑块上下往复运动。对于八连杆结构的压力机，其模具在深拉深工作区域的冲击力很小，满负荷的工作区域长，但由于传动系统结构复杂，要求加工调试的精度高，使得制造周期长，因此成本相对较高。

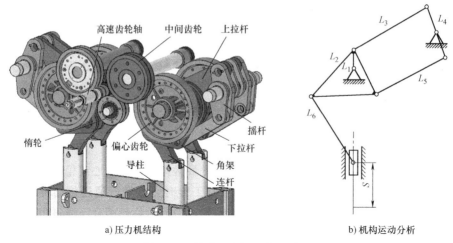

a) 压力机结构　　　　　　　　b) 机构运动分析

图 3.22　单动八连杆压力机原理

滑块行程长度为 1400mm，生产节拍为 16 次/min 的六连杆、八连杆压力机滑块行程、速度曲线如图 3.23 所示。八连杆机构压力机和六连杆机构压力机具有相似的特性，实现滑块在冲压过程中有一段低速且接近匀速的速度曲线，完成冲压后滑块快速回程。这种速度特性就可以保证滑块在拉深阶段速度较低，回程时速度较高，可以给自动化留出更多的时间，从而在保证拉深件质量的前提下，最大限度地提高冲压线的生产效率。在相同滑块行程的前提下，八连杆压力机的滑块速度曲线优于六连杆压力机。

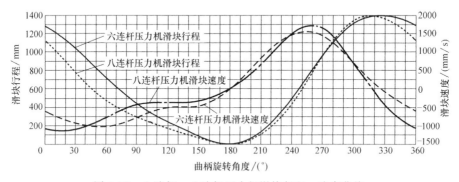

图 3.23　六连杆、八连杆压力机滑块行程、速度曲线

济南二机床集团有限公司为福特汽车公司提供了多条由八连杆结构和六连杆结构压力机组成的冲压生产线，如图 3.24 所示。首台压力机采用八连杆结构，后序压力机采用六连杆结构，自动化采用双臂送料。

双动压力机有两个滑块——内滑块和外滑块。内滑块用来拉深零件，外滑块用来压紧毛坯的边缘。内外滑块的运动需要正确的配合，向下行程时外滑块先压紧毛坯，后内滑块拉深零件，防止工件边缘起皱；向上行程时内滑块先回程，外滑块后

图 3.24 多连杆压力机冲压生产线

回程，以便将工件从凸模中脱出。目前，外滑块一般采用八连杆结构，内滑块可以采用曲柄连杆结构、六连杆结构、八连杆结构等。双动压力机进行拉深工作时，坯料外沿被压紧的工作是由机构驱动的外滑块完成的，外滑块在拉深过程中保持不动，其速度在压紧瞬间接近于零。单动压力机进行拉深过程中，滑块和压边圈接触时具有一定的初始拉深速度，工件的拉深在固定凹模上完成。

双动压力机内、外滑块均采用八连杆机构，是目前双动压力机中应用较为广泛的多连杆机构，其结构如图 3.25 所示。内滑块八连杆机构与单动八连杆机构相同，外滑块八连杆机构与内滑块八连杆机构共用曲柄、上拉杆和摇杆上臂，摇杆上分出内、外滑块八连杆机构下臂，内滑块摇杆下臂通过内滑块下拉杆与偏心体上的内滑块三角板相连，外滑块摇杆下臂通过外滑块下拉杆与偏心轴上的外滑块三角板相连，内、外滑块三角板分别通过其连杆与导柱相连。

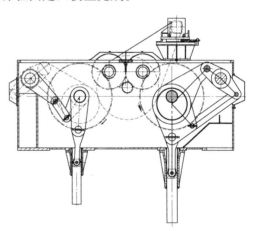

图 3.25 双动压力机内外滑块均为八连杆结构

内滑块 10000kN、外滑块 6000kN 的双动八连杆机构压力机，内滑块行程长度为 1000mm、外滑块行程长度为 800mm、生产节拍为 16 次/min 时，内、外滑块行程、速度曲线如图 3.26 所示。从运动曲线中可以看出，内滑块开始拉深之前，外

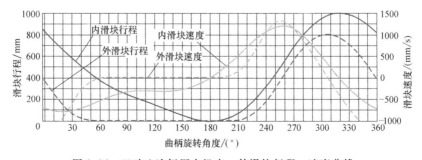

图 3.26 双动八连杆压力机内、外滑块行程、速度曲线

滑块需要提前压紧坯料，整个拉深过程中，外滑块始终处于压紧状态，内滑块拉深结束后，外滑块继续保持压紧状态一段时间，等内滑块抬起一段时间后，外滑块再结束压紧状态并快速抬起，为自动送料系统打开送料空间。

3.3.3 多连杆压力机关键技术

数字伺服化是多工位多连杆压力机发展的必然趋势，在进一步研发、推广应用多连杆压力机时，还需进一步关注和解决多连杆杆系的优化、中大型多连杆杆系的润滑优化、中大型多连杆杆系的制造保障与精度保障、大中型多连杆压力机高效节能的传动方式等关键技术。

多连杆压力机的杆系优化是多连杆设计的关键内容之一，多连杆自问世以来制约其快速发展的原因之一就是之前的技术难以实现杆系优化这一庞杂的工作，此外优化时的目标函数的设定也还需进一步探讨发展。

设计方面的优化主要体现在原理误差的修正方面。从误差来源的角度，原理误差主要分为方案、理论和机构原理误差等。选择不同的方案所产生的误差称为方案误差；由于应用的理论不成熟或者采用近似理论（后者的可能性较大）所产生的误差称为理论误差；由于实际机构的平衡力的方程和理论方程有差别或者在计算时采取一些舍入法而产生的误差称为机构原理误差。现有的针对上述误差的优化设计方法有很多，包括求解无约束优化问题的一维搜索法、坐标轮换法、Powell法、牛顿法和变尺度法，求解约束优化问题的随机方向搜索法、复合形法、优选法、可行方向法、约束变尺度法等直接解法和惩罚函数法等间接解法。工程机械设计优化问题大多数是有约束非线性的复杂优化设计问题，最常用的优化设计方法是复合形法、优选法、惩罚函数法和约束变尺度法等。相关优化软件包括ADAMS、ANSYS、MATLAB等。在相关的优化设计过程中需要根据不同的工艺要求选定不同的优化目标，比如说滑块行程运动曲线、工作行程时间占滑块全行程的比重、滑块工作行程内的能量消耗等。

压力机的润滑是压力机设计研究的一项重要工作，在多连杆压力机上同样如此，随着传动润滑方式从早期的浓油润滑，到现代广为采用的稀油润滑，在一些产品上已逐步开始尝试油雾润滑、气雾润滑的方式。多连杆压力机的工作原理就是利用多杆系传动，多杆系运动的特点是传动节点多，因此多连杆压力机可靠工作的一项重要保证就是多杆系的各节点能够可靠正常地工作，而这很大程度上依赖于节点的良好润滑状态。由于多连杆压力机运动过程中各杆系均在动态状态，如何在动态状态下为杆系各节点提供良好的润滑保证，是在多连杆压力机的设计之初就要认真考虑的。同时，由于压力机的载荷特点是短时工作瞬间冲击，也给压力机的润滑保证提出了很高的要求，特别是对于多连杆压力机来说，良好的润滑保障更显得尤为重要。

相比于普通压力机，多连杆机构压力机由于构件多、传动系统复杂，在对杆件进行加工和装配时，产生误差的可能性要高得多。保证多连杆机构在工作过程中滑块的运动精度和位置精度，是多连杆压力机设计制造时需要解决关键科学与技术问题。此外，多连杆压力机的杆长误差也会直接影响多连杆压力机性能曲线的实现。多连杆压力机的杆长误差主要体现在制造误差和运行误差两方面。

在机构构件的制造加工过程中，由于设备的加工精度等问题，不可避免地存在尺寸、形状等的误差，这些误差统称为制造误差。制造误差主要有形状误差、尺寸误差、偏心距误差、运动副的间隙误差和运动副轴线的偏斜误差。减少杆长制造误差，一般从加工和装配这两方面入手。在加工方面，对多连杆机构的关键件，譬如偏心轮、导柱，采用先进的加工设备和加工工艺，尽量提高各杆件的加工精度，尽量避免单根杆独立加工，尽可能的多根连杆一起加工，这样可以用来保证孔中心距，减少加工误差。在装配方面，一是采取面向设计的装配偏差控制，主要指的是多连杆机构装配过程与连杆设计进行并行一体化的设计，以并行的工程完成对连杆的设计，提高连杆的设计质量。将连杆制造偏差信息反馈给多连杆机构设计的初始阶段，通过在设计的初始阶段预设装配间隙，实现对装配过程中装配偏差的自动补偿。利用装配偏差定量评价的多连杆机构的装配设计，比较有利于连杆制造过程中的偏差控制。二是建立多连杆机构装配偏差分析控制系统。主要包括对连杆加工过程中，夹具的优化和设计、零部件加工时的误差自适应补偿，以及对多连杆机构装配的顺序进行优化设计。

在机构实际运行中，由于温度引起机构构件的变形、机构构件受力后的弹性变形、运动副的摩擦和磨损及机构在干扰力作用下产生的振动误差等称为运行误差。减小运行误差要从引起运行误差的根源做起，如提高杆系构件的刚性，提高运动副的强度，尤其要提高压力机执行机构的运动副强度等，此外减小运动副的摩擦磨损也有助于减小运行误差的影响。

除了以上介绍的误差之外，还有其他的误差也会对多连杆压力机的精度造成影响，这些误差如下：相位误差，解决相位误差可以在工装上对已经啮合的齿轮进行对齿，校正啮合齿轮的接触情况，然后工装上检查四点的同步精度。滑块与连杆结点偏差的影响，通过调整上横梁的定位精度及与滑块结点位置使其均匀平衡分布，从而用来消除滑块倾斜带来的滑块位移误差。运动副间隙导致的误差，运动副间隙误差的消除主要从两个方面着手，一是减小运动副之间的配合间隙，在保障运转使用正常的前提下，尽可能减小相对运动件间的工作间隙，也可采用一些性能优良稳定的材料做运动配合件；二是降低曲柄的运动速度（减少滑块的行程次数），可以有效减小压力机的动态响应引入的误差。

3.4 伺服压力机

3.4.1 伺服压力机特点及应用

伺服式机械压力机通常指采用伺服电动机进行驱动控制的机械压力机。伺服机械压力机通过伺服电动机驱动工作机构运动，来实现滑块的往复运动。通过复杂的电气化控制，伺服机械压力机可以任意编程滑块的行程、速度、压力等，甚至在低速运转时也可以达到压力机的公称吨位。

以交流伺服压力机为代表的第三代锻压设备所采用的交流伺服电动机起动电流是不会超过额定电流的，并且交流伺服电动机又允许频繁起停（每分钟起停十几次或几十次），因此交流伺服压力机的传动系统中不需要离合器和制动器，从而大大简化了结构，节约了离合器与制动器动作时的能量。20世纪90年代，日本几家主流冲压设备制造厂家率先推出小型伺服压力机，对传统的机械式冲压方式掀起了暴风般的冲击，被广泛认为是锻压制造业的一场技术革命，具有划时代的意义。虽然由于工艺、传统习惯、成本等方面的制约，目前冲压行业是传统冲压方式和伺服冲压方式混合并存，但是使用伺服压力机的领域、工艺环节和数量等的比重不断扩大。

交流伺服机械压力机不同于普通的机械压力机，它具有很多普通机械压力机无法具有的特点。主要特点如下：

1）锻压过程伺服控制可以实现智能化、数控化、信息化加工。针对不同的加工材料和加工工艺，可以采用不同的工作曲线。锻压能量可以实现伺服控制，可以在需要的范围内数字设定滑块的工作曲线，有效提高压力机的工艺范围和加工性能。锻压参数可以实现实时记录，易于实现压力机的信息化管理。交流伺服压力机操作简单可靠，伺服控制性能好。

2）节能效果显著。在工作状态下，交流伺服压力机本身的耗能就比普通机械压力机低。交流伺服压力机可以去除离合器等装置，没有了离合器结合耗能。在滑块停止时，伺服电动机停止转动。相比于普通机械压力机，其消除了飞轮空转消耗的能量，有效节省能源。在压力机低速运行时，伺服压力机相对于普通机械压力机的节能效果将更为突出。

3）滑块运动数控伺服。滑块的运动曲线可以根据需求进行设定。在锻压阶段，可以调节降低滑块的运动速度，实现低速锻压的工作要求；在回程阶段，可以调节提高滑块的运动速度，实现滑块对急回的工作要求。通过伺服控制滑块的运动曲线，有利于提高锻件精度，延长模具寿命。

4）压力机整体结构得到简化。交流伺服压力机去掉了传统机械压力机中的核心部件——PFC，传动系统简单，同时，交流伺服压力机也不需要大飞轮等，结构得到简化，维修量减少。

5）提高生产率。由于滑块的运动曲线可以根据需求进行设置，所以可以根据需求调节滑块的运动速度和滑块行程次数。交流伺服压力机的行程可调，行程次数相应可以提高；在保证行程次数不变的情况下，可以提高非工作阶段行程速度，降低冲压阶段的锻冲速度，提高工件的加工质量。相比于普通机械压力机，交流伺服压力机的生产率得到了大幅提高。

6）超柔性、高精度。交流伺服压力机具有自由运动功能，滑块运动速度和行程大小可以根据成形工艺要求设定，因此要求成形工艺具有较好的柔性，通过适当调控可实现最优速度冲裁。滑块速度曲线如图 3.27 所示。交流伺服压力机采用滑块位移传感器实现全闭环控制，提高下死点的精度，补偿机身的变形和其他影响加工精度的间隙。滑块的运动特性可以采取最优策略，例如拉深和弯曲成形时，采取合理的滑块运动曲线可以减少回弹，提高制件质量和精度。

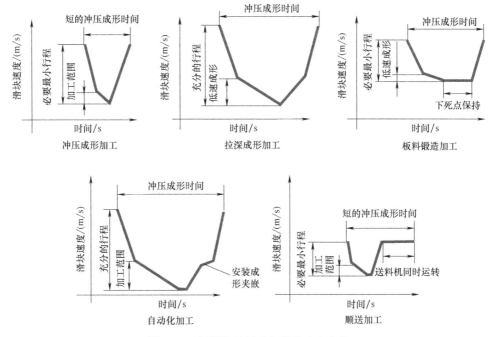

图 3.27　伺服机械压力机滑块速度曲线

7）降噪节能。去除传统压力机的离合器/制动器，滑块的运行完全由伺服电动机控制，在起动和制动过程中不会产生排气噪声和摩擦制动噪声，降噪环保；同时减少了摩擦材料的使用，节能省材。有效地控制滑块运动速度，在接触前降低滑块速度，并使制件在变形过程中所储存的变形能在材料完全断裂之前就基本释放完毕，这将有可能大大降低振动，降低噪声，如图 3.28 所示。此外，减少了压力机工作时的振动，模具寿命可以提高 2~3 倍。

伺服机械压力机可以取代机械压力机及油压机进行复杂形状、新型材料、深拉深零件的冲压生产。例如，进行复杂汽车覆盖件、深筒零件、高强度钢、铝镁合金、激光拼焊板等的冲压与挤压生产。

日本网野公司研发生产了大型机械多连杆式伺服机械压力机，在中国得到较好的应用，目前已引入这种压力机的公司有东风汽车有限公司、天津汽车模具股份有限公司、广汽日野汽车公司和湖北十堰先锋模具公司等。其中东风汽车有限公司于

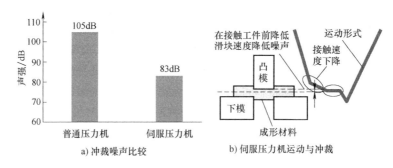

图 3.28 伺服压力机低噪声冲裁

2007年引进的是由1台10000kN、4台6000kN的机械多连杆式伺服机械压力机组成的覆盖件生产线。该生产线承担了东风小霸王系列、东风之星系列、东风梦卡系列等车型白车身中小型冲压件的生产任务。主要工艺有下料、拉深、修边、冲孔、斜切、校正和弯边等。经过实际加工生产验证，该系列的伺服机械压力机显著提高了生产线的生产效率，实现了重大突破，并且具有节省能源、噪声低、生产率高和生产过程管理可控等优点。

在普通的曲柄压力机上很难成形镁合金材料。日本小松公司在其研发的HCP3000伺服机械压力机上成功实现了镁合金杯形件的反挤压成形。首先将坯料放入凹模中，令凸模慢速下降，将毛坯压在凸模和顶料器之间，在下降过程中毛坯被加热到300℃；当顶料器到下极限位置时，滑块以恒压力低速度下行，开始挤压过程，直至完成反挤压过程；然后滑块快速回程。滑块在一个循环内经历了四种不同的速度，并且恒压控制挤压过程。这一工艺对速度的控制提出了很高的要求，在普通的机械压力机上是很难实现的。

对汽车用电动机外壳的拉深工序中，被加工材料为镀锌低碳钢板。普通机械压力机因为行程长度不能根据加工内容来改变，只能依靠改变每分钟的行程次数来进行拉深加工。为防止拉深加工的失败，每分钟行程次数就要降到很低从而使拉深速度降下来。但是，即使降低了每分钟行程次数，如果拉深的深度很大，那么拉深的开始速度仍然很快，这时拉深加工是在上模和下模的冲撞下开始的，常会发生拉深褶皱或材料破裂的情况。而伺服机械压力机不但能够任意设定拉深速度，上下模开始时的接触速度也可以很慢，实现柔性接触，使得拉深加工能够在无振动条件下开始，从而在降低产品废品率的同时，提高生产效率和产品质量。

日本小松公司在普通机械压力机和HAF伺服机械压力机上进行了精密冲裁对比试验，工件为空调机凸轮，尺寸为40mm×13mm，负荷为80t，材料为SPC。冲裁过程中塑性变形终了阶段刃口附近的材料出现了微裂纹，在拉应力的继续作用下微裂纹不断扩展断裂形成断裂带，断裂带表面粗糙。提高冲裁切断面质量就是指减少断裂带厚度、提高光亮带厚度。如图3.29所示，冲裁的速度越低，冲裁断面断裂带厚度就越小，断面质量就越好。普通压力机在 2000~3000 件后表面会出现裂纹，但伺服机械压力机在 3000 件后断面仍然保持完好。

3.4.2 伺服压力机主要结构

伺服式机械压力机的结构主要由主传动、工作机构和辅助机构等组成。伺服压力机主传动机构的主要作用是将锻压所需的能量从伺服电动机传到执行机构，常见的传动方式有齿轮传动、带传动、螺杆传动等。工作机构的主要作用是带动滑块做往复运动，完成锻压过程，常见的执行机构有曲柄滑块机构和曲柄楔块机构等。辅助机构的主要作用是提高伺服机械压力机工作的可靠性、扩大伺服机械压力机的工艺用途等，常见的辅助机构有平衡缸、制动器、顶料装置、位置检测装置等。

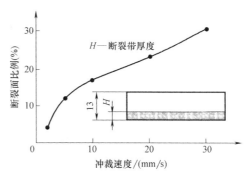

图 3.29 断裂面与冲裁速度

由于伺服机械压力机一般指采用伺服电动机驱动工作机构工作的压力机，而工作机构又有很多种选择，因此伺服机械压力机在结构的选择上具有多样性。目前国内外已经开发和生产的伺服机械压力机按传动及工作机构可分为以下几种：伺服电动机直接驱动滑块，多采用直线伺服电动机，直接输出直线运动；伺服电动机直接驱动曲轴，低速大转矩伺服电动机直接与曲轴相连，不需要减速机构和离合器等，结构简单；伺服电动机+螺母螺杆机构，其行程长，在行程内任何位置都可以承受载荷；伺服电动机+带轮+螺母螺杆机构，其锻压能力强，在行程内任何位置都可以承受载荷；伺服电动机+螺杆+肘杆，具有增力效果，但只能在下死点附近达到公称压力；伺服电动机+蜗轮蜗杆+肘杆，行程长度一定且行程速度受限；伺服电动机+齿轮减速+曲柄轴+肘杆：增力效果好，且滑块速度可控；伺服电动机+齿轮轴+齿轮+曲轴，和传统的曲柄压力机结构相似，但没有飞轮和离合器等。

日本会田（AIDA）公司 20 世纪 90 年代初研发大功率伺服电动机，随后推出以大功率伺服电动机取代传统主驱动电动机的伺服式机械压力机，形成了 NS1-D、NS2-D 和 NC1-D 等系列数控伺服压力机，能达到 3000kN 的公称压力。伺服电动机通过若干级齿轮减速后直接驱动曲柄机构带动滑块运动（见图 3.30）。

日本小松的 HCP3000 型伺服机械压力机的两台伺服电动机布置在机身两侧，

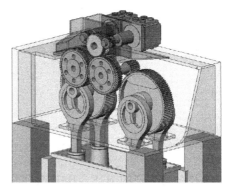

图 3.30 会田伺服压力机结构

该伺服机械压力机省掉了离合器与制动器以及复杂的减速传动系统,如图 3.31 所示。通过调速带与滚珠丝杠的螺母相连,滚珠丝杠的下端安装在滑块上。伺服机械压力机工作时,伺服电动机通过调速带驱动滚珠丝杠旋转,再通过滚柱丝杠将螺母的旋转运动转化为丝杠的直线运动,从而带动滑块做上下往复直线运动。

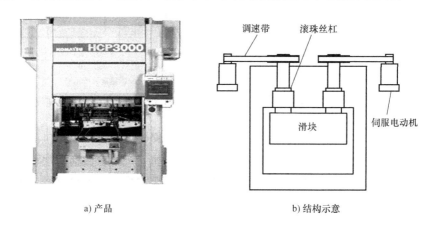

a) 产品　　　　　　　　　　b) 结构示意

图 3.31　HCP3000 型伺服机械压力机

日本小松公司生产的 H1F 系列伺服机械压力机采用的工作机构为肘杆机构。伺服电动机通过一级带传动和一级齿轮传动与肘杆机构相连,肘杆机构下端通过导向柱塞式连杆与滑块相连,如图 3.32 所示。伺服机械压力机工作时,伺服电动机通过一级带传动和一级齿轮传动实现减速增力,带动肘杆机构做往复摆动,从而通过肘杆机构下端的导向柱塞式连杆带动滑块做上下往复直线运动,完成锻压工作。

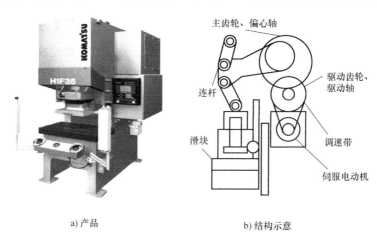

a) 产品　　　　　　　　　　b) 结构示意

图 3.32　小松 H1F 系列伺服机械压力机

小松公司生产的 H2F、H4F 系列伺服机械压力机整体采用双边布局,两台伺服电动机安装在机身两侧,通过传动带与滚珠丝杠的螺母相连,滚柱丝杠的末端与连杆机构连接,连杆机构的下端与滑块相连,如图3.33所示。伺服机械压力机工作时,伺服电动机通过调速带驱动滚珠丝杠旋转,再通过滚珠丝杠将螺母的旋转运动转化为丝杠的直线运动,从而带动连杆机构工作,使连杆机构下端带动滑块做上下往复直线运动。

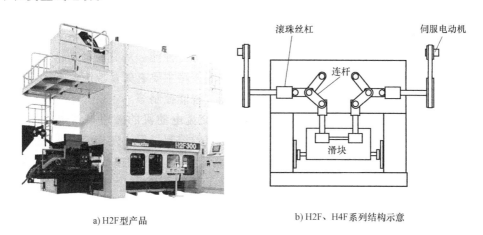

a) H2F型产品　　　　b) H2F、H4F系列结构示意

图3.33　H2F、H4F系列伺服机械压力机

日本网野公司(AMINO)研制的25000kN机械连杆伺服机械压力机整体采用了双边布局,该伺服机械压力省掉了离合器与制动器以及复杂的减速传动系统,如图3.34所示。通过伺服电动机驱动螺母旋转,又通过螺母螺杆运动副将螺母的旋转运动转化为螺杆的上下直线运动。螺杆的下端与具有增力效果的连杆机构相连,连杆机构的下端与滑块相连。上下运动的螺杆带动连杆机构做往复摆动,从而带动滑块做上下往复直线运动,完成锻压工作。

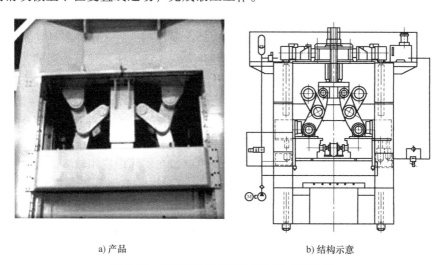

a) 产品　　　　b) 结构示意

图3.34　25000kN机械连杆伺服机械压力机

3.4.3 伺服压力机关键技术

伺服控制技术是伺服压力机的关键技术之一。伺服压力机所采用的交流伺服电动机有强耦合、时变、非线性等特点，为了能够实现高性能，使系统具备快速的动态响应和优良的动、静态性能，且对参数的变化和外界扰动具有不敏感性的交流伺服系统，控制策略的正确选择发挥着至关重要的作用。优良的控制策略不但可以弥补硬件设计上的不足，而且能进一步提高系统的综合性能。从交流电动机控制技术和系统控制策略来看，目前交流传动系统的控制策略主要有矢量控制、直接转矩控制、反馈线性化控制、自适应控制、鲁棒控制、智能控制等。

矢量控制采用了矢量变换的方法，通过把交流电动机的磁通与转矩的控制解耦，将交流电动机的控制过程等效为直流电动机的控制过程，使交流调速系统的动态性能得到了显著改善和提高，从而使交流调速取代直流调速成为可能。实践证明，采用矢量控制的交流调速系统的优越性高于直流调速系统。但是矢量控制的缺点是系统结构复杂、运算量大，而且对电动机的参数依赖性很大，难以保证完全解耦，影响系统性能。该技术一般适用于同步电动机的控制，尤其是对于交流永磁同步电动机的控制。

直接转矩控制技术（DTC）是将矢量控制中以转子磁通定向更换为以定子磁通定向，通过转矩偏差和定子磁通偏差来确定电压矢量，没有复杂的坐标变换，在线计算量比较小，实时性较强。但是，它会引起转矩脉动，带积分环节的电压型磁链模型在低速时误差大，这都影响系统的低速性能。该技术一般用在异步电动机的控制中，但近几年也开始探讨用于开关磁阻电动机（SRM）的控制。

反馈线性控制是研究非线性控制系统的一种有效方法，它通过非线性状态反馈和非线性变换，实现系统的动态解耦和全局线性化，从而从线性控制理论来设计，以使系统达到预期的性能指标。反馈线性化控制一般分两大类：微分几何反馈线性化方法，问题变换抽象，不利用工程应用；动态逆控制，它采用非线性逆系统理论来设计控制律，有人也称它为直接反馈线性化方法，该方法物理概念明确，数学关系简单。

自适应控制能在系统运行过程中不断提取有关模型的信息，使模型逐渐完善，所以是克服参数变化影响的有力手段，在交流电动机参数估计和提高系统动态特性方面有着广泛的应用。常见的自适应控制方法主要有模型参考自适应、参数辨识自校正控制，以及新发展的各种非线性自适应控制。在实际中应用较多的是模型参考自适应控制。

鲁棒控制是针对系统中存在一定范围的不确定性，设计一个鲁棒控制器，使得闭环系统在保持稳定的同时，保证一定的动态性能品质。它主要包括两方面的内容：一是加拿大学者赞姆斯（G. Zames）在 20 世纪 80 年代初提出的 H∞ 控制理论；二是以分析系统的鲁棒稳定性和鲁棒性能为基础的系统鲁棒性分析和设计，其中在控制系统中应用较多的是 H∞ 控制。

智能控制不依赖于或不完全依赖于控制对象的数学模型，能够使系统中的不精确性和不确定性问题获得可处理性、鲁棒性。因此，近年来，交流传动系统智能控制策略的研究受到控制界的重视。智能控制包括模糊控制、神经控制、遗传算法等，这些方法已在交流传动系统等不同场合获得了实际应用。

根据对交流传动系统一些新型控制策略实际应用情况的分析和论述，可以看出，每一种控制方法都是为了提高系统的静态性能或动态性能或者两者兼顾，每一种控制策略都有其特长但又都存在一些问题。因此，各种控制策略应当互相渗透和复合，克服单一策略的不足，结合形成复合控制策略，提高控制性能，更好地满足各种应用的需要。复合控制策略的类型很多，有模糊神经网络控制、模糊变结构控制、直接转矩滑模变结构控制、自适应模糊控制等。随着应用研究的发展，复合控制策略的类型必将不断地衍生和发展，复合控制策略的优势也将越来越明显。今后人们将在很长一段时间内主要把各种控制理论加以综合，走交叉学科复合控制的道路来解决实际问题。因此，为了使系统具有较高的动静态性能及鲁棒性，寻找更合适更简单的控制方法或改进现有的控制策略，是未来一段时间的研究重点。

此外，在新一代工业革命变革进程中，在进一步研发、推广应用伺服式机械压力机，必须解决交流伺服压力机涉及的伺服机械压力机高效性与交流伺服电动机转速范围的矛盾、交流伺服电动机额定转矩与阻力矩大小匹配矛盾、伺服机械压力机柔性化高精度的实现、无飞轮无离合器压力机传动系统的设计开发、大功率大转矩交流伺服电动机及其控制、高效重载的螺旋传动技术和方法、适用于伺服机械压力机的成形工艺优化等关键技术问题。

在工业实际中，为了提高压力机的行程次数，提高生产率，必然降低行程时间；同时，在不影响工件加工质量的前提下，必然要提高压力机非冲压阶段的速度，降低冲压阶段的速度，那就要求交流伺服电动机的转速范围足够大，在使用滚珠丝杠这类线性速度传动装置时，这个压力机高效性与交流伺服电动机转速范围矛盾的问题特别明显。

压力机冲压阶段具有非常高的冲击力，转换到电动机主轴上的阻力矩比较大，而在成本合理的前提下，交流伺服电动机提供的转矩一般不能满足要求。目前大转矩伺服电动机偏高，甚至等同于相同吨位采用交流异步电动机驱动的机械压力机总售价。基于经济性考虑，迫切需要解决交流伺服电动机额定转矩与阻力矩大小匹配之间的矛盾。

要体现交流伺服压力机加工高精度的特点，必须建立适当的闭环控制系统，能及时根据实际情况调整滑块行程和滑块下死点位置；交流伺服压力机柔性化生产必然要求滑块针对不同的工艺具有相应的速度曲线，所以需要根据不同的工艺编制相应的交流伺服电动机转速控制程序来实现交流伺服压力机柔性化和高精度。

伺服压力机不需要飞轮和离合器等，工作形式也和传统的机械压力机有很大区别，伺服压力机采用新的设计理论和设计方法。采用大导程滚珠丝杠（或滚柱丝杠）直驱，还是采用一级传动带或一级齿轮传动后驱动，或是采用具有增力效果的连杆工作机构等，这些都有必要对无飞轮无离合器压力机传动系统进行深入的研究和分析。

伺服压力机要求伺服电动机必须满足转动惯量小、动态性能好、转矩大、功率大和控制性能优良等要求。交流伺服电动机是伺服压力机中的核心部件，但是目前的交流伺服电动机只能满足小型或中型伺服压力机的需求。由于功率和转矩受限，伺服电动机还无法满足大型压力机的需求。因此，目前还没有公司能够生产大型的伺服压力机。为了满足伺服压力机的柔性可控，伺服电动机的控制驱动技术也是未来需要研究的重点内容。此外，交流伺服电动机驱动控制单元的价格一般要高于伺服电动机本身，因此，推动电子电力器件等硬件技术的进步也有助于促进伺服压力机的发展。

很多伺服压力机采用了伺服电动机驱动螺旋传动的方式将旋转运动转换为直线运动，从而带动工作机构或滑块做往复直线运动。目前在伺服压力机上常见的螺旋传动方式为螺母螺杆机构和滚珠丝杠机构。但螺母螺杆机构存在摩擦大、工作效率低等缺点，而滚珠丝杠又存在承载能力低、价格昂贵等缺点。因此，研发低成本高承载能力的螺旋传动方式就成了伺服压力机亟须解决的关键技术之一。目前，很多公司投入资金研发生产行星滚柱丝杠，行星滚柱丝杠具有承载能力强、运动平稳等优点，将成为未来螺旋传动方式的重要发展方向之一。此外，开发新的耐磨减摩材料，研发新的复合材料，改善润滑条件，也成了螺旋传动技术重要的研究内容。

普通机械压力机的运动特性是固定不变的，工艺参数的设定也是固定的，无法根据实际需求进行配置和优化。但是伺服压力机针对不同的加工材料和加工工艺，可以采用不同的工作曲线。锻压能量可以伺服控制，可以在需要的范围内数控设定滑块的工作曲线，有效提高压力机的工艺范围和加工性能。伺服压力机的锻压参数可以实时记录，能够实现压力机的信息化管理。研究各种材料和工艺的成形机理和规律，探讨适用于伺服压力机的成形工艺的优化参数，对于提高制件质量和生产效率具有重要意义。不同的材料和制件可以按照不同的优化目标合理选择工艺参数，实现最优加工。

思考与练习

[1] 机械压力机的五大基本组成部分是什么？各自的功能如何？
[2] 机械压力机为何要设置公称压力角或公称压力角参数？
[3] 机械压力机的装模高度可采用哪几种调节方式？
[4] 机械压力机中为何要设置飞轮？设置飞轮有何利弊？
[5] 离合器与制动器的动作协调应满足什么条件？

［6］ 试讨论多连杆压力机的兴起与限制其发展的因素。
［7］ 伺服式机械压力机和交流异步电动机驱动机械压力机的滑块运动有何异同？
［8］ 试进一步探讨机械压力机伺服化需解决的关键技术。
［9］ 试进一步探讨多连杆压力机研发制造中需解决的关键技术。
［10］ 试讨论设计优化压力机工作机构的依据。

第 4 章

液压机及其伺服化

4.1 液压机动力装置与液压系统

4.1.1 基本组成与技术参数

通常液压机由本体（主机）、操纵控制系统及泵站三大部分组成，根据帕斯卡原理进行工作，它是一种利用液体的压力势能通过液压缸来驱动滑块运动，完成对工件加工的机器，是一种力限定的塑性成形设备。泵站为液压机的动力源，供给液压机各执行机构及控制机构以高压工作液体；操纵系统属于控制机构，它通过控制工作液体的流向来使各执行机构按照工艺要求完成应有的动作；本体（主机）是液压机的机械部分，主要包括液压缸、机身、活动横梁等部件。最常见的液压机本体结构为梁柱式，我国第一台万吨水压机本体结构就是这样的三梁四柱式结构。

用于塑性成形中的液压机的工作循环包括停止、快速空程向下、慢速工作压制及快速回程四个阶段。其中，快速空程及快速回程是为了提高液压机的工作效率，而慢速压制则是考虑到加工工件允许的变形速度较小（如液压机在进行板料拉深时，工作速度受板料最大拉深速度的限制）和泵的额定功率的限制。液压机的工作介质主要有水和油，这里的水为乳化液。而采用乳化液的液压机可称为水压机，采用油的液压机可称为油压机。

液压机是锻压设备的一种，液压机的类别代号为正楷大写"Y"，液压机又按用途分为十个组别：手动液压机，锻造液压机，冲压液压机，一般用途液压机（万能式通用液压机），校正与压装液压机，热压与层压液压机，挤压液压机，压制液压机（用于各种粉末制品的压制成形，如粉末冶金、人造金刚石压制、耐火砖及碳极等），打包与压块液压机（用于将金属废料及切屑压块和打包），其他液压机（包括金属压印、轮轴压装、模具研配等各种其他用途的液压机）。

液压机的主要技术参数是根据液压机的工艺用途及结构类型来确定的，反映了液压机的工作能力及特点，也基本上定下了液压机的轮廓尺寸及本体总重。为了使产品系列化、通用化和标准化,以尽可能少的规格和尺寸来充分满足多种多样的工艺要求,从而大大简化设计工作及制造工艺,有利于组织专业化生产,降低成本,提高质量和便于修配,应尽可能制定出各种液压机基本参数的标准系列。以三梁四柱式液压机为例,液压机的基本参数主要包括以下几个方面:

1) 公称压力 P_g,公称压力 P_g 是液压机的主参数,它反映了液压机的主要工作能力。公称压力 P_g 为液压机名义上能发出的最大力量,在数值上等于工作液体压力 p_0 和工作活塞总工作面积 A_0 的乘积(取整数)。工业实际中 P_g 常用的单位为 t,而国际单位则常用 kN。有时也将液压机的液压系统油液的额定压强,即油压 p_0 作为主要技术参数。

2) 最大净空距(开口高度)H_m,最大净空距 H_m 是指活动横梁停在上限位置时,从工作台上表面到活动横梁下表面的距离。最大净空距反映液压机在高度方向上工作空间的大小,它应根据模具(工具)及相应垫板的高度、工作行程的大小,以及放入坯料、取出工件所需空间的大小等工艺因素来确定。最大净空距对液压机的总高、立柱长度、液压机稳定性以及安装厂房高度都有很大影响。

3) 最大行程 h_m,最大行程 h_m 是指活动横梁位于上限位置时活动横梁的立柱导套下平面到立柱限程套上平面的距离,也即活动横梁能移动的最大距离。最大行程应根据工件成形过程中所要求的最大工作行程来确定,它直接影响工作缸的回程缸及其柱塞的长度,以及整个机架的高度。

4) 立柱中心距 $L×B$,在四柱式液压机中,立柱宽边中心距和窄边中心距分别为 L 和 B。立柱中心距反映了液压机平面尺寸上工作空间的大小。立柱宽边中心距应根据工件及模具(工具)的宽度来定,立柱窄边中心距应考虑更换及放入各种工具、涂抹润滑剂、观察工艺过程等操作上的要求。单臂式液压机在平面上三面敞开,影响平面尺寸上工作空间大小的参数是喉深(单臂液压机工作缸中心线到机架内侧表面的距离)。

5) 回程力,回程力大小的确定往往要考虑液压机的运动活塞(或柱塞)、活动横梁及上模具等移动部分的重量、回程时工艺上所需的力量(如拔模力等)、工作缸排液阻力、各缸密封处的摩擦力以及活动横梁导套处的摩擦力等。

6) 允许最大偏心距 e,由于液压机加工的工件几何形状的变化,在液压机工作时,不可避免地要承受偏心载荷。偏心载荷在液压机的宽边与窄边都会发生。最大允许偏心距 e 是指工件变形阻力接近公称压力时所能允许的最大偏心量。

7) 活动横梁运动速度,液压机的活动横梁运动速度分为工作行程速度及空程(充液及回程)速度两种。应根据不同的工艺要求来确定工作行程速度,它的变化范围很大。锻造液压机要求工作速度较高,可达 50~150mm/s,而在有些工艺中,液压机工作速度甚至低于 0.5mm/s。空程速度一般较高,可达 600~800mm/s,可以提高生产率。但如速度太快,会在停止或换向时引起水击及振动,同时也会增大液压泵的流量规格。

8)移动工作台尺寸及行程,在锻造、模锻及冲压液压机中往往设置移动工作台。工作台的尺寸(长×宽)取决于模具(工具)的平面尺寸及工艺过程的安排,工作台移动的行程则和更换模具(工具)的工艺操作方式有关。移动工作台的尺寸及行程也是反映液压机工作能力的参数。

9)顶出力,液压机(如模锻液压机和冲压液压机)往往在下横梁底部装有顶出缸,以顶出工件或拉深时完成压边工作。顶出缸的力以及行程的大小完全由工艺要求来确定。

10)工作台的有效尺寸 $L_0 \times B_0$,液压机实际使用时,允许安装的模具的最大平面尺寸——左右×前后 = $L_0 \times B_0$,被称为液压机的工作台的有效尺寸。

4.1.2 动力装置

液压机的动力装置即为泵站,它是用来产生液压机工作时所需流量与压力的高压液体。其常见的形式有泵直接传动和泵-蓄能器传动两大类。

采用泵直接传动方式的液压机,液压缸执行元件所需的高压液体全部由液压泵供给,如图 4.1a 所示。工作行程时液压泵 6 打出的高压液体,经分配阀 5 进入工作缸 2,而回程缸 1 中的液体则经分配阀 5 排入液体箱 7,回程时,液压泵打出的高压液体,经分配阀进入回程缸,而工作缸中的液体大部分经充液阀 3 排入充液罐 4。

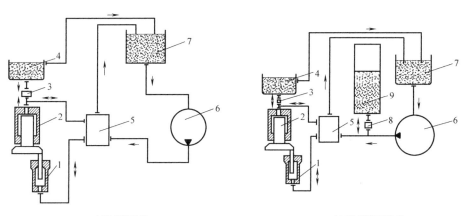

a) 泵直接传动　　　　　　　　　　b) 泵-蓄能器传动

图 4.1　不同泵站形式的工作原理

1—回程缸　2—工作缸　3—充液阀　4—充液罐　5—分配阀
6—液压泵　7—液体箱　8—截止阀　9—蓄能器

泵直接传动液压机的特点如下:

① 液压机活动横梁的行程速度取决于液压泵的供液量,而与工艺过程中的锻件变形阻力无关,若泵的供液量为常量时,则液压机的工作速度为定值。

② 泵的供液压力和所消耗的功率与被加工工件的变形阻力有关,工件变形阻

力大，泵的供液压力和所消耗的功率也大，反之则小。

③ 泵的装机功率大，对配电设施的容量要求高。

④ 泵站系统简单，占地面积小，基本投资省，日常维护和保养简单。

泵直接传动液压机的液压泵均按液压机的最大工作速度和工作压力选定，而在液压机充液行程、回程、辅助工序和所需工作压力较小时，液压泵的能力都得不到充分利用。尤其是大吨位的液压机，其能量利用系数很低。因此在传统的大吨位液压机中不太采用泵直接传动方式。

采用泵-蓄能器传动方式的液压机工作原理如图4.1b所示。在液压机处于工作行程时，液压泵6打出的高压液体和蓄能器9存储的高压液体均经分配阀5进入工作缸2，而回程缸1中的液体则经分配阀排入液体箱7，在一定的时间内液压泵及蓄能器能保证液压机所需的最大供液量。在其他行程中，当液压机所需的高压液体小于液压泵的供液量，或不需要高压液体时，液压泵打出的多余液体则存储在蓄能器中，除此之外，蓄能器还能起稳压和均匀供液的作用。这样所选液压泵的功率可以小些，其利用系数可大大提高。

泵-蓄能器传动的特点如下：

① 液压泵和蓄能器的供液压力保持在蓄能器压力波动值范围内。

② 能量的消耗与液压机行程大小成正比，而与工件的变形阻力无关。

③ 液压机工作行程的速度取决于工件的变形阻力，阻力大时则速度小。

④ 基本投资大，占地面积大。

鉴于上述原因，传统的观点认为，泵直接传动常用于中小型液压机上，而泵-蓄能器传动常用于大中型液压机中。但是，随着现代液压元件的大型精密化，控制元件与手段的先进化，驱动液压泵本身、驱动泵用的电动机调速性能的完善化，以及密封元件综合性能的大幅度提高，高性能的高压大容量的液压泵已成功用于工业实际的大型液压机中，例如美国Oilgear公司推出63MPa的液压泵。具备良好的可控性与节能性的泵直接传动已成为液压动力装置的主要类型。

4.1.3 典型液压系统

液压系统的作用是通过各种液压元件来控制液压机及其辅助机构完成各种行程和动作。因此，液压系统（包括液压元件）的设计、创造水平和质量，以及其使用、调整和维护的好坏，对液压机能否正常工作有着重要的影响。比如说，液压系统中阻力损失也影响实际泵-蓄能器传动中的行程速度，而总的当量损失系数是由液压系统的结构决定的。此外，液压机主要靠液体的压力势能来完成工作，大多数属于高压、大流量的范畴。既要全面、准确地满足压制工件的各种工艺要求，又必须尽可能地节约能量，提高能量利用率。正确地理解液压系统的工作原理对于了解液压机的工作性能、充分发挥其应有的作用是十分必要的，同时也为正确使用液压机来完成各种成形工艺提供了基础。

四柱式万能液压机适用于各种金属材料的压制、弯曲、翻边、薄板拉深、挤压成形等工艺,也可用于校正压装,以及塑料、玻璃钢、绝缘材料、磨料、粉末制品的压制成形工艺。图4.2所示为Y32-315万能型液压机的液压系统原理,可完成空程快速下降、慢速下降、工作加压、保压、卸压回程、浮动压边及顶出等动作。

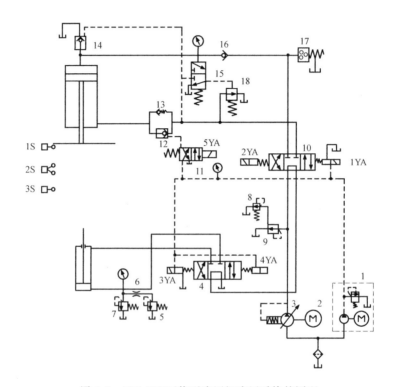

图4.2 Y32-315万能型液压机液压系统的原理
1—控制泵组 2—主电动机 3—主液压泵 4、10—电液换向阀 5、7、8—溢流阀
6—节流阀 9—远程调压阀 11—电磁换向阀 12—液控单向阀 13—背压阀
14—充液阀(液控单向阀) 15—液控滑阀 16—单向阀 17—压力继电器 18—顺序阀

控制泵组1的电动机和主电动机2起动时,图4.2中的全部换向阀的电磁铁处于断电状态,主液压泵3输出的油经三位四通电液换向阀10(中位)流入油箱,控制泵组的液压泵输出的油液经溢流阀排回油箱,完成液压泵的空载起动。结合液压机的实际工作流程,不同动作实现情况如下:

1)活动横梁空程快速下降:电磁铁1YA及5YA通电,阀10及阀11换向至右位,控制泵组液压泵输出的液压油经阀11(右位),打开液控单向阀12,主缸下腔油经阀12、阀10(右位)及阀4(中位)排回油箱;活动横梁在重力作用下快速下降,此时主缸上腔形成负压使充液阀14打开,上部油箱的低

压油经充液阀 14 向主缸上腔充液，同时主液压泵输出的油液也经阀 16 进入主缸上腔。

2）活动横梁慢速下降：活动横梁降至一定位置时，触动行程开关 2S 使 5YA 断电，阀 11 复位，液控单向阀 12 关闭，主缸下腔油需经背压阀 13 排回油箱，在主缸下腔产生一背压，主缸上腔负压消失，充液阀 14 关闭；活动横梁不再靠重力作用下降，必须依靠泵输出的压力油对活塞加压，才能使活动横梁速度减慢；图 4.2 所示为泵直接传动，此时活动横梁速度决定于泵的供油量，改变泵的流量即可调节活动横梁的运动速度。

3）工作加压：当上模下行到接触工件后，即开始对工件加压，使主缸上腔压力升高，当压力升高到一定值时，在液体压力作用下，推动液控滑阀 15 换位为处于上位的动作状态。

4）保压：若工艺要求进行保压，则电磁铁 1YA 断电，利用单向阀 16 及充液阀 14 的锥面，对主缸上腔油进行密封，依靠液压缸内油液及机架的弹性进行保压，保压压力由压力继电器 17 控制；当主缸上腔油压降至一定值时，压力继电器 17 发出信号，使电磁铁 1YA 通电，泵向主缸上腔供油液使油压升高，以保证保压压力；而当油压超过一定值时，压力继电器 17 发出信号，使 1YA 断电，液压泵停止向主缸上腔供油，油压不再升高。

5）卸压回程：电磁铁 2YA 通电，阀 10 换至左位，主液压泵输出的压力油经阀 10（左位）进入充液阀 14 控制油路，使充液阀 14 开启，主缸上腔油经阀 14 排回油箱，油压开始下降；由于工作加压时液控滑阀 15 处于上位，主液压泵输出的压力油还可经阀 10（左位）及阀 15（上位）使顺序阀 18 开启，主泵输出压力油可经阀 18 排回油箱，一般来说，顺序阀 18 的调整压力应稍大于充液阀 14 所需的控制压力，以保证阀 14 开启；但此时油压并不很高，不足以推动主缸活塞回程，当主缸上腔油压卸至一定值时，阀 15 复位（下位），顺序阀 18 的控制油路被换至油箱，阀 18 关闭；压力油经阀 12 进入主缸下腔，推动活塞上行，同时主缸上腔油继续通过阀 14 排回上部油箱，活动横梁开始回升。

6）浮动压边：若工艺需用压边，可利用顶出缸进行浮动压边；先令电磁铁 3YA 通电，阀 4 换至左位，压力油经阀 10（中位）及阀 4（左位）进入顶出缸下腔，顶出缸上腔油经阀 4（左位）排回油箱，顶出缸活塞上行至上死点或接触下模压边圈后，令 3YA 断电；当活动横梁下行压住下模上的压边圈时，顶出缸活塞在活动横梁与压力作用下，随活动横梁一起下降，顶出缸下腔油经节流阀 6 及溢流阀 5 排回油箱；由于节流阀 6 有一定的节流阻力，因而产生一定的油压，相应使顶出缸活塞产生一定的压边力，调节溢流阀 5 即可改变浮动压边力。

7）顶出缸顶出及退回：3YA 通电，使阀 4 换至左位，压力油经阀 10（中位）及阀 4（左位）进入顶出缸下腔，顶出缸上腔油液经阀 4（左位）排回油箱，顶出活塞上行顶出工件；4YA 通电，使阀 4 换至右位，压力油经阀 10（中位）和阀 4（右位）进入顶出缸上腔，其下腔油经阀 4（右位）排回油箱，顶出活塞退回。

8）停止及其他：全部电磁铁均断电，阀 4 和阀 10 处于中位，主液压泵 3 输出的油经阀 10（中位）及阀 4（中位）排回油箱，泵卸荷，液控单向阀 12 和背压阀 13 将主缸封闭，活动横梁悬空停止不动；溢流阀 8 及远程调压阀 9 做系统安全调压用，溢流阀 7 则做顶出缸下腔安全限压用。

实现上述动作的电磁铁动作顺序见表 4.1。

表 4.1　Y32-315 万能型液压机液压系统的电磁铁动作顺序表

液压缸	动作名称	1YA	2YA	3YA	4YA	5YA
主缸	空程快速下降	+				+
	慢速下降及加压	+				
	保压	(+)				
	卸压及回程			+		
	停止					
顶出缸	顶出			+		
	退回				+	
	停止					

4.2　液压机结构与关键部件

4.2.1　机身结构

液压机的机身结构有很多种形式，根据机身主轴线的布排位置区分，有立式与卧式；根据液压传动系统和工作台的相对位置分，立式液压机可分为上压式（上传动）和下拉式（下传动）；从机身组合成为一体的方式区分，有梁柱组合式、单臂式、框架式和缠绕式。下面根据机身组合成一体的方式介绍几种典型的液压机结构。

（1）梁柱组合式　梁柱组合机身主要由立柱、上横梁和活动横梁三部分组成，是液压机机身最多采用的方式。立柱用立柱螺母或台阶与上、下横梁固定在一起，形成一个刚性框架。其中最常见的是三梁四柱式，如目前最大的 8 万吨模锻液压机机采用该结构，另外为了便于操作者视野开阔，也有采用双柱斜置结构的，如图 4.3 所示。对中小型及大批量生产的液压机常采用铸造的横梁，而对大中型液压机和小批量生产的液压机则采用焊接结构。上、下横梁与立柱组成一个刚性的封闭框架，以承受液压机的全部工作载荷。安装时必须注意保证立柱与横梁的刚性连接，不应有任何松动。同时为了提高机身的整体刚度，立柱往往采用拉紧螺栓进行预紧。

梁柱组合式又分为双柱、三柱、四柱和多柱，一般小型液压机可采用双柱，其结构简单，操作方便，但机身稳定性较差。三柱式多用于卧式挤压液压机。对于要求工作台面很大的液压机和大吨位液压机，则采用多柱式结构，常见的有六柱和八柱。

(2) 单臂式　单臂式液压机操作者可以从前面及左右三个方向接近工作台，操作方便。机身往往采用整体铸钢结构或钢板焊接结构。单臂式机身的刚性比较差，并会产生除垂直变形之外的角变形，所以其机身一般做成空心箱形结构，以提高其抗弯刚度并减轻重量。

图 4.3　双柱斜置梁柱组合结构液压机

(3) 框架式　框架分组合式框架与整体式框架两大类。组合式框架由上横梁、下横梁及两个立柱用拉紧螺栓紧固而成。类似于一般闭式机械压力机组合机身的框架。横梁及立柱可以是铸钢或钢板焊接结构。整体式框架则是将上横梁、下横梁及两侧立柱铸造或焊接成为空心箱形结构，抗弯性能好。

(4) 缠绕式　这是一种用多层弹簧钢带（或钢丝），将上下半圆梁与立柱以一定的预应力缠绕成一个呈椭圆形并具有一定强度和刚度的机身。钢丝或钢带受拉，左右立柱受压，工作行程加载时，钢丝（或钢带）的拉力略有增加，立柱的压应力减轻，但仍保持受压状态，机身的外部用钢板覆盖，以免使钢带（或钢丝）受损。缠绕式的机身结构简单，体积小，重量轻，耐疲劳性能好。西安三角航空机械有限公司 4 万吨模锻液压机、内蒙古北方重工业集团有限公司 360MN 黑色金属立式挤压液压机（见图 4.4）都采用了钢丝缠绕式结构。

液压机的活动横梁与立柱配合处有导套，对活动横梁上下移动时起导向作用。常用的导套有圆柱面导套（见图 4.3）、双球面导套、单球面导套、平面导向等。圆柱面导套由两半组成，但在偏心锻造时，机架受力恶化，磨损加剧。球面导套与球面支撑之间可以相对滑动，偏心锻造时，立柱受力情况好。而采用平面导向方式时，导向精度会更高，导轨的寿命会更高。因此，在大吨位的液压机中往往均采用平面导向方式，如图 4.5 所示。

图 4.4　360MN 立式挤压机

a) 意大利126MN液压机(1988年)　　　b) 日本神户制钢130MN四柱液压机(1976年)

图 4.5　采用平面导向的液压机

4.2.2　液压缸结构

液压缸部件为液压机的执行元件，它是液压机的一个关键部件。它将液体的压力势能转换成机械能，从而完成工件的变形加工。液压缸主要有柱塞式、活塞式和差动柱塞式三种，如图 4.6 所示。柱塞式液压缸制造容易，用在大吨位的液压机中，但只能产生单方向运动，反向运动需要回程缸；活塞式液压缸应用广泛，但结构复杂，制造要求高，仅用在中小型液压机上；差动柱塞式液压缸多用作回程缸。

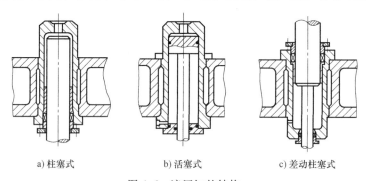

a) 柱塞式　　　b) 活塞式　　　c) 差动柱塞式

图 4.6　液压缸的结构

液压缸的支撑包括法兰支撑式（见图 4.7a）、缸底支撑式（见图 4.7b）、活塞不动液压缸移动式（见图 4.7c）三种。对于法兰支撑式的液压缸来说，液压压力一方面作用于柱塞（或活塞）之上，同时也作用在缸底。作用于缸底的力通过缸的支撑法兰传到机身的横梁之上，使得液压缸的圆筒部分承受轴向拉力。这样法兰过渡圆角区域区就会存在应力集中，易造成该区域的疲劳破坏。

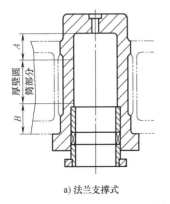
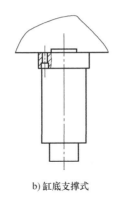

a) 法兰支撑式　　　　　b) 缸底支撑式　　　　　c) 活塞不动液压缸移动式

图 4.7　液压缸的不同支撑方式

采用缸底支撑式的结构时，由于缸底紧固支撑在横梁之内，这样液压机工作时液压缸的圆筒壁部分不承受轴向拉力，大大改善了液压缸的受力情况，避免了法兰支撑方式中的应力集中现象，从而减小了液压缸的壁厚。但这种支撑方式在液压缸安放于横梁上时，空间结构布置往往存在着一定难度，会使机身高度增加，常用于大吨位的液压机之中。

活塞不动液压缸移动式自由锻造液压机的实物照片如图 4.7c 所示，此结构中液压缸本体在机身的上横梁内获得了良好的四面导向。液压缸壳体上避免了开设进排油孔，液压缸内的活塞腔与活塞杆腔的进出油均从固定在机身上的活塞杆中间两个孔内流过，外部油管布排整齐、简单、方便。

锻造液压机的公称压力一般都很大，液压缸内壁尺寸大，加工难度大，因此锻造液压机的液压缸部件一般采用柱塞结构而非活塞结构。液压机的柱塞一般用锻钢或铸钢制成，也可分段制造然后用电渣焊焊接，柱塞常用的材料有 45 钢、50 钢或冷硬铸铁，表面粗糙度值 Ra 应在 $1.6\mu m$ 以下。表面硬度为 $40\sim50HRC$。柱塞及其与活动横梁连接形式如图 4.8 所示。

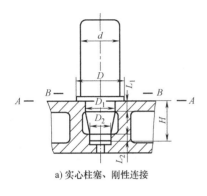
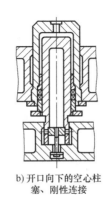

a) 实心柱塞、刚性连接　　b) 开口向下的空心柱塞、刚性连接　　c) 开口向上的空心柱塞、球铰连接

图 4.8　柱塞及其与活动横梁连接形式

实心柱塞如图 4.8a 所示，柱塞插入活动横梁的长度 H 约等于柱塞直径 d，直径 D_1 和 D_2 处与活动横梁的配合长度 L_1 和 L_2 之和等于 $H/2$，而 D_2 比 D_1 略小 2%~4%。

为了减轻重量，直径较大的柱塞多做成空心的，开口向下的空心柱塞的结构如图 4.8b 所示，它与活动横梁一般采用刚性连接，采用开口向下的空心柱塞后，液压缸中的有害容积较小，加压终了时，液体积蓄的弹性势能较小，卸压时使液压机和管道产生的冲击振动较小。

开口向上的空心柱塞如图 4.8c 所示，它与活动横梁采用球铰连接。采用这种空心柱塞，液压缸中的有害容积较大，加压后卸荷时，液压机本体及管道会产生剧烈的振动。为了能应用这种结构，还需在开口处补焊圆形板，因此实际中较少采用此种形式的柱塞。

液压机常用的密封装置分活动件密封与固定件密封两种，前者是指液压缸与柱塞、活塞之间的密封等。后者是指管接头、阀座与阀套的密封，它们都用于防止高压液体泄漏。实际密封装置的选用可参考有关文献。

4.2.3 液压缸强度校核

液压机中的工作缸往往由于设计、制造或使用不当，过早发生损坏，造成严重的经济损失。因此，对于液压缸，应了解其损坏情况及其原因，掌握其正确的设计、制造及使用方法。现以图 4.7a 所示法兰支撑式的液压缸缸体和图 4.8a 所示柱塞为例，讨论其强度的计算方法。

根据液压缸各段的受力情况不同，可将其分成缸底、法兰过渡及缸筒三个区域（见图 4.7a）。从液压缸的使用情况来看，一般在损坏时都已经历了很高的工作加载次数（20万~150万次），裂纹是逐步形成和扩展的，故属于疲劳损坏方式。对于圆筒部分，筒壁裂纹首先出现于内壁，逐渐向外发展，裂纹多为纵向分布，或与缸壁母线成 45°；缸的法兰过渡圆弧处首先出现裂纹，然后逐渐沿环向向内壁扩展，最后贯穿性断裂；对于缸底，首先在内部过渡圆角处开始出现环向裂纹，逐渐向外壁扩展乃至贯穿性断裂。

分析液压缸失效的原因主要有设计、加工及安装使用三个方面。为了便于设计，此处对液压缸缸体的强度进行计算。图 4.7a 中的 A、B 值通常情况下等于液压缸外半径的 1.5 倍。柱塞的强度计算一般根据其与活动横梁的连接形式按中心载荷、偏心载荷等进行计算，此处仅针对图 4.8a 所示柱塞进行分析。

1. 缸筒中段

高压液体进入液压缸进行工作时，缸筒中段除受轴向拉应力 σ_z 外，还有液体内压 p 引起的径向应力 σ_r 和切向力 σ_t，这三个应力的分布状态如图 4.9 所示。

圆筒段任意一点的三向主应力值分别为

$$\begin{cases} \sigma_r = \dfrac{pr_1^2}{r_2^2-r_1^2}\left(1-\dfrac{r_2^2}{r^2}\right) \\ \sigma_t = \dfrac{pr_1^2}{r_2^2-r_1^2}\left(1+\dfrac{r_2^2}{r^2}\right) \\ \sigma_z = \dfrac{pr_1^2}{r_2^2-r_1^2} \end{cases} \quad (4.1)$$

式中，r_1、r_2 分别为缸体内半径与外半径；r 为应力点处半径。

最大应力出现在缸内壁，强度核算时，应用第四强度理论，可求出缸筒中段内壁的最大应力满足

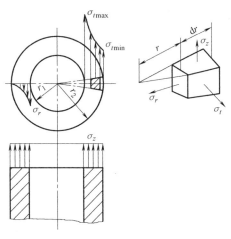

图 4.9 液压缸中段筒壁应力

$$\sigma_{\max} = \dfrac{\sqrt{3r_2^4+r_1^4}}{r_2^2-r_1^2} p \leqslant [\sigma] \quad (4.2)$$

2. 法兰过渡区

法兰过渡区是指图 4.7a 中的 B 部分。法兰与横梁接触的环形面上有支承反力 F 作用，如图 4.10a 所示。假设支承反力均布在法兰环形面上，现将液压缸沿图 4.10a 所示的 A—A 截面切开，缸筒中层圆周单位长度上剪力 F_τ、弯矩 M 和轴向力 F_N 在切开部分的作用情况如图 4.10b 所示。

由于缸体和法兰的几何形状以及所受载荷都是轴对称的，因此可以把缸体圆筒部分沿母线（纵向）切出单位宽度的长条来进行分析。设 y 为任一点的径向位移（挠度），由圆心向外为正。在一定假设条件下，分析可得长条侧向力 F_t 径向分力沿长条长度方向分布，且与 y 成正比，但与 y 反向。这与弹性基础梁的一般公式 $q=-ky$ 具有相同的形式，故其受力与弹性基础上的半无限长梁相似，引入半无限长梁挠度的弹性力学分析公式，并考虑该长条变形时要受到邻近长条的影响，可求得径向位移（挠度）y 为

$$\begin{cases} y = \dfrac{e^{-\beta x}}{2\beta^3 D}[F_t\cos\beta x - \beta M(\cos\beta x - \sin\beta x)] \\ \beta = \sqrt[4]{\dfrac{6(1-\nu^2)}{(r_1+r_2)(r_2-r_1)^3}\ln\dfrac{r_2}{r_1}} \\ D = \dfrac{Eh_1^3}{12(1-\nu^2)} \\ h_1 = r_2 - r_1 \end{cases} \quad (4.3)$$

式中，x 为距长条端部距离；β 为和长条弯曲刚度等相关的系数；D 为弯曲刚度；ν 为缸壁材料的泊松比；E 为缸壁材料弹性模量；h_1 为缸壁厚度。

根据式（4.3）可求出在内力 F_τ 及弯矩 M 作用下缸壁任一点 K 的挠度（径向位移）y_c 转角 a_c。相应也可求出法兰上 K 点的挠度（径向位移）y_f 转角 a_f。他们均为未知内力 F_τ 及弯矩 M 的函数，根据变形协调条件式（4.4）可解出 F_τ 和 M 的值，其中 M 可表示为式（4.5）。

$$\begin{cases} y_c = y_f \\ a_c = a_f \end{cases} \tag{4.4}$$

$$\begin{cases} M = \dfrac{F_N(r_3 - r_5)}{1 + \dfrac{\beta h}{2} - \dfrac{1-\nu^2}{2\beta r_5} \left(\dfrac{h}{h_1}\right)^3 \ln \dfrac{r_4}{r_1}} \\ F_N = \dfrac{F_H}{2\pi r_5} \\ r_3 = \dfrac{1}{2}(r_2 + r_4 + R) \end{cases} \tag{4.5}$$

式中，F_H 为该液压缸产生的总作用力；R 为法兰处过渡圆弧半径。

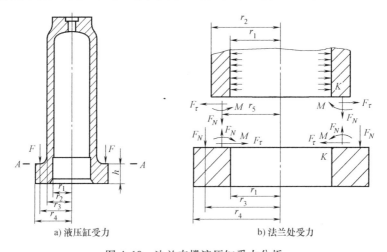

a) 液压缸受力　　b) 法兰处受力

图 4.10　法兰支撑液压缸受力分析

此时图 4.10 中 A—A 截面上的总的轴向拉应力 σ_z 和法兰与横梁接触圆环上挤压应力 σ_j 分别为

$$\sigma_z = \dfrac{6M}{h_1^2} + \dfrac{F_H}{\pi(r_2^2 - r_1^2)} \leqslant [\sigma] \tag{4.6}$$

$$\sigma_j = \dfrac{F_H}{A_H} = \dfrac{F_H}{\pi[r_4^2 - (r_2 + R)^2]} \leqslant [\sigma_j] \tag{4.7}$$

式中，$[\sigma_j]$ 为许用挤压应力。

3. 缸底

当将缸底看作受到均匀载荷，周边刚性固定的中心有孔的圆板来考虑时，如图 4.11 所示。根据第三强度理论，固定周边的最大弯曲应力表示为

$$\begin{cases} \sigma = 0.75 \dfrac{pr_1^2}{\varphi t^2} \leq [\sigma] \\ \varphi = \dfrac{2r_1 - 2a}{2r_1} \end{cases} \quad (4.8)$$

式中，φ 为缸底有孔的削弱系数；t 为缸底的厚底；a 为缸底进油孔的半径。

对于直径较大的液压缸，一般可采用镶式缸底，对这种缸底应校核挤压、剪切和弯曲应力。

4. 柱塞

柱塞在承受中心载荷时，只受轴向压力，在承受偏心载荷时，还存在弯矩的作用，应按压弯联合作用来进行强度校核。对于图 4.8a 所示与活动横梁为刚性连接的实心柱塞，中心载荷时只承受轴向压力，其横截面上的压应力为

$$\sigma = -p \quad (4.9)$$

偏心载荷时，B—B 截面（见图 4.8a）受压弯联合作用，此截面上的轴向合成应力为

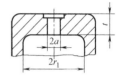

图 4.11 缸底受力简图

$$\sigma_b = \left(-p \pm \dfrac{M}{W}\right) \leq [\sigma] \quad (4.10)$$

式中，M 为 B—B 截面的弯矩，在允许偏心距范围内可近似用式（4.11）计算；W 为 B—B 截面的截面系数。

$$M = F_H e \quad (4.11)$$

式中，e 为偏心距。

在 A—A 截面上，台肩挤压应力为

$$\sigma_j = \dfrac{d^2 p}{D_1^2 - D_2^2} \leq [\sigma_j] \quad (4.12)$$

4.3 模锻液压机与板料冲压液压机

4.3.1 大型模锻液压机

大型模锻液压机是大型、高强度零件锻造加工的重要基础装备，尤其是航空高性能部件的制造。航空模锻件的材料包括铝合金、钛合金、高温合金、超高强度钢

等。其制成的零件重量约占飞机机体结构重量的20%~35%，占发动机结构重量的30%~45%，是飞机及其发动机结构的关键部件。

第二次世界大战期间，德国研制的150MN和300MN模锻液压机为德国战斗机提供了大型整体锻件，大大提高了德国战斗机的整体性能。1950年美国开始实施"空军重型压力机计划（The Air Force Heavy Press Program）"，先后建成315MN和450MN模锻液压机，其为美国后来的大型客机（如波音747）、大型运输机（如C-5A）、战略轰炸机（如B-1B）和先进战斗机（如F-22）提供了高质量的关键零部件。苏联在20世纪60、70年代也先后建成3台300MN模锻液压机和2台当时世界最大吨位的750MN模锻液压机。我国在2012先后建成、热试车了400MN、800MN的重型模锻液压机。

同步平衡系统是大型模锻液压机区别于锻造液压机的重要标志，其作用在于防止活动横梁在承受偏心力矩时发生倾斜，使其水平度仍保持在较高精度范围内，以保证模锻件所需的尺寸精度，也利于改善液压机机架的受力状态，延长压力机的使用寿命。

模锻液压机的同步平衡系统是一个自动调节系统，具有以下三个特点：系统所需平衡的偏心力矩很大，因此相应的机构比较庞大；系统的作用是使活动横梁的基准面保持水平，而为使一个面保持水平，必须使此面内相交的两条线保持水平，因此它总是由两套相同的系统组成，每套各控制一条线的水平度；通常的位置控制系统所研究的内容是系统对指令信号的响应，而同步平衡系统则是系统对负载的响应，因为活动横梁的稳态位置总是水平位置，不需调整到某一倾斜位置。

按照其工作原理，同步平衡系统可分为以下几种类型：同步补偿系统，也称主缸同步控制，美国的315MN模锻液压机、450MN模锻液压机采用同步补偿系统；同步节流系统，也称为同步缸同步控制，苏联的750MN、300MN模锻液压机采用同步节流系统；同步补偿与回程缸节流系统，也称回程缸同步控制，法国的650MN模锻液压机即采用此系统。

同步补偿系统工作原理如图4.12所示。它是在活动横梁和下横梁的四角上安装四个液压同步缸，各对角线上一角同步缸的上腔和另一角同步缸的下腔用管道相连通，形成封闭系统。偏心载荷时，如活动横梁受到顺时针方向的偏心力矩 M_1，使活动横梁产生倾角 φ，则管道A中液体受到压缩，压力升高，管道B中容积增大，压力下降，从而产生一个反力矩 M_2，对抗活动横梁倾斜。如 $M_1>M_2$，活动横梁继续倾斜，达到某一规定值 φ_A 时，通过齿条、齿轮及变比减速箱带动自整角机，产生一个电压量，使相敏继电装置发出动作信号，开启阀门，向管道A中补充高压液体，使反力矩 M_2 增大，直到超过偏心力矩 M_1 使活动横梁反向转动，倾角 φ 开始减小，当小到某一角度 φ_Δ 时，相敏继电装置又发出信号，关闭补液阀门，停止补液。

同步补偿系统中活动横梁倾角 φ-t 关系曲线如图4.12b所示。当 φ 达到 φ_A 之

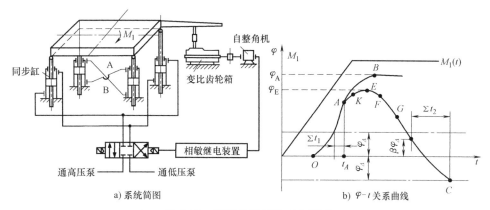

图 4.12 同步补偿系统工作原理

后,自整角机组产生电压量 E_φ,相敏继电装置发出动作信号,经一段滞后时间 Σt_1,活动横梁倾斜达到 A 点阀门才开启,补偿系统开始工作,向管道 A 补液。在 Σt_1 时间内活动横梁仍按封闭曲线规律(OA 段)倾斜,这一段称作封闭段。如补偿系统不工作,只靠同步缸的封闭作用来承受大部分偏心力矩,活动横梁的最大转角 φ_A(B 点)称为封闭精度。

从 A 点开始,向同步缸内补液,活动横梁的倾斜先减慢然后停止,达到最大倾斜角 E 点,倾角 φ_E 称为动精度,这一段称为补偿段。E 点以后,反力矩 M_2 开始超过外加力矩 M_1、活动横梁的重量矩和摩擦力矩,使活动横梁由 E 点开始反向转动,活动横梁倾角开始减小,直到小于 $\beta\varphi_\Delta$ 时,相敏继电装置又发出信号,关闭补液阀门,经一段 Σt_2 的滞后时间,由于惯性,活动横梁不可能正好回到水平位置,而是往反向超越一些,达到 C 点,若活动横梁在 C 点的反向倾角 φ_C 不超过 $-\varphi_\Delta$,则系统是稳定的。

φ_Δ 和 $-\varphi_\Delta$ 之间的区域称为不灵敏区或稳定区,倾角 φ_Δ 称为静精度。C 点的位置取决于在 Σt_2 时间内由于补液阀门不能及时关闭而补进的液量 $\Sigma t_2 Q$,Q 为补偿泵的流量,如补偿液量太大而使 C 点超过 $-\varphi_\Delta$ 时,则相敏继电装置又将发出信号,使补液滑阀反向动作,向管道 B 补液,这将使同步缸产生和外加力矩方向相同的力矩,又使活动横梁沿顺时针方向倾斜,并超过上述不灵敏区 φ_Δ,从而使活动横梁产生一种非线性自激振荡,系统将处于不稳定状态。

应尽可能减少滞后时间 Σt_1 及 Σt_2,因为它使系统不稳定,且降低精度。为使系统工作稳定,必须有不灵敏区 φ_Δ,加大 φ_Δ 会使系统工作更稳定,但它会降低动精度。

同步节流系统工作原理如图 4.13 所示。3 和 4 为节流阀 7 的驱动缸,上腔的柱塞直径比下腔的柱塞直径大,它们通过杠杆系统可以开闭节流阀 7 和溢流阀 8。同步缸 5 的上、下缸分别与驱动缸 4 或 3 相连接。在液压机中心载荷工作时,节流阀完全打开。当承受偏心载荷时,偏心弯矩 Pe 引起活动横梁倾斜一个角度 φ(图中为左偏心,活动横梁顺时针旋转),管道 I 中压力升高,管道 II 中压力降低,当压力差达到一定值后,右边驱动缸中柱塞被推上移,使节流阀 7 逐步关小,右边工作缸中压力下降,与此同时,左边驱动缸柱塞被推下移,使节流阀 6 逐步开大,减少了流向左边工作缸中的液流阻力。由于两边工作缸中压力的变化,使整个液压机工作缸合力作用点左移,逐步与锻件变形力的作用中心线相接近,以减小或消除偏心矩。当活动横梁倾角 φ 很大,使节流阀完全关闭时,溢流阀 8 打开,使工作缸完全卸载。

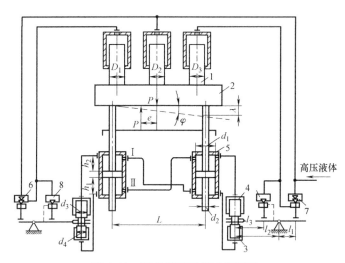

图 4.13 同步节流系统工作原理

1—工作柱塞 2—活动横梁 3、4—节流阀驱动缸 5—同步缸 6、7—节流阀 8—溢流阀

4.3.2 板料冲压液压机

板料冲压液压机主要用于各种金属板材的冲压成形,成形工艺主要有落料、冲裁、拉深、弯曲、翻边等,是大型汽车覆盖件的主要成形设备。

板料冲压液压机分为单动和双动液压机,有预应力组合框架式和四柱式机身结构,可配置上下液压垫、前后或左右及 T 形的移动工作台、可上下置的可调缓冲机构、手动或自动的模具锁紧装置等;板料冲压液压机可进行冷热薄板或厚板零件的冲压拉深成形;由于液压机独有的特点,液压机采用高频响比例插装阀控制滑块的快降速度,液压系统可实现压力自动动态分级,对滑块和液压垫多点压力比例调节伺服控制,在汽车大型覆盖件的拉深成形上优势明显;板料冲压液压机具体有压制汽车大型覆盖件及结构件的伺服冲压液压机及其人工或自动生产线、压制超高强度钢板的热冲压液压机及其生产线、厚板热压或冷压成形的封头液压机、车门折边包边的车门包边液压机、货车纵梁成形的汽车纵梁液压机等;其应用领域涉及汽车整机制造、航空航天、船舶、石化、家用电器等众多行业。

随着机械制造业的快速发展,为了满足冲压零件的自动化生产,板料冲压液压机生产线的自动化连线技术也日臻成熟,目前大多数板料冲压液压机已逐步实现自动化成线,可通过整个自动化搬运系统,自动完成需冲压板件的拆垛、磁力分层、双料检测、工件清洗涂油、精确定位、机器人上料、液压机伺服冲压、机器人传送、机器人下料等工作。板料冲压液压机采用全自动换模系统、自动监控系统、人机操作界面、高行程次数、高精度冲压等先进技术,日趋数控化、伺服化、柔性化、自动化。

大型快速及高速薄板冲压液压机是指滑块快降及回程速度不小于300mm/s、压制速度不小于15~40mm/s框架式的薄板冲压及拉深液压机,主要用于对各种金属薄板件进行弯曲、冲孔、落料、拉深、整形、成形等工艺,也适用于淬火超高强度钢板的淬火热冲压,特别适用于汽车、摩托车、家电、军工等行业的冲压生产工艺。

大型快速及高速薄板冲压液压机(移动台为侧移式)外形如图4.14所示。大型快速及高速薄板冲压液压机机身采用预紧分体框架式结构,主要由主机、液压缸、液压系统、电气系统、润滑系统、冷却系统等部分组成。其中主机包括上横梁、下横梁、立柱、拉杆、螺母、滑块、移动工作台、液压垫、主液压缸、液压垫缸等。大型快速及高速薄板冲压液压机的冲压速度快,对液压机的刚度和强度要求高,其机身通过八个螺母、四根拉杆连接成具有足够刚度和强度的封闭框架结构,其上下梁与立柱之间结合面设置定位装置,拉杆采用液压预紧方式紧固,确保整机刚性。

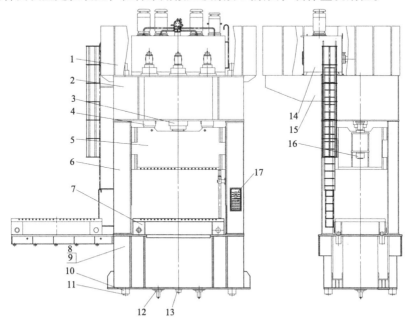

图4.14 大型快速及高速薄板冲压液压机外形

1—保护装置 2—上横梁 3—工作主液压缸 4—工作侧液压缸 5—滑块 6—立柱 7—移动工作台
8—下横梁 9—液压垫 10—螺母 11—拉杆 12—液压垫侧缸 13—液压垫顶出活塞缸
14—主油箱及液压动力机构 15—缓冲缸 16—平台 17—电气控制面板

上横梁内装有主液压缸组件，滑块安装于上下梁之间，滑块上平面与主液压缸组件通过螺栓连接，下横梁内装有液压垫组件，在下横梁上平面装设移动工作台及其提升夹紧装置、定位装置、贴合检测装置。立柱位于机器的左右两侧，其外侧布置了四条直角导轨作为滑块导向，导向结构的硬度高，耐磨性好，导向精度高。

主传动通常采用三缸或双缸结构，液压垫缸通常采用三缸结构。有时根据工件压制工艺的需要，液压垫缸也可采用四缸或五缸结构，通过四角或五角调压，实现液压机液压垫的数字化控制，一般用于工件精度要求高的场合。

大型快速及高速薄板冲压液压机可根据需要配备缓冲装置，缓冲装置可采用下置式或上置式，可实现落料、切边、冲孔等冲裁缓冲功能。通常当移动工作台为前移式时采用下置式，当移动工作台为侧移式时采用上置式，上置式缓冲装置成本高于下置式。

为了实现模具的快速换模，实现柔性生产。液压机设有移动工作台，移动工作台可根据用户的需要选择，可设前后移动式、左右移动式、左右双台 T 形移动式等方式，移动工作台可采用变频调速，实现其快速和慢速的转换，其驱动方式可选自移式、链条驱动或其他驱动方式。移动工作台上通常设有手动和自动夹紧器，用于夹紧模具，夹紧器的规格和数量根据模具的重量设定，保证模具夹紧的可靠性，实现快速、准确、稳定的换模功能。

大型快速及高速薄板冲压液压机为了便于维修和维护，由上下两个油箱组成。上油箱布置于上梁后部或置于上梁顶部，为设备主液压缸部分提供油液。下油箱置于地面以下，为液压垫部分及提升夹紧缸部分提供油液。无液压垫的液压机只设上油箱。

大型液压机冲压生产线主要用于大型汽车覆盖件及其他大型金属薄板结构件的冲压成形，同时还适用于各类汽车大中型覆盖件冷冲压模具制作过程中试模、试冲等工序。大型液压机冲压生产线的单元液压机台面较大，冲压生产线组合通常是以一台大吨位单动液压机或双动液压机与数台单动液压机为主机，配以板料传输系统与相关控制系统组成。一般板料经过首台液压机的冲压得到主要形状，再经过后续液压机的冲压得到零件的最终形状。

4.4 板材充液与内高压成形设备

采用高压流体（水、油或气体）作为传力介质代替刚性模具传递载荷，将板材或管材成形为复杂曲面薄壁构件的技术称为液压成形或高压流体成形。高压流体成形技术的主要特点表现在以下两个方面：一是仅需要凹模或凸模，液体介质相应地作为凸模或凹模，省去一半模具费用和加工时间，而且液体作为凸模可以成形很多刚性凸模无法成形的复杂零件，特别是壳体液压成形不使用任何模具，因此又称为无模液压成形；二是液体作为传力介质具有实时可控性，通过液压闭环伺服系统和计算机控制系统可以按给定的曲线精确控制压力，确保工艺参数控制在设定的数值内，并且随时间可变可调，大大提高了工艺柔性。因此，采用流体来成形板材零件具有可以极大提高板材的成形性能、成形效率高、换模方便、工艺稳定、成形零件质量优良等诸多优点。

根据坯料形状特征和材料成形性能，高压流体成形工艺分为三类：管材内高压成形（采用水介质）、板材充液成形（主要采用油或水介质）和高压热气胀成形（采用气体介质）。相应地，其成形设备主要分为管材内高压成形机、板材充液成形机和高压热气胀成形机三类。

4.4.1 板材充液成形设备

根据液体压力形成过程可将板材充液成形分为主动式和被动式，主动式充液成形中主动充液加压替代凸模，被动式充液成形中凹模内封闭液体在凸模下行过程中产生压力。板材充液成形机主要包括主机和充液拉深成形系统，如图 4.15 所示。板材充液成形机主机常常采用通用的梁柱式、框架式液压机，充液拉深成形系统独立于主机。

主机既可以作为通用设备使用，也可与充液拉深成形系统一体化集成控制，作为专用设备使用。主机除通用液压机所必备的拉深液压缸、压边液压缸外，还可在主液压缸中间设置第三缸，用于反拉深成形，进一步扩展功能。按主机机身结构，可以把板材充液成形机分为四柱式和框架式两大类；按主机功能，可以分为基于双动压力机和基于单动压力机的板材液压成形机两大类。如果成形主机为单动压力机，还应配置用于压边的模架及其液压系统，使其具有压边力控制功能。

充液拉深成形系统包括油水介质压力转换器、液压系统、水压系统及计算机控制系统，主要功能是用于模具型腔内流体介质充填、流体压力的建立及控制。当成形所需最大压力超过 25MPa 时，通过压力转换器进行压力加载及控制，如果流体介质排量很大，可通过压力转换器群组并行进行压力加载及控制；当成形所需最大压力低于 25MPa 时，可以通过液压（水）系统直接加载，适合大型薄壁板材零件的成形，特别是汽车覆盖件的成形。

油水介质压力转换器为充液拉深成形系统的关键执行部件，主要功能是实现从低压到高压的能量传递，为模具充液室提供高压流体介质或者容纳模具充液室内排出的高压流体介质，以满足高压、大流量流体压力控制的要求，其结构原理如图 4.16 所示。油水介质压力转换器由两个串联的不同直径的液压缸组成，大端为低压腔，小端为高压腔，高低压缸体依靠法兰连接，缸体端部靠螺纹与端盖连接。通过选择低压腔与高压腔的面积比，可以调整压力转换数值。为了提高高压腔的密封可靠性，高压端采用组件密封，密封件通过轴向预紧结构产生一定的压缩，并可根据磨损情况调节预紧量，通过轴向压缩补偿保证长期运行后的密封圈与柱塞的接触压力，以满足超高压对密封可靠性的要求。高压端与成形模具充液室连接，污染

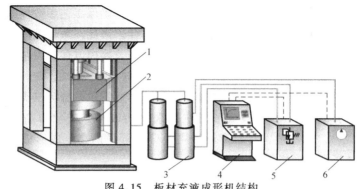

图 4.15 板材充液成形机结构

1—双动压力机 2—液压成形模具 3—油水介质压力转换器 4—计算机控制系统
5—液压系统 6—水压系统

严重时,只需对其进行单独过滤。

油水介质压力转换器低压腔加装压力阀控制压力 p_1,高压腔与模具的充液室相连,通过低压腔的压力控制实现对高压腔液压 p_2 的控制。高压腔压力 p_2 高于设定压力时,活塞后退,压力 p_2 降低;相反则活塞前进,压力 p_2 升高。为满足大型零件成形对超高压力、大流量流体介质的控制需要,通常需要配置多组压力转换器。

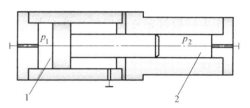

图 4.16 油水介质压力转换器结构
1—低压腔 2—高压腔

液压系统是油水介质压力转换器的动力系统,通过液压泵及各种压力阀、方向阀等驱动高压源前进、后退,实现对油水介质压力转换器低压腔的压力进行调节、控制。水压系统主要由过滤器、回收泵等构成,主要功能是为油水介质压力转换器的高压腔及模具充液室填充流体介质,以及对成形过程中溢出的流体介质进行回收、过滤,以便下次进行填充。

计算机控制系统主要由工控机或 PLC、继电器及传感器等构成,是整个板材液压成形机的控制核心。通过耦合器与压力机控制系统连接,实现一体化集成控制、通信,对压力信号、位移/位置信号进行过程监控及控制,可实现拉深位移、压边力及流体压力等关键工艺参数的闭环控制,具备手动和自动功能。软件方面,为保证主机功能的完整性,一般以独立运行的软件作为充液拉深成形控制系统程序,来保证对成形主机系统的控制程序建立较清晰的界面,并可方便地切换。

国际上先进充液成形设备制造商多数集中在欧洲,其中,以舒勒(Schuler AG)公司、SPS 公司和 AP&T 公司为代表。此外,还有日本的 Amino 铁工所、Opton、山本水压工业所,美国的 ITC 公司,意大利的 NAVA 公司,德国的 Gräbener Maschinentechnik 公司,加拿大的 Valiant Machine & Tool 等公司。哈尔滨工业大学液压成形工程研究中心长期从事板材充液拉深成形的研究,1987 年开始充液拉深工艺的研究，1997年研制出国内首台充液拉深设备，现在已经联合上海航天设备制造总厂有限公司、合肥合锻智能制造有限公司等单位自主研制出150MW充液成形设备，直接成形出运载火箭直径3m级燃料贮箱薄壁整体箱底。

德国埃尔兰根-纽伦堡大学与德国SPS公司合作制造了一台100000kN专用板材液压成形机，如图4.17a所示，用于大吉普铝合金顶盖的成形（见图4.17b）。日本丰田20世纪90年代初建立2条以3000t设备为核心的充液拉深生产线，专门生产高档车的翼子板，并进行模具开发。日本Amino公司2002年成立北美分公司，并建立了以3000t设备为核心的充液拉深成形生产线，专门研制开发铝合金车身覆盖件充液拉深成形技术及模具，以减少零件连接数量，满足多品种、小批量、个性化车型对整体覆盖件成形的需求。在航空航天工业中充液成形设备也被广泛用于发动机唇口、铝合金头罩、整流罩等零件成形制造。

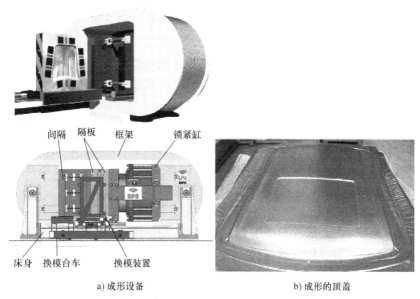

a) 成形设备　　　　　　　　　　b) 成形的顶盖

图4.17　大吉普铝合金顶盖及其充液成形设备

4.4.2　内高压成形设备

内高压成形机要求超高压与多轴加载，因此内高压成形机由"合模压力机"和"内高压系统"两大部分组成，如图4.18所示。合模压力机可采用框架式或四柱式液压机，主要利用了液压机可在全行程任意位置输出最大压力、易于调压和保压的优点；内高压系统包括水平伺服缸、高压源（增压器）、液压系统、水压系统和计算机控制系统五个分系统。可自动实现如下工艺动作：合模→施加合模力→水介质填充与循环→判断高压密封→执行加载曲线→同步卸除内压/合模力→退回冲头→开模。

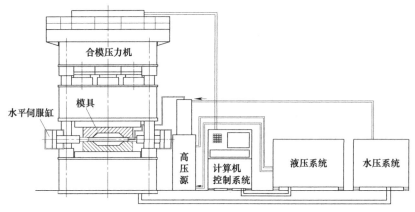

图 4.18 内高压成形机基本组成

内高压成形机的工作原理如下:通过合模压力机将模具闭合严密,并保证整个成形过程中模具合模面不会发生分离;再通过水平伺服缸驱动密封冲头在适当的时刻实现管端密封,并随着压力的变化将管材推入模具型腔;通过高压源将液体介质增压,并通过液压系统控制高压源动作,向管材内部输入适当压力和体积的液体介质,使管材发生塑性变形,完成复杂零件的成形。

下面是内高压成形机中各组成部分的具体功能和原理。

(1) 合模压力机 内高压成形中首先需将模具闭合严密,避免模具合模面分离造成零件出现飞边或引起管端密封失败,因此采用合模压力机为模具施加合模力。由于液压机可以在全行程的任意一个位置输出系统的最大压力,并易于实现调压和保压,目前多采用液压机作为合模压力机。

(2) 高压源 内高压成形需要的压力往往高达 300~400MPa 甚至更高,而常规液压泵只能提供 31.5MPa 的压力,无法完成管材的变形,因此一般采用增压器来作为高压源,为管材变形提供高压传力介质。

单动增压器的原理如图 4.19 所示,通过液压泵将较低压力的液压油注入增压器大活塞的一端,驱动活塞运动,根据活塞受力平衡条件 $p_1A_1=p_2A_2$,高压腔压力 $p_2=p_1A_1/A_2$,其中低压腔与高压腔的面积比 A_1/A_2 称为增压比,亦即增压器两端的压力比。对于低压端的压力为 25MPa,当增压比为 8 时,增压器高压腔压力为 200MPa;当增压比为 16 时,则增压器高压腔压力为 400MPa。

按照增压方式的不同,可以将增压器分为单动增压器与双动增压器两种。单动增压器有一个高压腔和一个低压腔,柱塞的动作可分为增压行程和复位行程,在增压行程内可以提供高压,而在到达行程终点后必须复位回到起点才可以进行下一次增压,一般用于一个行程即可完成一次加工的场合。其优点是压力控制方便,由于高压出口不需要安装单向阀,当出现压力超调现象时,可以通过控制增压器活塞回程的方式降低高压端的压力。缺点是增压器体积较大,高压腔容积有限,主要适于容积较小的零件成形。

双动增压器有两个高压腔和一个低压腔,活塞在向左或向右的行程中始终可以输出高压液体,理论上讲,可连续输出的高压液体容积是无限的,因此与单动增压器相比体积较小,适用于各种容积的管件成形。但由于两端高压腔出口均带有单向阀,如果在增压过程中出现压力超出设定值的现象,无法通过控制活塞的运动实现降压,必须在回路上设置泄荷阀或截止阀,导致压力控制较复杂。

低压腔介质一般采用液压油,而高压腔介质可以用乳化液或液压油。采用液压油作为高压介质的优点是黏度较大、密封性好,不腐蚀设备和零件;缺点是压缩量大,成本较高,且难以清理,污染零件。虽然水压缩量小,但是易导致设备机体和成形零件的腐蚀,因此内高压成形一般采用乳化液作为加压介质,即使用5%~10%乳化油与水混合形成的乳化液,既克服了液压油的缺点,又具有防锈作用。

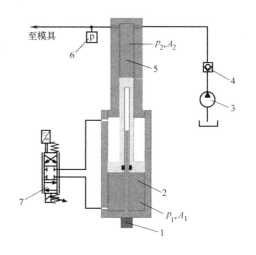

图4.19 单动增压器的原理
1—位移传感器 2—增压器低压腔
3—补液泵 4—单向阀 5—高压腔
6—压力传感器 7—换向阀

(3) 水平伺服缸 内高压成形中冲头要在适当的时刻实现管端密封,并随着压力的变化将管材推入模具型腔,均通过控制冲头的轴向位移来实现。冲头安装在水平伺服缸的活塞杆上,并进行伺服驱动。多通管件等内高压成形件,不仅需要管端密封,而且需要在支管方向采用冲头施加背压,相应地需要配置更多的水平缸,以实现每个通路的轴向位移控制。水平伺服缸由位移传感器进行实时活塞位移检测,并采用伺服阀形成伺服控制系统,精密控制液压缸活塞的位移。水平液压缸可通过液压缸底座安装于设备工作台或模具底板上,构成封闭力系承担冲头运动受到的阻力,也可通过在水平液压缸之间安装拉杆形成水平压力机。

(4) 液压系统 增压器的低压腔和水平液压缸的动力由共用的液压系统提供,液压泵的流量应保证液压缸快速进给与增压器快速增压,为避免液压系统功率过大,可采用蓄能器提供快速增压时的流量,以降低液压泵的功率。对于液压伺服系统,泵站需配备高精度过滤器。在大批量生产中液压系统发热严重,还需要配备冷却系统降低油温。

(5) 水压系统 内高压成形机采用专用水压系统进行乳化液的快速填充、回收和过滤处理。快速填充指在加压前向管材内充入乳化液、排出气体,以及向增压器高压腔补液。为了提高效率,水压系统应具有较大流量和一定的压力。在成形结束后水压系统将流入导流槽的乳化液回收和过滤,继续用于下一次生产过程。

(6)数控系统 内高压成形机的合模压力机和内高压系统两大部分通过数控系统联合起来,才能按照工艺、工序要求和设定加载曲线实现生产过程的自动化,达到要求的生产节拍。

数控系统以工业控制计算机或 PLC 为核心,其他控制元件包括数据采集板卡、压力与位移传感器和信号放大器等。控制系统通过专用控制软件,根据设定的加载曲线向各控制元件(伺服阀、电磁阀等)发出指令,驱动执行元件(增压器、水平缸等)动作,同时由压力传感器、位移传感器将内压和轴向位移的变化反馈给计算机,使计算机按照加载曲线的要求输出控制量实时控制各执行元件的动作,实现轴向位移和内压匹配等加载曲线控制,完成内高压成形的全自动生产过程。

内高压成形机按合模压力机主液压缸行程分类,可分为长行程和短行程两类,如图 4.20 所示。当合模、开模与锁模过程均由主液压缸来完成时,主液压缸的工作行程较长,因此称为长行程内高压成形机。当合模和开模过程大部分行程由提升液压缸(辅助液压缸)来完成,而仅仅锁模过程由主液压缸来完成时,称之为短行程内高压成形机。按机身结构进行分类,可以把内高压成形机分为四柱式、框架式和开式三大类。其他如双柱式和楔块式等比较少见。

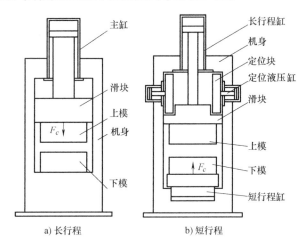

图 4.20 长行程与短行程内高压成形设备

4.5 挤压液压机

挤压机是实现挤压生产的设备,一般可分为普通挤压机和特殊挤压机,普通挤压机用于挤压生产各种金属产品;而特殊挤压机则有特殊的用途,如铠装挤压机用于生产包覆线缆等,其应用范围小,领域特殊,此处不予讨论。一般挤压机主要用于深加工开坯、高质量管材、型材和异形材的成形制造。

典型挤压液压机按工作轴线的位置、挤压工艺、结构类型、生产的产品等，可以分为很多种类。挤压液压机一般由主机、液压传动和控制系统、电气控制系统三部分组成。

按工作轴线位置可将挤压液压机分为立式挤压机、卧式挤压机，卧式挤压机又有长行程、短行程之分；按挤压工艺可将挤压液压机分为正向挤压机、反向挤压机；按结构类型可将挤压液压机分为单动挤压机、带穿孔系统的双动挤压机；按产品可将挤压液压机分为棒及型材挤压机、管材挤压机等。这些仅仅侧重研究挤压机的某个具体问题时，概括挤压机类型的方法，实际上这些分类是交错的。

4.5.1 挤压液压机主机

典型的挤压液压机的主机结构如图 4.21 所示，一般由主机框架、挤压系统、穿孔系统（双动挤压机）以及工模具系统组成。着重阐述主机框架、挤压系统。

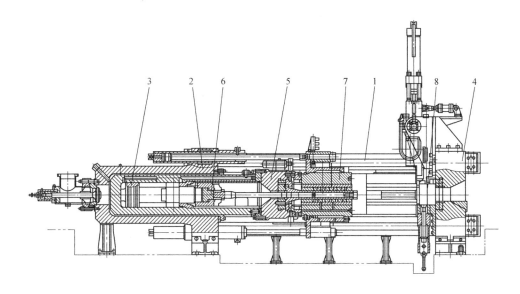

图 4.21 带有内置穿孔系统的卧式挤压液压机
1—机架 2—后梁 3—主缸 4—前梁 5—动梁 6—穿孔系统
7—挤压筒 8—移动模架及快速换模装置

1. 主机框架

铸造整体框架多用于早期小型挤压机，目前较少采用。将挤压机的前、后梁以及四个立柱同时铸造成整体，这种结构简单，重量轻，对挤压机的安装基础要求较低，属无预应力框架，其整体刚性较差，多用于公称挤压力小于 20MN 的小型挤压机。如西马克公司为我国提供的 8MN 双动卧式铜挤压机及中国重型机械研究院研制的 8MN、16MN 和 20MN 双动卧式铜挤压机均为此种结构。

预应力组合框架均具有刚度高的优点,适用于大中型挤压液压机,其有两种结构。一种是采用圆拉杆、压套将前梁、后梁通过螺母连接在一起,经预紧(加热预紧、超压预紧或液压螺母预紧)形成一个刚性框架,是较为普遍采用的结构。另一种是采用组合叠板、压套将挤压机的前梁、后梁连接起来,通过不同的预紧方式(超压或者专用液压缸)形成一个刚性框架,西马克公司为兖矿集团提供的150MN双动卧式铝挤压机(见图4.22)、太原重工股份有限公司研制的目前世界最大225MN卧式铝挤压机均采用此结构。

板框式框架结构紧凑,在挤压力相同时,其框架重量较轻,同时避免了前梁、后梁、主缸等主要零件超过目前极限制造能力的问题,特别是在重型立式挤压机中有广泛应用。威曼高登公司的350MN立式钢管挤压机、河北宏润核装备科技股份有限公司的500MN立式钢管挤压机(见图4.23)均为板框式框架结构。

图4.22 西马克叠板组合预应力框架150MN挤压机

图4.23 500MN立式钢管挤压机

钢丝缠绕剖分-坎合预应力框架,采用预应力钢丝缠绕结构是通过在机架外侧缠绕钢丝产生预紧力,并可有效避免机架内部的运动结构干涉。预紧是通过柔性体在圆弧表面包裹的面压产生预紧力,无须穿过被预紧结构。清华大学成功研制钢丝缠绕预应力结构,北方重工集团有限公司的360MN立式挤压机(见图4.4)就采用了钢丝缠绕剖分-坎合预应力框架。

2. 挤压系统

挤压机的挤压系统主要包括挤压移动梁、挤压主工作缸(多为柱塞缸)、回程缸以及导向和挤压杆中心调节系统。

挤压移动梁有两种结构:单动挤压机多采用整体铸造结构;双动挤压机采用的结构视固定穿孔针挤压的形式而定:对于液压固定针挤压,一般采用整体铸造结构;对于机械固定针挤压,一般采用框架式结构。

挤压主工作缸多为柱塞缸,并带有活塞式回程缸,回程缸在挤压时,也提供挤压力,目前挤压机普遍采用这种形式。对于大型卧式挤压机,由于重力的作用,柱塞的导向下部磨损较快;而在挤压初始和结束时,柱塞重量对挤压移动梁导向面的作用力大小影响很大,甚至会出现由挤压移动梁下部导向承压改变为上部导向承压的情况,因此,柱塞自身必须具有较长的导向,以减小柱塞自重对挤压移动梁导向面的影响。然而这样做带来的不利影响是增加了挤压主工作缸的长度和重量。

挤压主工作缸也可采用活塞式液压缸,这种液压缸克服了柱塞液压缸的上述不足,但其内孔加工精度要求很高,否则会影响活塞头密封寿命及其性能,而内孔高精度的要求,使其加工难度很大,目前较少采用。仅有清华大学研制的360MN立式挤压机采用了这种结构。

挤压杆中心调节系统是保证挤压产品质量十分重要的手段之一,对于管材挤压产品尤甚。中心调节系统有两种结构:一种是"X"导向,这种结构多用于小型挤压机,结构简单,调整方便;另一种是挤压移动梁的下部采用平面导向(水平和垂直两个方向的导向面均为平面)起主导作用,上部采用V形导向起辅助作用,多用于大型挤压机。为了调节过程的省力、快捷,水平方向的平面导向调整多采用液压缸辅助的形式。另外,对于立式挤压机,由于中心调节过程不受主柱塞等重力的影响,因此多采用"X"导向。

4.5.2 液压传动与控制系统

液压传动和控制系统是挤压机的一个重要组成部分,可以分为传动和控制两部分。液压系统的工作介质为油或水(高水基)。与液压油比较,由于水的腐蚀性、密封性能较差,所以,除了早期由于液压油系统的元件原因液压系统采用了水作为介质外,随着液压系统油元件的发展,目前挤压机的液压系统几乎全部采用液压油作为工作介质。

液压系统的工作压力各有不同,一般小型挤压机的系统工作压力为中低压,大型挤压机的工作压力为高压,超大型挤压机的工作压力一般为超高压,这主要是受机械零部件的极限加工能力的限制,如前述的500MN立式钢管挤压机,其工作压力高达100MPa。

1. 液压传动与控制系统

挤压液压机液压系统的流量要满足挤压速度要求,挤压速度根据工艺试验所取得的最佳速度范围、生产率要求和现实可能性而确定。铝及铝合金挤压液压机的挤压制品一般都是成品,挤压速度是保证挤压过程顺利进行和保证挤压制品质量的关键因素,一般取0.2~20mm/s,在低速段往往采用闭环控制。铜及铜合金挤压液压机的挤压速度一般取5~55mm/s。与有色金属不同,钢材挤压由其材料的性质决定,具备一些显著的特点:钢的强度、硬度高于铝及铝合金、铜及铜合金,变形抗力大(挤压应力一般在400MPa以上,甚至可达1200MPa)。钢的挤压温度均在1000℃以上。与此相适应,钢挤压液压机的挤压速度一般取100~400mm/s。

液压传动有多种方式:泵直接传动,泵泵出液体直接提供给挤压机;蓄势器传动,泵只为蓄势器供油,蓄势器的作用就是储存高压液体,而挤压机的所有动作所需液体全部由蓄势器提供；泵和蓄势器联合传动，蓄势器仅在中、高速挤压时投入使用，而低速挤压及挤压机的其他动作均采用泵直接传动。挤压机液压控制系统有两种方式，即采用液压阀来控制挤压机各运动部件的动作的阀控；液压泵既给挤压机各运动部件供液又控制其动作，完成传动与控制任务的泵直控。

挤压机对液压控制系统的要求体现在速度控制、位置精度控制、运动部件运行的快速性和平稳性等方面。运动部件运行的快速性和平稳性是对液压机的一个普遍要求，也是衡量液压机的一个重要的技术指标。

被挤压的材料不同、挤压工艺不同，其对速度控制的要求也不同。一般的恒速挤压、变速挤压和等温挤压对挤压速度的要求较高。恒速挤压要求在挤压过程中挤压速度保持恒定，变速挤压要求在挤压过程中挤压速度随工艺要求变化，而等温挤压就是要保证挤压产品出口温度的变化在一定的范围内。等温挤压是目前主要发展的挤压工艺之一。影响等温挤压的因素较多，其对速度的要求就是随挤压产品的出口温度变化而改变，进而改变被挤压材料在挤压过程中产生的变形热，使被挤压材料在挤压过程中的温度保持恒定。要达到上述要求，液压系统必须采用比例控制技术或者伺服控制技术。

对于内置式穿孔系统的双动挤压机液压固定针挤压工艺来说，穿孔针的速度必须随挤压速度的改变而改变，以保证穿孔针的位置相对于挤压模具保持不变。液压控制系统除了采用闭环控制外，对系统的反应速度、元器件的流量选用都要进行计算，并且对于伺服控制系统，还要进行元器件最佳匹配参数估算。

挤压机的位置精度控制也是液压控制系统设计必须考虑的主要因素之一。除了上述的液压固定针对穿孔针的位置精度要求外，挤压机的其他运动部件的位置精度要求也较高，否则不仅影响产品质量，而且会发生设备事故。如挤压杆与挤压筒、挤压杆与上料机械手、挤压筒与分离剪刀（或圆盘锯）以及模具等的相对位置在不同的工作阶段各不相同，而且各件要求定位准确，否则会发生干涉，引起设备损坏；对于双动挤压机来说，在线穿孔时，挤压杆在对坯锭进行镦粗后的位置必须准确，否则会造成充填不充分，穿孔偏心，进而影响挤压管材的偏心率；或者充填过度，在穿孔前就将部分材料挤出，影响材料的利用率。因此，挤压机的液压控制系统的响应频率、控制元件的启闭特性等是元器件选用的主要参数之一。

2. 典型液压系统工作特性分析

图 4.24 是 16MN 双动挤压机内置穿孔装置液压支撑系统执行机构的结构原理。该执行机构由主缸、侧缸、穿孔缸、充液阀、活动横梁以及导油管组成，其中主缸为单向柱塞缸，其余液压缸为双向活塞缸。液压支持系统的主要工作过程有三个，即主柱塞快速空程前进，穿孔针空程前进以及固定针挤压过程。

内置穿孔装置液压支撑系统工作特性直接决定双动挤压机工作状态、挤压过程实现和产品质量。对液压支撑系统的主柱塞快速空程前进，穿孔针空程前进以及固定针挤压这三个主要工作过程进行仿真模拟，分析内置穿孔装置液压支撑系统在工

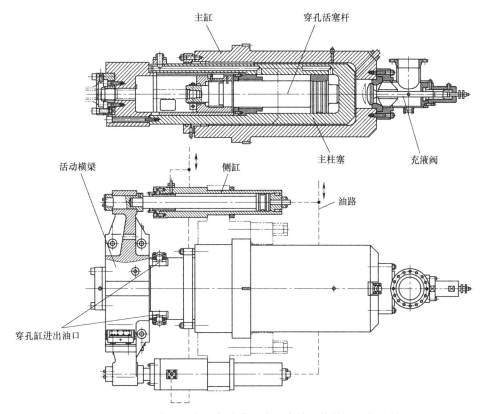

图 4.24 16MN 双动挤压机内置穿孔装置液压支撑系统执行机构的结构原理

作过程中这三个阶段的速度、位移、流量等特征曲线。

双动挤压机内置式穿孔装置液压支撑系统在主柱塞快速空行程前进过程中,主液压缸和两个侧液压缸同时进高压油,推动活动横梁前进,到达设定位置后,停止供给高压油;穿孔液压缸不通高压油,处于不工作状态。主柱塞缸快速空行程时柱塞速度、位移、流量曲线如图 4.25 所示。

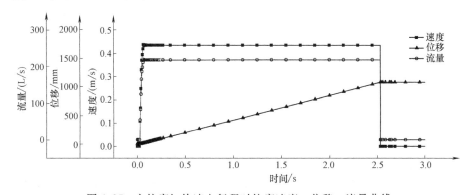

图 4.25 主柱塞缸快速空行程时柱塞速度、位移、流量曲线

从图 4.25 中可以发现，在主柱塞缸快速空行程开始时，主柱塞有一个明显的加速阶段。从主柱塞缸快速空行程时柱塞速度曲线中可以看出，在 0.076s 的时候加速结束，到达最大速度 0.43m/s，之后以这一速度平稳运行。柱塞速度大小和流量大小是密切相关的，当速度稳定后，流量也达到稳定值。从主柱塞缸快速空行程时柱塞流量曲线中可以得到，主柱塞平稳运行时，其流量为 218.1L/s。

双动挤压机内置式穿孔装置液压支撑系统在穿孔针快速空行程前进过程中，主液压缸和两个侧液压缸处于不工作状态。穿孔液压缸通高压油，推动穿孔针前进，到达设定位置后，停止供给高压油。其工作过程中的速度、位移、流量曲线如图 4.26 所示。

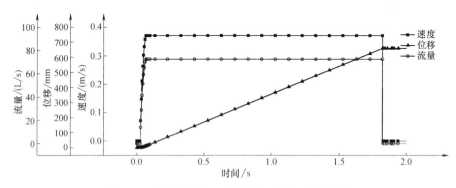

图 4.26 穿孔针空行程时速度、位移、流量曲线

从图 4.26 展示的仿真结果中可以看到，在穿孔针快速空行程前进开始时，穿孔针有一个非常明显的加速阶段。从穿孔针空行程速度曲线图中可以得到，在 0.068s 的时候加速结束，到达最大速度 0.37m/s，之后以这一速度平稳运行。在液压缸几何尺寸确定的条件下，流量决定了速度，二者变化曲线一致，除了数值不同。从穿孔针空行程流量曲线图中可以得到，穿孔针平稳运行时，其流量为 72.69L/s。

固定针挤压过程是双动挤压机的主要工作过程，也是液压支撑系统最关键的工作过程。在固定针挤压过程中，主液压缸和两个侧液压缸同时进高压油，推动活动横梁前进，到达设定时间后，停止供给高压油；穿孔液压缸不通高压油，处于保压状态，其左侧液压腔内液压油在穿孔缸的推动下保持恒压，当压力超过溢流阀设定值时，就会通过溢流阀溢流泄压。挤压过程中活动横梁的速度和位移曲线如图 4.27 所示，主柱塞腔的压力和流量曲线如图 4.28 所示。

从图 4.27 和图 4.28 所示的仿真结果中可以看出，在固定针挤压挤压开始时，活动横梁的速度曲线，主柱塞腔的压力曲线、流量曲线都有所震荡。震荡持续时间非常短，仅有约 0.08s，之后其运行均非常平稳。从活动横梁速度曲线中可以得到，平稳运行工作时活动横梁的速度为 18.37mm/s；从主柱塞腔压力曲线可以得到平稳运行工作时柱塞腔的压力为 27.51MPa；从主柱塞的流量曲线可以得到平稳运

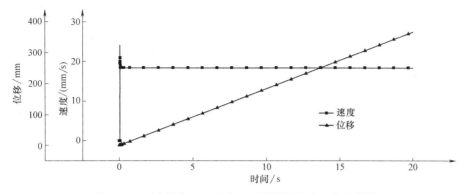

图 4.27　固定针挤压过程中活动横梁的速度和位移曲线

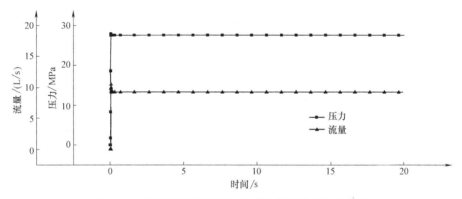

图 4.28　固定针挤压过程主柱塞腔的压力和流量曲线

行工作时主柱塞的流量为 9.235L/s。

液压系统实际工作时的主柱塞快速空程前进、穿孔针空程前进以及固定针挤压过程这三个主要工作过程中各个液压缸的速度曲线、流量曲线和位移曲线表明在各个过程的开始阶段系统均出现波动，但波动幅度和时间均较小，在可控范围内，对系统整体影响较小，之后均能保持平稳运行。

4.6　伺服液压机

4.6.1　伺服液压机工作原理

伺服液压机是一种以液体为工作介质，应用伺服电动机驱动主传动液压泵，通过液压系统驱动滑块运动的一种液压机。伺服液压机采用伺服电动机进行驱动，可以减少控制阀回路。伺服液压机采用大功率交流伺服电动机取代普通交流异步电动机，通过交流伺服电动机带动液压泵作为能量源，通过控制交流伺服电动机的转速来控制泵的转速进而控制其流量和流速。大功率交流伺服电动机具有效率高，可控、可调、可靠性好的优点，从而可以简化液压机的液压系统结构，提高液压机的工作性能。

如图4.29所示，伺服液压机的主液压泵采用伺服电动机驱动，液压机滑块处安装位移传感器，液压机的主液压缸上腔安装压力传感器。控制器根据压力信号、位置信号、速度信号等计算出伺服电动机的转速，从而控制液压泵的输出，实现压力、位置、速度的精准控制。伺服液压机不需要复杂的压力控制阀、流量控制阀等元件，简化了液压控制回路，依靠调节伺服电动机的转速，来控制液压机的压力、速度、位置等参数。伺服液压机在滑块快降、滑块静止在上限位进行上下料时，伺服电动机转速为零；滑块加压和回程时伺服电动机的转速由设定速度确定；滑块在保压时伺服电动机的转速仅弥补泵和系统的泄露。在传统液压机整个工作过程中其电动机始终处于恒定转速。

伺服液压机充分利用伺服电动机可频繁起动、可变速的特性，实现伺服控制，从而减少液压机能耗，提高液压机工作性能。难变形材料如镁合金的塑性成形一直是金属成形加工的一个难题，高温下变形速率对镁合金成形性能和成形质量有着重要影响，采用普通的液压机很难成形这些材料，而伺服液压机由于具有优良的工作性能，很适合应用于加工这些材料。

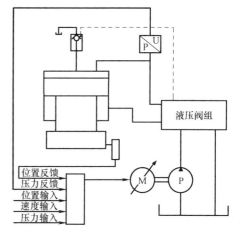

图4.29 伺服控制液压机原理

伺服液压机具有高效性、高精度、高柔性、低噪环保性等特点，使得它的应用越来越广泛，在成形工艺中的应用也将越发重要。伺服液压机在一些重要的制造领域，如电子产品、汽车等精密制造领域发挥越来越重要的作用。

伺服液压机可用于拉深、冲裁、弯曲和冷锻等汽车零部件的生产制造。采用计算机控制，利用数字技术（以及反馈控制方法）达到高级精度控制：既可对液压机滑块位置进行控制（滑块的位置重复控制精度为±0.01mm），也可对滑块速度进行控制，同时，还可对滑块的输出力进行控制（控制精度可达滑块的最大输出力的1.6%），从而使汽车制造中采用高强度钢板、铝合金板材的大型覆盖件的成形成为可能。与此同时，改善了液压机工作环境，降低了噪声和振动，为拓展新成形加工工艺和模具制造方法提供了广阔前景。

伺服液压机和普通液压机相比，具有以下优点：

（1）柔性高，滑块运动数控伺服 普通的液压机工作时的行程和速度都是通过手动调节的，控制精度低。采用了伺服阀和伺服泵控制的液压机可以通过数控方式实现液压机的控制，但也存在着控制精度低、可控范围窄和能量利用率低等缺点。伺服液压机采用伺服电动机作为主驱动源，通过调节伺服电动机的转速和方向，控制滑块的运动速度和位置，可以方便地实现滑块运动的数控伺服。伺服电动机具有响应速度快、调节精度高和调速范围宽等优点，不仅可以实现锻压能量的伺服控制，还可以在需要的范围内数字设定滑块的工作曲线，有效提高压力机的工艺范围和加工性能。在锻压阶段和回程阶段可以采用不同的运动速度，满足滑块对低速锻压和快速回程的工作需求。通过伺服控制滑块的运动曲线，有利于提高锻件精度，延长模具寿命。

（2）结构紧凑，维护保养方便　普通的液压机需要复杂的液压控制回路，结构复杂，占用空间大，维护保养不便。伺服液压机采用伺服电动机实现伺服控制，可以省去部分复杂的回路系统，对液压机的液压回路进行简化，有利于液压机的维护保养。由于省去了部分复杂的液压回路，伺服液压机可以降低生产成本。

（3）节能降噪，提高能源利用率，改善工作环境　普通的液压机在工作时噪声大，严重污染工业生产环境，影响操作人员的身体健康。伺服液压机比普通液压机平均可降低噪声3~20dB，有效改善工业生产环境。普通液压机在工作时耗能多，能源利用率低。伺服液压机与普通液压机相比平均可节约电能20%~60%，节能效果显著，能源利用率高。

（4）生产率高　由于滑块的运动曲线可以根据需求进行设置，所以可以根据需求调节滑块的运动速度和滑块行程次数。伺服液压机的行程可调，行程次数相应可以提高；在保证行程次数不变的情况下，可以提高非工作阶段的行程速度，降低冲压阶段的锻冲速度，提高工件的加工质量。相比于普通液压机，伺服液压机的生产率得到了很大提高。

（5）发热少，减少制冷成本，减少液压油成本　伺服液压机液压系统无溢流发热，在滑块静止时无流量流动，故无液压阻力发热，其液压系统发热量一般为传统液压机的10%~30%。由于系统发热量少，大多数伺服液压机可不设液压油冷却系统，部分发热量较大的可设置小功率的冷却系统。由于泵大多数时间为零转速且发热小的特点，伺服控制液压机的油箱可以比传统液压机油箱小，换油时间也可延长，故伺服液压机消耗的液压油一般只有传统液压机的0.5倍左右。

4.6.2　典型伺服液压机

1994年，日本株式会社小松制作所（KOMATSU）成功开发出了液压伺服压力机，并提出了自由运动压力机（Free Motion Press）的概念。美国的WIDEMANN和W.A.WHITNEY公司，德国TRUMPF和NIXOORF DARADORN公司，日本的AIDA和NISSHINBO公司，以及瑞士的RASKIN公司也都在投入资金研发液压伺服压力机、转塔冲床或多工位机械压力机。

很多液压元件生产公司（如力士乐、穆格等）用交流伺服驱动技术改造液压传动系统，组成了一种新型的交流伺服电动机驱动的液压系统，并成功应用于折弯机、液压机等产品，被称为第三代液压机。

在国内，也有很多的企业院校投入精力和资金进行伺服液压机的研制开发。合肥合锻机床股份有限公司成功研发了 SHPH 系列数控伺服液压机，采用伺服电动机直接驱动主液压泵，实现对滑块的驱动，速度转换平稳，振动及冲击小。SHPH 系列数控伺服液压机与普通液压机比较可节约电能 20%~60%，平均降低噪声 20dB，可减少 50% 的液压油用量及消耗。该系列液压机通过检测传感器与伺服电动机形成闭环控制回路，简化了液压系统，取消了压力控制、速度控制等液压回路，维修保养方便。采用工业 PC 控制，具有高度柔性的工作方式，压力、位置、速度、时间等参数全数字控制。适用于金属件的冲压、浅拉伸、整形、折弯、挤压以及非金属件的压制成形，如纤维板、玻璃钢和塑料制品的压制成形工艺。

西安交通大学提出了一种无液压泵交流伺服直驱式新型液压机的新原理传动方案，摒弃了传统的液压泵，巧妙地结合了机械压力机的飞轮转动与螺旋压力机的螺旋传动方式，采用交流伺服电动机直接驱动丝杠-螺母运动副的方式产生所需的油的压力势能，并采用液压增压缸原理，实现低速增力压制工作，回程采用刚性拉杆带动滑块的机械传动方式替代传统的液压回程方式，滑块空程与回程的速度显著提高。如图 4.30 所示为该液压传动系统的原理机实物。

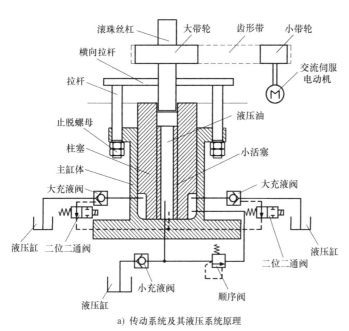

a) 传动系统及其液压系统原理　　　　b) 样机实物

图 4.30　无液压泵交流伺服直驱式新型液压机

无液压泵伺服直驱式新型液压机滑块的工作流程如图 4.31 所示。图 4.31a 为液压机的初始状态，滑块即主缸体的下端位于上死点的位置，此时交流伺服电动机正转，滚珠丝杠将下行，滚珠丝杠带动横向连杆、拉杆以及主缸体下行，滚珠丝杠的下端相当于活塞，推动柱塞内腔油液、小柱塞和主缸体下行，此时大充液阀开启，同时对主缸充液，拉杆和主缸体的法兰分离，如图 4.31b 所示为主缸体快速下行 200mm 时的状态，拉杆和主缸体的法兰已分离，分离距离为 d；滑块即主缸体的下端接触到工作台上的负载，液压机开始低速压制状态，此时滚珠丝杠继续下行，副缸内压力将升高达到顺序阀预设开启压力，副缸中的液压油流入主缸中，由于增压作用，主缸内即可产生足够大的液压力，实现低速增力压制，拉杆和主缸体法兰分离距离增大，如图 4.31c 所示为液压机工作行程开始的状态即低速压制状态，拉杆和主缸体法兰分离距离为 e；滑块压制结束后即开始回程状态，此时拉杆和主缸体法兰分离距离达到最大为 f，如图 4.31d 所示，此时交流伺服电动机反转，滚珠丝杠、横向连杆、拉杆组成的整体上行，小充液阀开启对副缸充液，拉杆走完之前的与主缸体法兰分离的距离 f 后，止脱螺母将主缸体与拉杆连接，主缸体将在拉杆的带动下以高速同步上行，此时小充液阀关闭，大充液阀反向开启，主缸向液压缸排液，同时顺序阀开启，使副缸中液压油排入主缸。

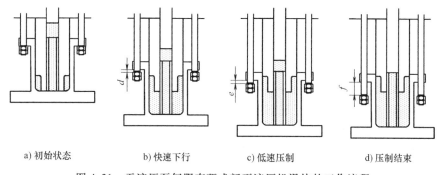

图 4.31 无液压泵伺服直驱式新型液压机滑块的工作流程

液压伺服阀系统是目前被普遍用于大型装备的驱动与传动，但对于设备精度不断提高的要求来说，目前的液压伺服技术尚且不能满足，突出表现在，由于伺服阀响应速度限制，小行程的工作频率难以提高；由于液压回路时滞性，在外载干扰时位置控制精度低、稳定性差，对控制提出了更高的要求。针对现代驱动装置中重载大功率与高精度、快速响应之间矛盾难以协调的难题，提出伺服电动机—液压混合驱动的思路，如图 4.32 所示，该系统将大行程的驱动与高精度的驱动进行集成，为现代重型装备提供大功率精度驱动基础件。

2010 年扬力集团旗下江苏国力锻压机床有限公司立项开发了 125t 混合伺服液压机。通过交流伺服电动机驱动内啮合齿轮泵直接实现压力流量的控制，改变了传统采用阀控制系统对液压机速度提升方面的限制。两组交流伺服电动机驱动的内啮合泵直接连接到主缸上下腔，充液阀也采用独立的液压泵电动机组和恒压控制阀块组成的液压回路单独控制。该液压机的滑块重复定位精度可达±0.01mm，在全吨位范围内的定压精度可达±0.02MPa，同时最高速度运行下的噪声只有 72dB，较欧

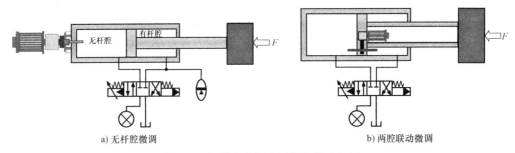

a) 无杆腔微调　　　　　　　　b) 两腔联动微调

图 4.32　伺服电动机液压混合驱动装置

洲标准的液压机噪声限值 85dB 还要小 13dB。该伺服液压机直接通过伺服电动机和定量齿轮泵为液压系统提供能量，只需控制伺服电动机转速就可以得到不同流量，结构简单。

4.6.3　泵控电液伺服系统

电液伺服系统主要由电子电气元件、电液伺服阀、液压元件、反馈检测元件和控制对象等组成。根据液压控制元件的不同，电液伺服系统可以分为泵控式和阀控式两大类。

阀控式液压伺服系统是由伺服阀、执行元件、反馈元件、被控对象等组成，执行元件的流量或压力的变化是通过改变伺服阀的流量来实现的。阀控式液压伺服系统具有系统精度高、输出功率大、响应快等优点，因此阀控式液压伺服系统广泛应用于工业生产中。但是其也有以下固有的缺陷：

1）尽管阀控液压伺服系统具有控制精度高、直线性好及灵敏度高等优点，但污染的液压油容易造成伺服阀的磨损，进而影响伺服阀的控制精度，因此阀控液压伺服系统对油液的纯度要求非常高。在系统中需要增加过滤技术以提高工作油的纯度，这样提高了阀控电液伺服系统的成本。

2）在阀控式液压伺服系统中一般都是定量泵提供液体的压力及流量，因此在系统中存在溢流阀或节流阀，节流阀或溢流阀必将使产生由节流损失而导致的油温升高。

3）由于伺服阀结构复杂，其成本比较高，是普通的几十倍甚至上百倍，因此增加了系统的成本。

4）在功率匹配的情况下，伺服阀提供的负载压力最大只有油源压力的三分之二，系统能量浪费严重。

泵控式液压伺服系统一般是由定量泵或变量泵、可调速电动机、执行液压元件等组成的，执行元件的流量或压力的变化是通过改变泵的流量来实现的。泵控式液压伺服系统因没有节流损失，所以效率高、发热量小。但其也存在以下缺点：

1）该系统具有结构复杂、惯性大、稳定性不好等缺点，因此该系统控制的快速性不如阀控系统。

2）由于该系统速度或压力的变化是通过液压泵流量的改变来实现的，这样需要一套比较复杂的变排量控制机构，因此相应地增加了系统成本。

3）电动机效率随负载而变化，在小载荷时电动机效率低，能量浪费严重。

4）由于变量泵的斜盘倾角变化范围有限，因此液压泵流量变化范围有限，系统的调试范围有限。

直驱泵控式电液伺服系统就是利用调速电动机调速范围宽、可以频繁换向的优点来取代液压伺服阀的功能，这种电液伺服系统可以分为两种。一种是利用调速电动机通过改变定量泵的转速来改变泵的输出流量，达到调节执行元件速度的目的，这种泵称为直驱定量泵控式电液伺服系统，其原理如图 4.33 所示。

另外一种是通过变量机构来改变变量泵的输出流量，来实现执行元件速度改变的目的，这种系统称为伺服电动机直驱变量泵的变量斜盘的电液伺服系统，其原理图如图 4.34a 所示。变量泵的变量机构有很多种，但常见的是通过液压系统来改变液压泵的斜盘倾角，该方案具有控制精度低、液压泵的响应速度慢的缺点，为了提高变量泵的响应速度、控制精度以及便于实现伺服控制，西安交通大学设计通过交流伺服电动机驱动滚珠丝杠机构来调节液压泵的斜盘倾角，其原理图如图 4.34b 所示。

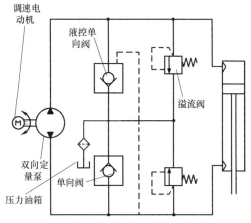

图 4.33　直驱定量泵控式电液伺服系统

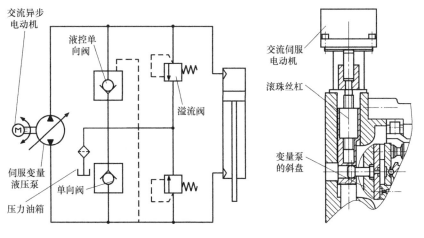

a) 伺服电动机直驱变量泵的变量斜盘的电液伺服系统原理

b) 伺服电动机驱动滚珠丝杠机构来调节液压泵的斜盘倾角原理

图 4.34　交流伺服电动机直驱变量泵的变量斜盘的闭式液压系统

思考与练习

[1] 液压机可否在行程的任意位置发挥公称压力？

[2] 为什么泵直接传动液压机的装机功率相对较大？

[3] 采用泵直接传动方式时应如何实现滑块速度的调节？

[4] 为何泵-蓄能器传动方式能量的消耗与液压机的行程大小成正比，而与工件的变形阻力无关？

[5] 柱塞式液压缸常用于什么场合？为何法兰支撑式液压缸及活塞式液压缸较少用于大型液压机之中？

[6] 为何在现代先进的大吨位的液压机中，活动横梁往往不采用圆柱式导向方式，而是采用多平面的柱式导向方式？

[7] 设缸底支撑液压缸工作压力为 p，液压缸内径外径分别为 r_1、r_2，试用第四强度理论求解液压缸筒中段最大应力表达式。

[8] 尝试阐述一种模锻液压机的同步平衡系统的工作原理。

[9] 根据坯料形状特征和材料成形性能，高压流体成形设备可分为几类？

[10] 简述板材充液成形设备、内高压成形设备的工作原理。

[11] 叠板预应力组合框架有何特点？适用于何种场合？

[12] 简述无液压泵伺服直驱式新型液压机的工作过程。

第 5 章

能量成形与回转成形设备

5.1 螺旋压力机

5.1.1 螺旋压力机工作原理

螺旋压力机是利用螺旋副工作机构中的旋转运动和直线运动使材料产生塑性变形的一种锻压设备。可通过在螺旋副上施加扭矩而产生静压的方式或通过将螺杆上固定飞轮的旋转能量集中一次用于成形的方式施加载荷，后者可提供更大的打击能量。

螺旋压力机的工作机构由飞轮 1、螺杆 3 和滑块 4 组成，如图 5.1 所示。通过传动机构驱使飞轮加速转动以积蓄能量，同时，由螺旋副将飞轮的旋转运动转化为滑块沿导轨的直线运动，将模具安装在滑块底面和工作台上，且可完成各种塑性加工工艺。螺旋副工作机构有两种结构，一种是将螺母固定于机身上，止推轴承固定于滑块上，飞轮做螺旋运动，称为飞轮螺旋运动式，如图 5.1a 所示；另一种是将螺母固定于滑块上，止推轴承固定于机身上，飞轮做旋转运动，称为飞轮旋转运动式，如图 5.1b 所示。

在螺旋压力机滑块向下的行程中，逐渐加速的部分（主要为飞轮）储存了大量的动能。当固结于滑块的上模碰到材料时，被迫在短暂的时间内突然停止，能量全部释放。飞轮巨大的惯性力矩通过螺旋副及止推副转化为滑块与工作台间的巨大压力对材料进行压制。飞轮既是传动元件，又是施力元件和储能元件。

螺旋压力机的工作过程由空程向下运动、工件加工变形、回程向上运动的三个阶段组成。在空程向下运动的阶段积蓄能量，在接触锻件前所具有的能量为旋转运动部件的动能和滑块部件的直线运动动能两大部分。一般工业实际中大量使用的螺旋压力机飞轮轮缘线速度远大于滑块的线速度，螺旋压力机主要依靠旋转运动储能。而另一种典型的能量成形设备——蒸-空锻锤则全部为锻锤落下部分直线运动储能。

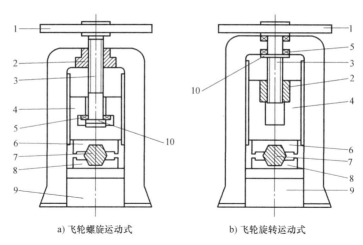

a) 飞轮螺旋运动式　　　b) 飞轮旋转运动式

图 5.1　螺旋压力机的工作机构

1—飞轮　2—螺母　3—螺杆　4—滑块　5—推力轴承　6—上模　7—毛坯
8—下模　9—机身　10—止推摩擦副

螺旋压力机不仅具有机械压力机的工作特性，而且也具有锻锤的工作特性，它综合了两种设备所固有的性能和特长，具有较强的工艺万能性和适应性，因此具有更广泛的工艺适用性。螺旋压力机既能用来完成锻锤能完成的工艺，又能用来完成压力机能完成的工艺，如各种热模锻、板料冲裁和切边等工艺。螺旋压力机一般都设置下顶料装置，可适用于顶镦、挤压、闭式模锻等工艺。螺旋压力机滑块行程不固定，因而也没有固定的下死点，因此特别适合于精整、精压、压印、校正、粉末冶金锻造等工艺。同样由于行程不固定，模锻精度不受压力机弹性变形的影响，所以螺旋压力机被公认为是进行叶片、齿轮等零件精密模锻的最佳锻压设备。

螺旋压力机的主要技术参数反映了其工艺能力、加工零件的尺寸范围以及有关生产率等指标，对此世界各国有不同的规定，同一国家各厂家也有差异。例如，有的国家以螺杆的直径为主参数，有的国家以标称力为主参数。就行程次数而言各厂家也不统一，有的区分为理论行程次数及实际行程次数，有的又分为连续打击行程次数及在一定条件下的行程次数等。一般螺旋压力机主要技术参数包括公称压力、许用力、最大打击能量、滑块最大行程、滑块行程次数、最小装模高度、工作台尺寸等，下面分述。

1. 公称压力 F_g

公称压力是螺旋压力机的主要技术参数，用以表示其规格。在此压力下，螺旋压力机能提供给工件较多的有效能量，但它不是压力机的最大压力，只是一个参考值。螺旋压力机属能量限定机器，理论上应以能量为主参数，但螺旋压力机又有压力机的特性，我国沿用力为主参数。在螺旋压力机中有明确含意的力为冷击力（指没有毛坯，模具对模具直接打击的力）。在整体飞轮螺旋压力机中，最大力为极限冷击力;在打滑飞轮螺旋压力机中,最大力为公称打滑冷击力。两者均为全能量打击时的冷击力,这两个力分别是上述两类压力机强度设计的依据。人们以最大力为基础定义公称力。由于历史的原因,对整体飞轮螺旋压力机,公称力一般取极限冷击力的 1/3;对打滑飞轮螺旋压力机,公称力一般取公称打击冷击力的 1/2。公称压力 F_g 按 R5 系列递增顺序排列。

2. 许用力 F_a

许用力是螺旋压力机连续打击时所允许的最大载荷,为公称压力的 1.6 倍。是螺旋压力机最有实用意义的力参数。

3. 最大打击能量 E_T

最大打击能量是螺旋压力机最主要的技术参数,反映了该设备的最大工作能力。它是指飞轮、螺杆和滑块能量运动部分运行至下死点时应具有的动能,因此也称为运动部分总动能。在大、中型螺旋压力机中,有时也会考虑上模的质量。最大打击能量与公称压力之间的关系可由下面的统计和经验公式描述:

$$E_T = kF_g^{\frac{3}{2}} \times 10^{-\frac{7}{2}} \tag{5.1}$$

式中,E_T 为运动部分能量(kJ);F_g 为公称压力(kN);k 为系数,k 值与压力机类型及工艺用途有关,一般为 0.15~0.5,对于锻造型压力机,k 取大值;对于精压型压力机,k 取小值。

4. 滑块最大行程 s

滑块最大行程是指滑块从由设计规定的上死点到下极限位置的距离,它反映了螺旋压力机的工作范围。行程较大,则能加工变形程度较大、高度较高的工件,通用性较强。由于螺旋压力机向下的行程是储蓄能量的过程,因此该参数不仅与锻件取放所需的工艺空间有关,而且与压力机的运动参数与结构参数也有关。对于飞轮螺杆固定式螺旋压力机,滑块行程设计主要考虑飞轮储蓄动能的需要;对于离合器式高能螺旋压力机,主要考虑装模、锻件取放等需要。

5. 滑块行程次数 n

滑块行程次数是螺旋压力机每分钟能完成的全行程的次数,即滑块每分钟全行程往复的次数,反映了螺旋压力机的生产率。

$$n = \frac{60}{t} \tag{5.2}$$

式中,n 为滑块行程次数(次/min);t 为螺旋压力机空行程时滑块往复运动一次的时间(s)。

6. 最小装模高度

最小装模高度是指当滑块处于下极限位置时,滑块下表面与工作垫板上表面之间的距离。上下模的闭合高度应大于螺旋压力机的最小装模高度。有时也采用最小封闭高度这一参数,它是指当滑块处于下极限位置时滑块下表面与工作台表面之间的距离，它同最小装模高度之间相差一个垫板厚度。

7. 工作台尺寸

工作台尺寸是指工作台面上可以利用的有效平面尺寸，它的大小直接影响所安装模具的平面尺寸，由螺旋压力机的工作能力、使用要求决定。

除以上主要技术参数外，螺旋压力机的其他技术参数还包括导轨间距、主电动机功率、螺旋压力机的外形尺寸、总重量等内容。

5.1.2 螺旋压力机典型结构

螺旋压力机的历史悠久，在其发展历史上，具有几十种变形形式，种类繁多。按工作原理可分为惯性螺旋压力机和离合器式螺旋压力机；按传动方式可分为摩擦螺旋压力机、电动螺旋压力机、液压螺旋压力机、离合器式螺旋压力机。其中摩擦螺旋压力机、电动螺旋压力机、液压螺旋压力机也是惯性螺旋压力机。

1. 摩擦螺旋压力机

摩擦螺旋压力机简称摩擦压力机，其中双盘式摩擦压力机在生产中应用最为广泛，如图5.2所示。

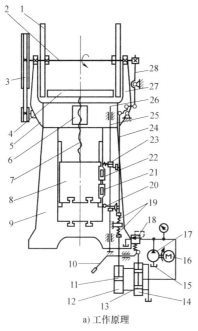

a) 工作原理　　　　　　　　b) 实物

图 5.2　双盘式摩擦压力机

1—摩擦盘　2—传动轴　3—V带　4—飞轮　5—左支臂　6—螺母　7—螺杆　8—滑块
9—机身　10—手柄　11—活塞　12、14—液压缸　13—分配阀　15—油箱
16—电动机　17—液压泵　18—溢流阀　19—弹簧　20—下碰块　21—下限
程块　22—上限程块　23—上碰块　24—拉杆　25—控制杆　26—上横梁
27—右支臂　28—拨叉

双盘摩擦压力机主要由以下五部分组成。

1) 传动部分,包括电动机、带轮、传动轴(横轴)、左右摩擦盘、轴承等部件。其中,轴承为特殊的圆柱滚子轴承,其内圈装在传动轴上,可随传动轴一起相对于外圈左右水平移动,以便使左右摩擦盘交替地压紧飞轮轮缘,从而带动飞轮正、反转动。

2) 运动部分(工作部分),包括飞轮、螺杆及滑块等零部件。螺杆的上端一般是通过切向键与飞轮连接,其下端与滑块活动连接。

3) 机身部分,机身是摩擦压力机承受打击力的重要部件,由机身及上横梁通过拉紧螺栓加热预紧,形成一个组合框架。为了支撑传动轴,在上横梁的左、右两侧分别用螺栓固定了左、右支臂。

4) 附属装置,摩擦压力机上设置有多种附属装置,诸如滑块制动装置、缓冲装置、顶件装置、安全装置,以及摩擦式超负荷保险装置等。

5) 操纵系统,其作用是控制传动轴和摩擦盘的左右移动,且以一定的压力使旋转着的摩擦盘压紧飞轮,靠其摩擦力驱动飞轮旋转。

公称压力在 1000kN 以下的摩擦压力机一般采用手动操纵机构;公称压力为 1000~3000kN 的摩擦压力机,采用液压操纵系统,如图 5.2a 所示;公称压力在 4000kN 以上的大型摩擦压力机,一般均采用气动操纵系统。

图 5.2 所示为液压-杠杆操纵式双盘摩擦压力机,主要有三个工作过程。工作过程 I,分配阀处于中位,滑块非工作状态;工作过程 II,分配阀处于上位,滑块下行;工作过程 III,分配阀处于下位,滑块上行。

工作开始前,滑块在制动装置的作用下,停在行程上极限位置。此时,操纵手柄 10 处于水平位置。受手柄操纵的分配阀 13 处于中间位置,液压系统的压力油进入分配阀 13 的中位,与液压缸的上、下腔均不相通,压力油经过溢流阀 18 流回油箱。这时液压缸的上、下腔与分配阀的上、下腔及油箱接通,活塞 11 在弹簧的作用下停在中位。左右摩擦盘均与飞轮处于非接触状态。

工作开始时手柄 10 被压下,而分配阀 13 被提到上位,使系统的压力油进入液压缸的上腔。由于此时液压缸的下腔与油箱处于相通状态,故活塞 11 下移,并通过拉杆 24 和拨叉 28 使传动轴右移,左摩擦盘压向飞轮,驱动飞轮、螺杆旋转,带动螺杆向下运动。在上模接触工作前,已固定于滑块上的下限程块 21 与事先调好位置的装在控制杆 25 上的下碰块 20 相碰,使手柄及分配阀复位到中间位置,于是左摩擦盘与飞轮脱离,飞轮以一定的速度和能量对工件进行打击。

在打击后,及时提起手柄 10,使分配阀下滑,让系统的压力油进入液压缸的下腔,液压缸的上腔与分配阀上腔和油箱接通,活塞 11 上行,带动拉杆 24 和拨叉 28 使传动轴左移,右摩擦盘压向飞轮。此时,滑块上行。当滑块接近上行程极限位置时,固定在滑块上的上限程块 22 与事先已调好位置的装在控制杆上的上碰块 23 相碰,使手柄及分配阀回到中位。此时,摩擦盘与飞轮脱离,在惯性作用下,飞轮还将继续上升，在制动器作用下，使滑块最终停在上极限位置。此时，一个工作循环结束。

2. 电动螺旋压力机

电动螺旋压力机是一种直接靠电动机驱动的螺旋压力机，其利用可逆式电动机不断做正反方向的换向转动，带动飞轮和螺杆旋转，使滑块做上下运动。按照传动特征，电动机螺旋压力机有电动机直接驱动和电动机通过减速齿轮传动两种结构，如图5.3所示。前者直接由环形定子可逆电动机或弧形定子可逆异步电动机驱动，电动机的转子就是压力机的飞轮；后者由一台或几台可逆电动机驱动，通过小齿轮带动有大齿圈的飞轮。

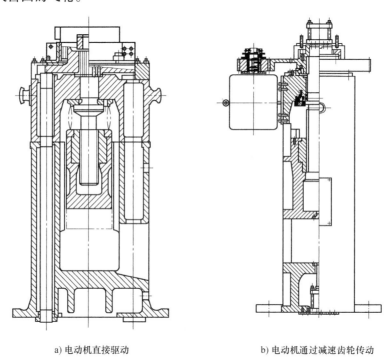

a) 电动机直接驱动　　　　　　　　b) 电动机通过减速齿轮传动

图 5.3　电动螺旋压力机两种结构

中小型电动螺旋压力机直接由环形定子可逆异步电动机或弧形定子可逆异步电动机驱动。如图 5.3a 所示电动机的环形定子固定在压力机机架的上横梁上，电动机的转子就是压力机的飞轮。飞轮用键与螺杆连接，螺杆的另一端与滑块活动连接，螺母装在滑块上。当定子绕组通过三相交流电时，定子产生旋转磁场，在转子外缘表面产生感应电动势和电流，由此产生电磁力矩驱动飞轮和螺杆转动。飞轮带动螺杆的旋转通过螺旋副转变为滑块的往复直线运动，实现对锻件的打击。若改变电源相序，就能改变飞轮的旋转方向。

大型电动螺旋压力机一般采用如图 5.3b 所示的由一个或几个可逆异步电动机通过传动齿轮驱动飞轮和螺杆旋转，使安装在滑块内的螺母与滑块一起做往复运动的结构,此时飞轮起传动和蓄能的作用。螺母装在滑块上,螺杆通过轴承挂在上横梁上,当螺杆旋转时,螺母带动滑块做上下直线运动。同样通过改变电源相序改变飞轮的旋转方向。为保证大能量和大刚度又不致有过大的冷击力,通常在飞轮中设置摩擦过载安全装置。

3. 液压螺旋压力机

液压螺旋压力机的工作原理与摩擦压力机的工作原理基本相同,只是传动装置是由液压传动代替了机械摩擦传动,因此液压螺旋压力机具有传动效率高的特点。又因液压部件多是由标准液压元件构成,并可以获得较大成形载荷,所以使得螺旋压力机易于实现大型化。按液压传动方式归纳起来主要有液压缸推动式和液压马达式,如图5.4所示。

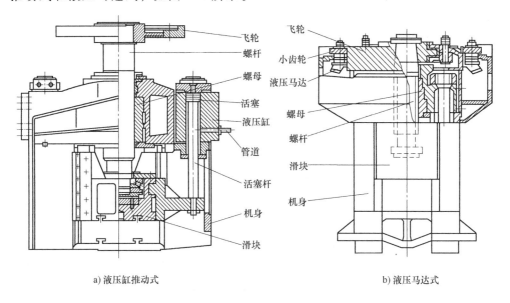

a) 液压缸推动式   b) 液压马达式

图 5.4 液压螺旋压力机

图5.4a所示为依靠直线运动的单螺杆推力液压缸驱动的液压螺旋压力机,其往往将液压缸对称地安装在机身的两侧;也有采用单缸结构的,虽避免了双缸的同步问题,但整机的高度大,且活塞做旋转运动,密封件容易磨损。当高压液体进入固定于上横梁上的液压缸之上腔时,推动活塞及与其刚性连接的滑块下行,螺母固定在上横梁上,通过螺旋副滑块带动螺杆及飞轮加速转动而积蓄能量,在打击锻件之前,液压缸提前排液卸荷,依靠积蓄在飞轮中的动能来打击锻件。打击结束后,高压液体进入液压缸下腔推动滑块回程。这种传动结构简单可靠。

由液压马达直接运转飞轮的方式,也可调整液压油的流量来控制能量。由于不是摩擦传递,起动反应性极为优良,适用于无法达到摩擦传递极限水平的超大型机，以及能保证一定加工能力范围的小型机。小型机设置一台马达，大型机根据飞轮外围齿轮设置数台马达。如图5.4b所示，它是利用轴向柱塞液压马达通过齿轮传动直接驱动飞轮（大齿轮）旋转并积蓄所需的动能，螺杆的上端与飞轮刚性连接，下端与滑块活动连接，借助于螺旋副将飞轮的旋转运动转化成了滑块的上下直线运动。一般液压马达有2~6个（均布），其传动效率较高。

4. 离合器式螺旋压力机

上述三类螺旋压力机都采用螺杆与飞轮固定连接的结构，所以必定带来一些问题：当滑块需要空程上下时，螺杆和飞轮一起由静止状态开始加速，加速质量大，时间长，加速行程占滑块总行程的比例就大，使得滑块行程次数受到限制。对于摩擦盘式和电动式螺旋压力机，螺杆与飞轮整体的每一个工作循环运动都将频繁引起电流冲击，起动电流峰值过大。

离合器式螺旋压力机自20世纪80年代以来在德国发展很快。突破了传统螺旋压力机飞轮做正反向旋转的运动方式和螺杆与飞轮固联为整体的结构，飞轮连续旋转，只有螺杆及摩擦盘正反转动，由于螺杆及摩擦盘惯量很小，换向迅速，几乎在全行程任何位置发挥工作能量和力量，而传统的摩擦压力机是在接近下死点时滑块才达到最大的速度。离合器式螺旋压力机飞轮旋转方向单一且转速基本恒定，飞轮与螺杆之间设有液压离合器，打击过程中飞轮只是释放部分能量，电动机长期在额定转速附近运行，对电网冲击小。其离合器的脱开时刻可控，故可实现定力打击或定行程打击。这种新颖的离合器传动方式，决定了其具有双盘摩擦压力机无法比拟的优点，即行程次数高，能量效率高，压力机刚度大，打击力和打击能量控制灵活，可进行多模膛锻造。

图5.5为德国辛佩坎公司生产的NPS型离合器式螺旋压力机，是离合器式高能螺旋压力机的典型结构。如图5.6所示为三种压力机行程速度曲线的比较。该离合器式螺旋压力机的飞轮支撑在机身顶部的滚动轴承之上，由电动机通过带传动带动飞轮中朝着一个方向运动。通过高压油或压缩空气进出离合器缸实现接合与脱开。

主电动机通过皮带传动驱动飞轮3，液压离合器装在飞轮内，飞轮支承在机器上横梁的轴承内，主螺杆7与离合器的从动摩擦盘用花键连接，螺母装在滑块8内，滑块与固定在机身上的回程缸5的活塞杆（或柱塞杆）刚性连接。工作循环开始时，先接通电源，飞轮开始旋转蓄能。当打击锻件时，高压液压油推动离合器活塞2，带动主动摩擦盘压向从动摩擦盘，使螺杆与飞轮结合成一体而随飞轮旋转起来，由于螺旋副的作用，螺母带着滑块向下加速进行锻击。此时的加速时间是很短的。当锻击力增加到一定程度的时候，滑块的速度也降到一定程度，特殊的离合器脱开机构起作用，使液压缸卸压，离合器的主、从动摩擦盘分开，飞轮继续沿原来的方向旋转并恢复到初始速度。液压系统控制的回程缸工作，驱动滑块回程，完成一个工作循环。

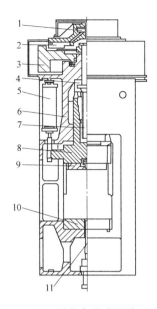
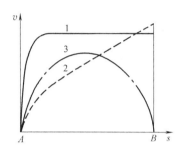

图 5.5 NPS 型离合器式螺旋压力机

1—离合器液压缸 2—离合器活塞 3—飞轮
4—推力轴承 5—回程缸 6—机身
7—主螺杆 8—滑块 9—滑块垫板
10—台面垫板 11—下模顶出器

图 5.6 三种压力机行程速度曲线的比较

1—离合器式螺旋压力机 2—传统螺旋压力机
3—曲柄压力机
A—上死点 B—下死点
v—速度 s—位移

5.1.3 螺旋压力机力能关系

1. 螺旋压力机工作时能量转换

螺旋压力机是一种能量限定类设备，打击力和能量关系的规律是设计和使用螺旋压力机的理论基础。惯性螺旋压力机的工作特点是一次打击，运动部分所储存的动能完全释放。螺旋压力机的运动部分（包括飞轮、螺杆和滑块）在传动系统的作用下，经过规定的向下驱动行程所储存的能量为

$$E = \frac{1}{2}J\omega^2 + \frac{1}{2}mv^2 \tag{5.3}$$

式中，J 为飞轮、螺杆的总转动惯量（kg·m²）；ω 为打击时飞轮的最大角速度（rad/s）；m 为飞轮、螺杆和滑块的总质量（kg）；v 为打击时滑块的最大线速度（m/s）。

对于离合器式螺旋压力机来说，飞轮总朝一个方向旋转，仅在向下行程时与离合器接合。工作中飞轮在转差率许可的范围内释放部分动能，是名副其实的调速飞轮。运动部分经过规定的向下驱动行程所储存的能量为

$$E = \frac{1}{2}(1-\delta^2)J\omega^2 + \frac{1}{2}mv^2 \tag{5.4}$$

式中，δ 为飞轮为降速系数，可表示为

$$\delta = \frac{\omega}{\omega_a} \qquad (5.5)$$

式中，ω_a 为打击后的飞轮角速度。

由螺旋机构可知，滑块线速度 v 与飞轮角速度 ω 的关系为

$$\frac{v}{\omega} = \frac{P_h}{2\pi} \qquad (5.6)$$

式中，P_h 为螺杆导程。

运动部分的打击能量 E 由旋转运动动能和直线运动动能两部分组成。一般情况下，对于飞轮螺杆，固定式螺旋压力机直线运动动能仅为旋转运动动能的 2%～3%，因此，常将 E 称作飞轮能量。

在打击终了时，滑块速度为零，运动部分能量 E 转化为工件的变形功 W_d、机身及模具等受力件的弹性变形功 W_t、克服机械摩擦所消耗的摩擦功 W_m，即

$$E = W_d + W_t + W_m \qquad (5.7)$$

工件的变形功 W_d 因加工工艺的不同而异，取决于工件变形力（F_d）和变形量。打击时，螺旋压力机的螺杆、螺母、机身以及安装在其上的模具等因受力而发生弹性变形，各自将吸收相应的弹性变形功，W_t 就是这些受力零件所消耗的弹性变形功之和，其取决于总刚度（C）和打击力（F）。螺旋压力机在打击时，螺旋副、螺杆下端与止推轴承之间以及滑块与导轨之间等处都有用于克服摩擦力而消耗的摩擦功 W_m，同机械传动效率相关，占 E 的比例基本固定。

2. 螺旋压力机的力能关系

根据螺旋压力机工作时能量的转化分析可知螺旋压力机在滑块的一次行程中，储存于运动部分的打击能量只有部分用于工件的成形，即工件的变形功 W_d 为

$$W_d = E - (W_t + W_m) \qquad (5.8)$$

由弹性变形功 W_t 与打击力 F 有关，而摩擦功 W_m 可近似认为是一常数，这样就可建立如图 5.7 所示的螺旋压力机力能关系曲线。

飞轮螺杆固定式螺旋压力机的力能关系如图 5.7a 所示，可知螺旋压力机运动部分所储存的动能 E 转化为弹性变形 W_t、摩擦功 W_m 及工件变形功 W_d 的分配情况。对于变形量大、需要压力较小的锻件，压力机能给出较大的塑性变形能（有效能量），产生较小的打击力；而对于变形量小、壁薄的锻件（如叶片），压力机给出的有效能量较小，但能产生较大的打击力。由此可见，螺旋压力机是能量限定设备，而能量的分配关系与不同的打击力相对应。滑块压力越大，用于锻性变形的能量越小，机身及模具吸收的部件变形能就越大；如果在模具里没有毛坯的情况下进行打击（即冷击），滑块的压力将达到最大值 F_{max}（压力机总刚度 C 越大，此力亦越大）。这时飞轮的能量除克服一小部分摩擦功外，几乎全部被压力机的弹性变形所吸收，因而压力机负荷最重，甚至将造成设备的损坏，因此绝对禁止在飞轮全

能量下进行冷击。为了充分利用螺旋压力机的能力，且又能满足工艺特点的需要，压力机应在工件变形力 $F=(1.0\sim2.0)F_g$ 的范围内工作。

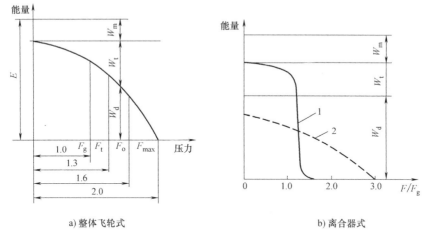

a) 整体飞轮式　　　　　　　　b) 离合器式

图 5.7　螺旋压力机力能关系

1—离合器式螺旋压力机力能关系　2—普通螺旋压力机力能关系

离合器式螺旋压力机突破了传统飞轮螺杆固定连接式螺旋压力机的飞轮做正反向旋转的运动方式，飞轮旋转方向单一且转速基本恒定，通过离合器控制飞轮与螺杆之间的结合或脱开，可以提供较大的有效能量，其力能关系和传动飞轮螺杆固定连接式螺旋压力机有所不同，如图 5.7b 所示。离合器式高能螺旋压力机的锻击过程由三个连续的工作阶段组成：离合器脱开前，其力能关系和飞轮螺杆固定式螺旋压力机的力能关系一样，只是能量较大，是普通螺旋压力机的 2 倍；离合器脱开后，类似于一台运动部分转动惯量较小的普通螺旋压力机。

图 5.7a 所示的力能分析是基于整体飞轮的。实际上在保证螺旋压力机具有大能量的条件下，为了降低其最大冷击力以减轻机器的重量和造价，在大型螺旋压力机中，一般都采用带摩擦超载保险装置的组合式飞轮，如图 5.8a 所示。

飞轮轮缘 6、轮毂 1 和压圈 8 三者之间装有摩擦片 2，通过蝶形弹簧 4 和拉紧螺栓 7 以一定的压力压紧并结合在一起。当打击力达到某一限制值（超载）时，组合飞轮中的轮缘部分就会相对轮毂发生打滑，使飞轮轮缘的大部分剩余能量消耗于摩擦发热，从而把用于机身及模具弹性变形的能量转化为组合飞轮中的打滑摩擦功，以减轻螺旋压力机机身的负荷，而机器的重量及造价可大为降低。

图 5.8b 所示组合式飞轮的螺旋压力机的力能曲线中曲线 1 表示没有保险装置时的力能曲线。其最大冷击力 $F_{max1}=2.7F_g$。若设置了上述的摩擦式保险装置后，当打击力超过 F_g 时，由于组合飞轮之轮缘将相对于轮毂产生打滑，飞轮中多余的能量便转化为摩擦功，并作为热能被消耗。因此这时螺旋压力机的力能曲线自 R 点以后将变为曲线 2。曲线 1 与曲线 2 之间的高度差 W'_m 表示组合飞轮打滑磨损所消

耗的能量。由于组合飞轮存在着打滑,最大打击力将由 F_{max1} 降至 F_{max2},因而降低了螺旋压力机的最大载荷,也即具有过载保护的能力。

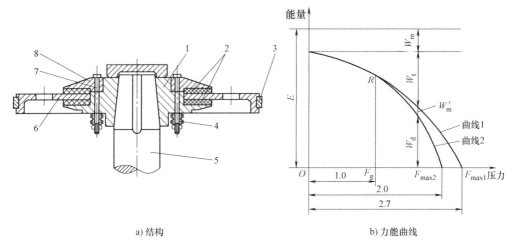

a) 结构　　　　　　　　　　　b) 力能曲线

图 5.8　带有摩擦超载保险装置的组合式飞轮

1—轮毂　2—摩擦片　3—摩擦带　4—碟形弹簧　5—螺杆　6—飞轮轮缘　7—拉紧螺栓　8—压圈

3. 螺旋压力机的能量调节

螺旋压力机是一种万能性较强的设备,它可以完成各种不同的锻压工艺。当所加工的工件不同时,所要求的变形能量和最大压力也各不相同。为了节省能量和保护设备,希望锻打时螺旋压力机给出的能量刚好满足工艺要求。当在摩擦压力机上模锻,上、下模打靠时,飞轮能量正好消耗完(无剩余动能),如图 5.9a 所示。这时压力机发出的压力刚好等于所需的终锻力,显然此时工件的变形功和机身等的弹性变形功的比例最为合理。

螺旋压力机每次打击时,只有当飞轮所储存的能量全部释放(即滑块速度变为零)后才能回程。如图 5.9b 所示,当飞轮的能量过大(即螺旋压力机的规格选得太大)时,在 K 点时工件变形已完成,飞轮的能量还没有完全消耗。这些多余的能量(阴影部分的面积),在变形过程结束后将被机身及模具等受力件所吸收,而转化成弹性变形功。这时,螺旋压力机发出的模锻力比锻件的终锻力要大得多。显然,就会有一部分能量被浪费掉了,这部分能量当然也由电动机供给,因而提高了动力费用。其次,螺旋压力机所承受的负荷也加大了,虽然设备不至损坏,但加剧了某些零件的磨损。因此,螺旋压力机的打击能量应该有调节的可能,使打击能量恰好符合锻件变形功的需要。对于中小型螺旋压力机(3000kN 以下)通常在工作台上加垫板,用减小滑块行程(亦即减小飞轮的转速)的方法来达到减小压力机打击时储备在飞轮中的转动动能的目的。而现代新式大型螺旋压力机上都设置能量调节装置,所采用的能量调节装置包括控制滑块位移式、控制滑块速度式及时间控制式等几种。

第5章 能量成形与回转成形设备

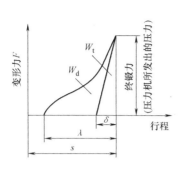

a) 工件塑性变形时飞轮能量正好释放完

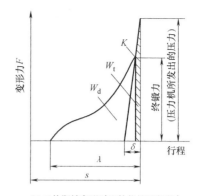

b) 工件塑性变形时飞轮能量还有剩余

图 5.9 螺旋压力机模锻时的负荷

设某锻件的力能参数为 F、E，能量调节曲线如图 5.10 所示。当运动部分能量选得过大时，如图 5.10 中能量为 E_1，就会出现如图 5.9b 所示的情况。此时设备承受的打击力为 F_{M1}。若将能量降到 E_2，设备承受的打击力就会由 F_{M1} 降至 F_{M2}，与锻件变形力 F 接近。画出能量调节曲线 F 处的垂线，使 $cd=ab$，即可从 d 点得到 E_2 的值，压力机就会趋近图 5.9a 所示的最佳状态。而锻件的力能参数一般事先难以准确确定，使用中常常是通过试验来寻找最佳的打击能量，即先用不同的滑块回程进行试锻，当锻出满意的锻件后，就可确定出合适的滑块回程高度和相应的飞轮量 E 值。

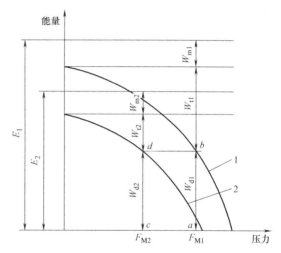

图 5.10 螺旋压力机的能量调节曲线
1—运动部分能量大时的力能关系
2—调整后的力能关系

5.2 楔横轧机

楔横轧指圆柱形棒料在两辊式（或三辊式）模具或在两平板模具之间，模具做同方向旋转运动（板式模具做相向直线运动），带动圆形棒料反向旋转，棒料在模具楔形孔的作用下径向压缩轴向延伸，轧制成为回转体轴类零件。

楔横轧一般可以分为三种基本类型：弧形式楔横轧（见图 5.2.11a）、辊式楔横轧（见图 5.11b）、板式楔横轧（见图 5.11c）。相应的楔横轧设备也分为三类，

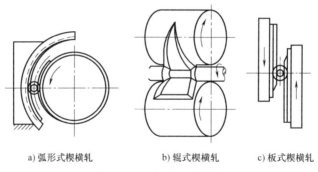

a) 弧形式楔横轧　　b) 辊式楔横轧　　c) 板式楔横轧

图 5.11　楔横轧工艺原理

弧形式楔横轧机、辊式楔横轧机、板式楔横轧机。

5.2.1　弧形式楔横轧机

弧形式楔横轧机的主要优点是结构简单、重量轻、设备造价低，主要用于那些尺寸不大、形状较简单产品的生产。与辊式楔横轧机相比，只需驱动一个轧辊，可以省掉将一个传动转换为两同向转动的分齿机（又称齿轮座）部分，以及万向接轴、相位调整机构等。与板式轧机相比较，没有空行程及往返时的惯性载荷，故生产率高，每分钟能生产 10~25 个（对）产品。

弧形式楔横轧机存在较为严重的缺点有，由于轧件做行星运动，无法施加导板，轧制过程中轧件容易歪斜而卡住，尤其是非对称复杂零件更容易发生，此外产品精度也难以控制；其中一支楔形模具为内弧形，加工制造相当困难；轧机的工艺调整困难，尤其是径向与喇叭口的调整很难实施，故工艺不易稳定等。

弧形式楔横轧机的传动简图如图 5.12 所示。装在机架 1 上的电动机 5，通过带减速机构 6，经过齿轮减速机构 7，带动轧辊 2 旋转，使轧件 3 在轧辊 2 和弧形模具 4 中成形。

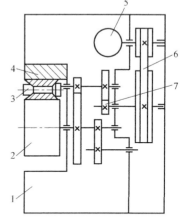

图 5.12　弧形式楔横轧机
的传动简图
1—机架　2—轧辊及模具　3—轧件
4—弧形模具　5—电动机　6—带
减速机构　7—齿轮减速机构

5.2.2　辊式楔横轧机

辊式楔横轧机是三种类型轧机中应用最广泛的，其优点是，生产率高，一般为 6~15 个（对）/min；轧制过程稳定，产品尺寸精度容易保证；一般都设有径向、轴向、相位及喇叭口调整机构，能方便、准确地实现工艺调整等。主要的缺点是设备结构庞大、重量大、占地面积大，模具加工需要大型机床等。

辊式楔横轧机按轧辊个数可分为二辊式楔横轧机与三辊式楔横轧机。三辊式楔横轧机只适合于轧件最小直径较大而长度较短的产品,且结构复杂、工艺调整难度大。工业生产中以二辊式楔横轧应用为主。

二辊式楔横轧机按轧辊布置分为立式楔横轧机与卧式楔横轧机。立式楔横轧机与卧式楔横轧机相比具有占地面积小;进出料方便,导板装卸容易等优点。国内外多采用立式楔横轧机,只有小型楔横轧机采用卧式结构。二辊立式楔横轧机按设备总体配置分为整体式楔横轧机与分体式楔横轧机。

整体式楔横轧机,是指将工作机构、传动机构及主电动机合为一体布置的楔横轧机,如图5.13a所示。这种楔横轧机大多按锻压机床思路设计,力图结构紧凑、减小占地面积,带离合器既能单动也可连续工作。这种楔横轧机比较适合将楔横轧机作为连续锻造生产线的制坯工序使用。但整体式轧机也存在缺点:由于靠齿轮传动,两个轧辊的调整受到限制;当轧辊径向调整时,相位也发生变化;传动齿轮不是在独立封闭的箱体中,故传动精度、温度与润滑都较差等。故整体式轧机在轧制大型、高精度,尤其是专业的楔横轧厂中很少采用。

分体式楔横轧机,是指工作机座、传动装置与电动机分开,中间通过万向接轴连接布置的轧机,如图5.13b所示。电动机通过减速传动带动主动齿轮,带动两个同向旋转的万向接轴,然后驱动两个同向转动的轧辊工作。分体式楔横轧机是按冶金工厂用的轧钢机思路设计的,力图使楔横轧机的刚度大、工艺调整方便可靠,轧机不带离合器连续工作。

a) 整体式

b) 分体式

图 5.13 二辊立式楔横轧机

分体式楔横轧机存在占地面积大等缺点,但优点非常突出:全部齿轮采用闭式传动,齿轮啮合精度与稀油润滑条件都得到保证,因而寿命长,传动噪声小;轧机机架采用闭式的,并设有预应力装置,不仅产品精度高,工艺稳定,而且容易控制所成形轴类零件心部的疏松;轧辊可以方便、准确地实现径向、轴向、相位以及喇叭口的调整；工作机座、万向接轴与齿轮箱分开独立布置，设备安全可靠、维修方便；设置了可以上下、左右调整的导板装置等。

5.2.3 板式楔横轧机

板式楔横轧机与弧形式、辊式楔横轧机比较，最突出的优点是模具制造容易，由于它是平板的，只需用一般的刨床或铣床就可以加工。板式楔横轧机为往复运动，有空行程，与辊式、弧形式相比生产率是最低的，一般为4~10件（对）/min。此外，板式轧机还存在无法施加导板及调整比较困难等缺点。主要应用于生产率要求不高，长度较大的产品。

液压驱动的板式轧机，轧机部分结构简单紧凑，占地面积小，但有一套较庞大的液压装置。若用电动机驱动，将回转运动再转化为板的直线运动，结构简单与紧凑的优点不仅不存在，反而变得更差了。

板式楔横轧机有两种结构：一种为两个平板水平布置，如图5.14所示，其驱动方式多为液压传动；另一种为两个平板垂直地面布置。垂直与平行布置相比较，前者高但占地面积小，轧件上脱落的氧化皮不会掉在平板上而影响轧件的表面质量。

图5.14　平板水平布置板式楔横轧机

5.3　复杂型面滚轧设备

根据复杂型面轴类件滚轧成形工艺中滚轧模具结构以及运动方式的不同可分为板式搓制成形、轮式滚轧成形、轴向推进主动旋转滚轧成形，如图5.15所示。实现复杂轴类零件成形的锻压设备称为复杂型面滚轧机，为满足不同滚轧工艺的运动形式，相应滚轧设备的结构和传动系统也有一定区别。虽然同一种类型工艺会衍生稍有差异的工艺分支，但设备结构特征是相似的。如轮式滚轧成形包括了中心距变化和中心距不变两种衍生工艺，前者滚轧过程中滚轧模具有径向进给；后者滚轧过程中滚轧模具虽无径向进给，但滚轧前、滚轧后有径向运动，滚轧过程中也要提供较大的滚轧力，因此两者设备结构原理类似，模具结构有显著差别。

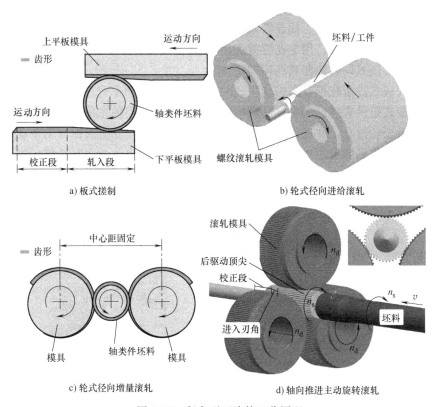

图 5.15　复杂型面滚轧工艺原理

5.3.1　板式搓制成形设备

板式搓制成形如图 5.15a 所示，也称搓齿、搓丝，平板模具（也称齿条模具）对称布局在轴类件坯料两侧，并且平板模具分为轧入段、校正段、退出段三部分，仅校正段具有全牙型（或齿型）高度。滚轧成形过程中，平板滚轧模具做直线运动，工件旋转，在平板模具校正段牙型（或齿型）成形。一般成形轴类零件直径为 2~35mm，多用于紧固件滚轧成形。板式冷搓成形难以加工直径较大的零件，并且机床调整比较复杂，模具结构复杂、制作困难、易磨损，通常用于小尺寸的复杂型面轴类件的滚轧成形。

板式搓制成形设备根据工件轴线位置可分为倾斜式设备（见图 5.16a）和水平式设备（见图 5.16b）。相对倾斜式结构设备，水平式结构设备可提供更大的载荷成形零件，其所成形的零件精度更高。因此，近年来水平式结构的板式搓制成形设备有了很大的发展，涌现了较多的新产品，其所能成形的最大零件尺寸达到 40~

45mm。水平式结构板式搓制成形设备又可分为立式和卧式。板式搓制成形过程中两组板式模具中一组做往复直线运动或两组同时做往复直线运动。螺纹搓制成形设备多为倾斜式,竖直坯料经料斗作用倾斜后插入搓丝板,两组板式模具中一组做往复直线运动,常用于螺钉、螺栓等紧固件搓制。少数搓制高精度、较长螺纹的搓制成形设备采用水平方式。用于花键等齿型零件搓制成形的设备多采用水平式结构,并且两组板式模具同时往复直线运动。

倾斜式板式搓制成形设备结构中,两组板式模具运动形式常采用一组做往复直线运动,板式模具直线运动由电动机旋转运动提供。典型的主传动系统是一级皮带传动和一级齿轮传动,并通过安装在最后一级啮合传动齿轮上的曲柄销带动连杆使安装活动板式模具的滑块获得往复直线运动。设备带有自动的送料系统和料斗传动系统,工作效率高。

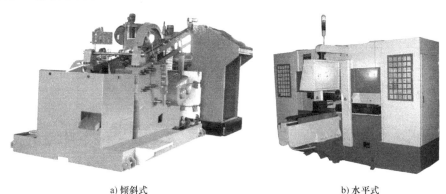

a) 倾斜式   b) 水平式

图 5.16 板式搓制成形设备

水平式板式搓制成形设备的板式模具直线运动由液压系统提供,如国内山东省青岛生建机械厂成功开发的数控冷搓成形设备,设备由床身、上下滑座、前后尾座(顶尖座)、液压、电气等部分组成,如图 5.17a 所示。液压系统、电气控制系统分别独立置于主机的后侧,上下滑座、主液压缸、后尾座等安装在 C 形床身内。

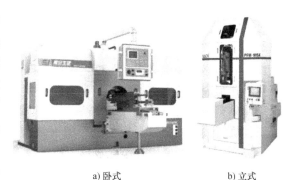

a) 卧式   b) 立式

图 5.17 水平式板式搓制成形设备

床身采用分体床身刚性把合技术,设置前后拉杆的结构,提高了设备的整体刚性。安装板式模具(搓刀)的上下滑座分别安装于上下床身的导轨上,由同步装置保证其动作的同步性,动力由两液压缸分别提供,机床的前后尾座保证工件轴心与两刀具齿面垂直和对称。日本的株式会社不二越（NACHI）基于平板模具滚轧成形原理研发了立式伺服驱动水平式板式搓制成形设备，如图 5.17b 所示。

5.3.2 轮式滚轧成形设备

轮式滚轧成形采用 2 个及以上滚轧模具，沿工件周向均布。轮式滚轧机品种规格多，应用范围广，适用于直径较大零件的成形制造，一般成形轴类零件直径为 0.3~335mm。轮式滚轧成形原理如下：滚轧前，将轴类件坯料置于轮式滚轧模具间，坯料与模具无接触；滚轧成形过程中，滚轧模具同步、同向、同速旋转；一个或多个轮式滚轧模具以一定速度径向进给，如图 5.15b 所示，或滚轧模具无径向直线运动，如图 5.15c 所示；在摩擦力矩、模具齿型压入作用下带动坯料旋转，模具上的复杂型面（牙型、齿型）滚轧压入坯料表层，逐渐成形轴类件上的复杂型面（牙型、齿型）。

轮式径向进给滚轧成形中滚轧模具和工件中心距变化，滚轧模具的转速与径向进给速度间的关系对滚轧成形过程的稳定性以及齿型、螺纹等复杂型面成形质量的影响至关重要，但滚轧模具结构简单；轮式径向增量滚轧成形中滚轧模具和工件中心距不变，但滚轧模具结构复杂，模具上的齿型、螺纹高度沿圆周方向逐渐增加，并形成类似于平板模具中的轧入、校正两部分。

相对于径向增量滚轧成形，径向进给滚轧成形模具结构简单，过程柔性可控。因此在径向进给滚轧成形工艺基础上，通过合理的模具结构设计和工艺控制，螺纹和花键特征能够在一次滚压成形中同时成形，即螺纹花键同步滚轧工艺。

轮式滚轧成形设备多采用两轴（两滚轧模具）、三轴（三滚轧模具），四轴以上较少采用。机床结构可分为立式和卧式，卧式结构适应产品规格多、范围广，适用于直径较大零件的滚轧，应用较多。两轴卧式轮式滚轧成形设备如图 5.18 所示。设备包括机身、传动机构、液压系统、电气控制系统、润滑冷却系统以及夹具部分。两主轴座安装在进给机构的左右滑座上，在主轴上安装轮式滚轧模具，传动系统保证两滚压轮在主轴的带动下同步旋转。采用 U 形床身结构，增强了机床的整体刚性，很好地解决了吸振与减振问题。

主轴（滚轧模具）的旋转运动由电

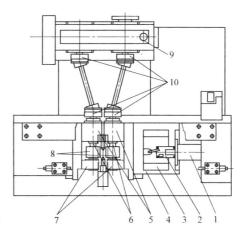

图 5.18 两轴卧式轮式滚轧成形设备
1—液压缸 2—比例伺服阀 3—导轨 4—滑台
5—主轴后支架 6—主轴 7—主轴前支架
8—轮式滚轧模具 9—传动箱 10—球笼万向节

动机提供，径向进给运动或径向滚轧力由液压系统提供。图 5.18 所示两个主轴通过球笼万向节由同一个电动机相连，通过高精度的整体式传动系统驱动两主轴，保证了两主轴的同步性；也可直接采用两个伺服电动机直接为两个主轴提供旋转运动，减少传动环节，利于保证两主轴的同步性，同时便于滚轧前模具相位调整，如图 5.19a 所示。

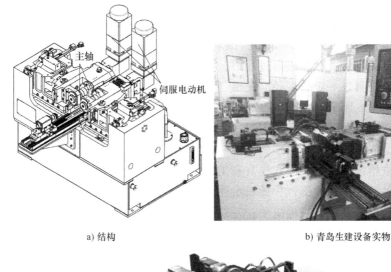

a) 结构　　　　　　　　　　　　b) 青岛生建设备实物

c) 法国 ESCOFIER 设备实物

图 5.19　伺服直驱轮式滚轧设备

此外，对于螺纹类零件滚轧成形用设备，一般具有主轴倾斜可调功能，可用于滚轧丝杠。进给机构采用两套全闭环比例伺服液压系统驱动两滑座，实现了两滑座的精确定位。

山东省青岛生建机械厂 2014 年开发出新结构径向进给式数控滚轧机 Z28K-16 以及随后推出的升级版 Z28K-25A（见图 5.19b），即依据伺服直驱思想，伺服电动机直接驱动主轴旋转，简化了传动系统、提高了同步精度，便于滚轧模具相位调整。法国 ESCOFIER 公司最新的 FLEX L 40 ie 滚轧设备也采用伺服电动机驱动滚轧模具旋转，如图 5.19c 所示。

5.3.3 轴向推进主动旋转滚轧成形设备

上述滚轧成形中，工件在滚轧模具驱动（摩擦力矩）下被动旋转，滚轧初期存在相对滑动，造成多轴运动不协调，容易影响滚轧工件成形质量。轴向推进主动旋转滚轧成形中，工件通过集成驱动顶尖或已成形复杂型面同滚轧模具啮合主动旋转，如图 5.15d 所示，成形原理如下：多个滚轧模具沿轴类件坯料圆周方向均布（图中 3 个为例），并且滚轧模具沿轴向分为进入刃角段和校正段两部分，进入刃角段复杂型面对所成形复杂型面进行预滚轧成形，校正段复杂型面对预成形复杂型面进行精整；滚轧前，坯料置于滚轧模具前方，滚轧成形过程中，坯料沿轴向以一定速度推进，多个滚轧模具同步、同向、同速旋转，后驱动顶尖的型面参数与所要成形的型面参数相同，与滚轧模具间可通过齿型啮合传动，带动工件主动旋转；在滚轧模具进入刃角段复杂型面（牙型、齿型）的预滚轧作用下，塑性变形区域较小，成形的复杂型面（牙型、齿型）高度随着轴向进给逐渐增加；由于坯料不断沿轴向推进，预滚轧成形后的复杂型面（牙型、齿型）在滚轧模具校正段的校正作用下，继续提高成形精度和表面质量；后驱动顶尖退出轧制区域后，工件已成形区同滚轧模具校正段啮合传动，带动工件主动旋转。

美国 KINEFAC 公司轴向推进主动旋转滚轧成形设备采用大功率交流异步电动机及大型减速机，如图 5.20a 所示，实现分轴同步运动输出，并且在减速机输出轴与模具轴间串联分度调整机构，以实现对三模具初始相位的调整；此外，该设备滚轧模具径向位置调整由液压缸推动封闭式驱动盘调整。

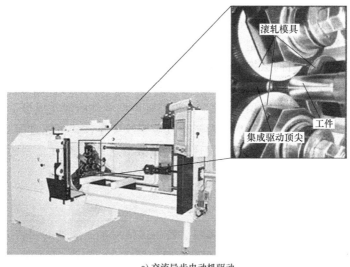

a) 交流异步电动机驱动

图 5.20 轴向推进主动旋转滚轧设备

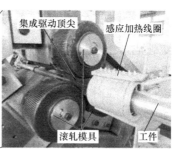

b) 交流伺服电动机驱动

图 5.20 轴向推进主动旋转滚轧设备（续）

西安交通大学研制的伺服驱动轴向推进主动旋转滚轧成形设备样机采用 6 个伺服电动机，分别实现 3 个滚轧模具的旋转和径向位置调整，如图 5.20b 所示。在滚轧模具旋转传动机构上，3 个主动力交流伺服电动机动作，经由电动机带轮、同步带、减速机带轮、行星减速机、万向联轴器、滚轧模具轴等零部件，将旋转运动传至滚轧模具，各自独立驱动滚轧模具旋转。通过伺服控制系统同时向 3 个主动力交流伺服电动机模块输出一致的驱动信号，即可实现 3 个滚轧模具同步、同向、同速旋转。在滚轧模具径向位置调整传动机构上，3 个调整交流伺服电动机动作，经由蜗轮减速机、滚珠丝杠螺母副、滑座等零部件，各自独立驱动滚轧模具以及滑座在导轨内沿径向滑动。由伺服控制系统同时向 3 个调整伺服电动机输出相同的驱动信号，即可实现 3 个滚轧模具沿坯料径向位置的自动、同步精确调整。

目前，相关设备都成功用于花键/齿轮类直齿型零件的滚轧成形，如图 5.20 所示，其轴向推进运动需主动施加。对于丝杠等螺纹类零件，可通过集成驱动顶尖或已成形牙型同滚轧模具校正段啮合实现轴向移动。

5.4 径向锻造与旋转锻造设备

径向锻造与旋转锻造都是用于棒料、管材或线材加工制造的回转成形工艺，其模具和工件之间的相对运动相似，工艺原理如图 5.21 所示。径向锻造时，在工件轴向进给的同时，利用分布在工件圆周方向的锻锤（2~8 个）实现对工件的快速、同步锻打。可用于较大直径轴、管类零件制坯和成形，如奥地利 GFM 公司为齐鲁特钢有限公司制造的 RF-100 型径向锻造机,锻造力最大可达 22000kN,入口直径达 1000mm。

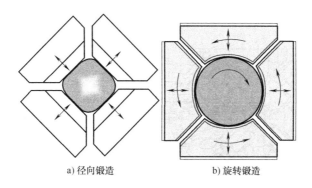

a) 径向锻造　　　b) 旋转锻造

图 5.21　径向锻造与旋转锻造工艺原理

旋转锻造时,滚柱均布于保持架上,锻模(2~8 个)由于转盘的转动和滚柱的冲击作用,在随转盘一起旋转的同时径向做高频(1500~15000 次/min)、小行程锻打运动。可用于较小直径的管、棒、线材精密成形,如旋转锻造可成形直径为 0.1~0.15mm 的锻件。

5.4.1　径向锻造设备

通常按照坯料送进方向分类可分为立式径向锻造机和卧式径向锻造机。立式径向锻造机适用于锻造短的工件,一般坯料长度不长于 1600mm,直径约在 80mm 以内。卧式径向锻造机可锻长度显著增加,最长可达 18m,锻坯直径可达 1000mm。

按结构类型径向锻造设备可分为机械驱动式径向锻机、液压驱动式径向锻机、液力混合驱动式径向锻机。

1. 机械驱动式径向锻机

机械式径向锻造机一般采用电动机或马达,通过齿轮箱传动,驱动锻造箱中的偏心轴旋转,带动锤杆往复运动,对工件进行锻打。为适应不同直径工件的锻造,锤头闭合直径可通过不同的结构方式进行调节。

GFM 公司的 SX 型机械式径向锻机如图 5.22 所示,其为偏心轴驱动、偏心套锤头调节式径向锻造机,其曲柄通过转动驱动滑块和连杆运动,将曲柄的旋转运动转化为锤头的往复运动进行锻造;调节电动机通过位置调节轴调节蜗轮蜗杆机构,驱动调节螺杆旋转,通过调节套改变锤头闭合直径;调节套和齿轮箱间设有离合器,离合器结合时,一个或多个电动机通过一系列传动齿轮,可控制锤头同步锻打;离合器松开时,进行锤头闭合直径的调节。

类似 SX 系列径向锻机采用整体机械式传动,锻机的锻打速度和锻件的公差水平高于液压式。但该结构的径向锻机的调节机构体积大,传动零件多,使其使用寿

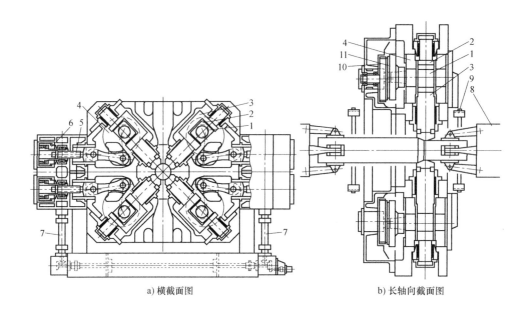

a) 横截面图　　　　　　　　　b) 长轴向截面图

图 5.22　GFM 公司的 SX 型机械式径向锻机
1—曲柄　2—滑块　3—连杆　4—调节套　5—调节螺杆　6—过载保护　7—位置调节轴　8—夹头
9—定心工具　10—离合器　11—离合器片

命短，噪声大，制造大吨位径向锻机价格昂贵。

GFM 公司的 SKK 型机械式径向锻机如图 5.23 所示，其为偏心轴驱动、丝杠螺母锤头调节径向锻造机，结构更加紧凑，设备可靠性比较高，工件表面质量和精度比较高，特别适合用于小吨位冷锻、精锻领域，也可应用于温锻、热锻。

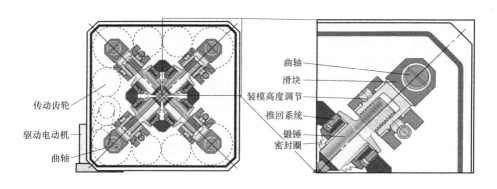

图 5.23　GFM 公司的 SKK 型机械式径向锻机

图 5.23 所示 SKK 型径向锻机采用四组典型曲柄滑块机构，曲轴转动时，其偏心部分带动滑块运动，滑块与装模高度调节机构中的螺母间设有耐摩擦材料，滑块可以在与螺母相对滑动过程中推动其运动实现锻打。行程调节机构的螺母与锻锤一

端螺纹段配合,螺母外侧设有蜗轮蜗杆副,伺服电动机驱动蜗杆旋转即可带动螺母旋转,进而实现锻模高度的调节。为保证传动的有效性,锻锤上设有液压驱动的推回系统,使螺母与滑块始终保持接触。需注意的是推回液压缸的力值应适中,过小则无法克服锻锤自重,难以保证传动有效;过大时,曲轴需耗费较多扭矩来克服液压缸阻力做功,造成过多的能量损耗,降低了系统效率。为实现四组锤头的同步锻打,径向锻机上设有齿轮箱,主驱动电动机通过一系列传动齿轮,可控制锤头同步锻打。然而,采用螺纹副进行行程调节时,螺纹承载力有限、易磨损且加工成本高,故该类型径向锻机目前仍无法制造大吨位机型。

2. 液压驱动式径向锻机

典型的液压传动方式径向锻机如图 5.24 所示,锻模直接连接在液压驱动的执行部件上,锻造力和锻造速率可根据工件的尺寸、形状和材料的不同而单独设定,并能被很好地控制。液压传动的增力效果可使得锻机有较大的锻打力,满足大变形锻打的需要。

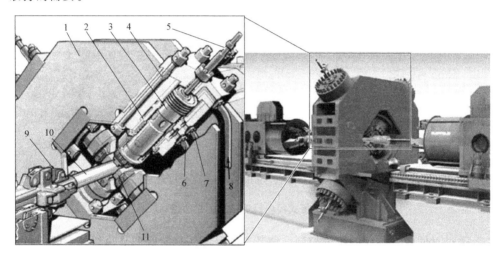

图 5.24 液压传动方式径向锻机

1—机架 2—液压缸外套 3—活塞 4—连接杆 5—伺服先导阀 6—出油管道 7—回压管道
8—进口压力管道 9—机械手 10—工件 11—锻模

图 5.24 所示径向锻造设备在机架上沿轴向均布着四组锻造单元,每组锻造单元内设置一组液压缸,缸筒与活塞将液压缸分割为高压腔、出油腔和回压腔三部分,锻模直接连接在活塞端部,液压缸顶部安装伺服先导阀用以控制锻模的运动状态。液压缸的缸筒上设有三条管道,分别联通三个腔,其中高压油(如 35MPa)通过进口压力管道进入高压腔,连接出油腔的出油管道用于回油,回压管道既可以通过低压油(如 4MPa)、也可以回油,三条管道配合伺服先导阀即可实现单个锤头的完整锻造过程。

单个锤头锻造过程可分为三种状态:

1）初始位置。图 5.25a 所示为单个锤头锻造过程中的初始位置,伺服先导阀处于断开状态,即未扦插在活塞上流道孔内,而活塞上流道与回油腔之间形成一个小面积通道。此时高压油从进口压力管道进入液压缸后,经活塞内流道通过出油管道流出,这个过程中两侧产生的压差由回压管道内通入的低压油抵消,系统处于平衡状态,锤头位置固定不变。

2）锻造行程。图 5.25b 所示为单个锤头锻造过程中的锻造行程,伺服先导阀闭合,扦插在活塞内堵塞活塞内部流道,高压油从进口压力管道进入液压缸,后驱动活塞运动,从而实现锻模的锻造,在此过程中,克服低压油产生的阻力,回压油腔内流体经回压管道流出。

3）退回行程。图 5.25c 所示为单个锤头锻造过程中的退回行程,伺服先导阀再次断开,活塞内流道将高压腔和出油腔联通,高压油直接流出液压缸,此时回压腔内的低压油驱动活塞反向退回至初始位置,准备进行下一次锻造。

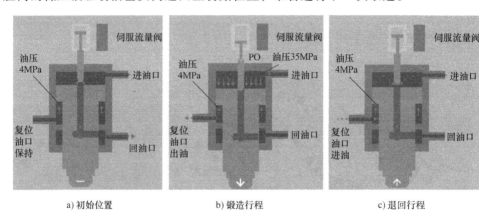

a) 初始位置　　　　　b) 锻造行程　　　　　c) 退回行程

图 5.25　液压式径向锻机单个锤头的控制原理

通过对伺服先导阀的精确控制,使其在断开和闭合状态间高速切换,即可实现高速锻打。液压式径向锻机通过这种特殊的液压控制系统,可获得比普通液压机快得多的锻造速度和打击频次。而液压驱动自身的特性使该设备可根据锻件的尺寸和材料,灵活设置每道次的锤头压下量、负载大小、锻造速度和打击力。这一特点对锻造材料变形抗力大、热导率小的高合金工模具钢、高温合金、钛合金等材料是非常有利的。此类零件在变形时热效应显著,温升现象比较明显,极易出现锻造过热。在锭坯初锻时,坯料表面散热温降小,此时使用低的变形速度和打击频次可防止温升过快。随着坯料断面的减小,长度增加,表面温降变快,可采用较快变形速度和打击频次增加变形热,防止料温偏低。在精锻道次采用小的压下量和高的锻打速度,还有利于提高表面质量。因此,采用液压式径向锻机时,可通过对速度和压下量的严格控制,使工件在变形过程中保持相对稳定的温度,从而获得最佳的组织、性能。

与运动曲线固定的机械式径向锻机相比,液压式径向锻机可灵活设定锤头的运动曲线,且在接触工件的整个行程中保持较大的锻造力。此外,液压传动具有缓冲和能量蓄存的特点,在变形完成后可实现静压保压作用。液压式径锻机的压下量和锻打循环时间可以大范围调控,对变形工艺参数有更大、更灵活的调整余地,这一点对提高锻件的锻透性是极其有利的。但是,液压式径锻机的锻打压下量、回程高度和负载越大时,锻造速度和打击频次越低,连续生产的效率低于机械式径向锻机。此外,由于液压油的可压缩性和液压系统本身的特性,工件的最终精度相对较低。

3. 液力混合驱动式径向锻机

GFM 公司的 RF 型液力混合驱动式径向锻机如图 5.26 所示,可解决类似 SKK 型机械式径向锻机采用螺纹副进行行程调节、中大吨位制造困难的问题,适用于较大直径、较大吨位毛坯的热锻、温锻,也可用于中等直径轴类件的冷锻、精锻,是机械式径向锻机在中大吨位范围内的主要替代产品。图 5.26 所示机型的四个曲柄均布在锻造箱上,齿轮箱固定在锻造箱上,电动机通过齿轮同步驱动曲柄并控制各锤头同步。液力机的一个主要特点是锻锤通过液压垫连接在曲柄上,行程调节由伺服阀控制,使得行程进给量、进

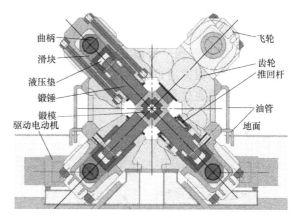

图 5.26 GFM 公司的 RF 型液力混合驱动式径向锻机

给速度的控制及锻造力测量十分精确,该设计结构紧凑,还提供了可靠的过载保护,减小了曲柄受到的冲击载荷。液力混合式锻机与液压式锻机相比,只需要很小的锻压缸,不影响锻件精度,而其锻打速度可媲美机械式。

然而,机械式和液力混合式径向锻机也存在以下显著的局限:

1) 运动特性单一。在锻造过程中,为提高锻透性,不同材料需采用不同的锻造速度和公称压力,曲柄传动式锻机运动曲线固定,保压时间短,锻造冲击大,柔性低。

2) 锻打速度依赖电动机转速。传统设计在曲轴单个转动周期中,仅能实现一次锻打。要实现高速锻打,需要电动机在转矩足够的情况下转速尽可能的高,这对高性能电动机依赖过大,生产效率很难提高。

3) 传动环节较多,使得机器传动可靠性降低,额外能耗较高。

5.4.2 旋转锻造设备

旋转锻造设备(旋锻机)是一种锻模绕工件轴线旋转且产生径向高频打击的

设备。当主轴旋转时,锻模和锤头由于离心力的作用沿径向外移;当主轴静止或旋转缓慢时,也可完全或部分借助弹簧来开启模具。一旦主轴旋转,锤头接触压力滚柱,便开始模具向工件轴心的锤击冲程。当锤头顶部位于两个压力滚柱之间时,模具开启最大,工件可向前送进。模具最大开启量及闭合时的位置可通过楔形垫块的轴向位置改变来调整。

1. 旋转装置

旋锻装置是旋锻机最重要的结构,旋锻机的旋转锻造功能由旋锻装置实现。如图 5.27 所示旋转锻造装置典型结构,其主轴为旋锻装置的关键部件,主轴进行主旋转运动,同时主轴上需要安装各种组件,因此主轴要有足够的强度和刚度以及良好的抗震性,主轴与其组件位置关系要准确,要便于安装调整。主轴通过两对角接触球轴承安装于焊接支架上,角接触球轴承可以同时承受径向负荷与轴向负荷,能在较高的转速下工作,由于其装球数量比较多,因而负荷能力大,刚性强并且运转平稳。图 5.27 所示四个锻锤安装于主轴上,因此主轴前端开有四个滑槽,锻锤即安装于滑槽中,锻锤通过锻锤盖板限制其轴向移动,同时锻锤盖板有保护锻锤的作用,锻锤盖板也通过螺栓安装于主轴上。

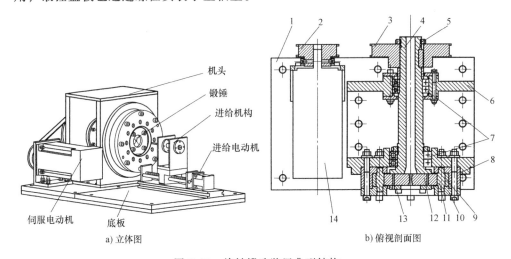

a) 立体图　　　　　　　　　　b) 俯视剖面图

图 5.27　旋转锻造装置典型结构

1—底板　2—电动机带轮　3—主轴带轮　4—主轴　5—圆螺母　6—支架　7—角接触球轴承　8—滚柱座　9—钢圈　10—滚柱盖　11—滚柱　12—锻锤　13—锻锤盖板　14—伺服电动机

采用内旋式的主旋转运动原理如图 5.28a 所示,主轴前段有一定的数量的导槽,锻模、垫块及锤头安装在导槽内。垫板可以调整模具位置及闭合尺寸。滚柱保持架位于钢圈和主轴之间,可以自由旋转。滚柱则装在精确加工的滚柱保持架定位凹槽中。当主轴旋转时,模具和锤头便借离心力的作用沿径向位移;当主轴静止或旋转缓慢时,也可完全或部分借助弹簧来开启模具。当主轴旋转时,锤头接触滚柱,便开始模具向工件轴心的锤击冲程。

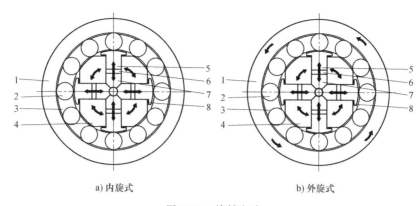

a) 内旋式　　　　　　　　b) 外旋式

图 5.28　旋转方式

1—钢圈　2—滚柱　3—滚柱保持架　4—主轴（组件）　5—锤头　6—垫板　7—锻模　8—弹簧

采用外旋式的主旋转运动原理如图 5.28b 所示，旋转锻造设备的主旋转运动源自带飞轮的钢圈，而旋转主轴是静止的，或是缓慢地沿正向或逆向旋转。当旋转主轴静止时，便可生产出非圆轴对称的横截面，其他构件的动作和内旋机是一样的。

2. 变径装置

传统旋转锻造设备主轴转速是恒定的，其变径一般通过调整楔块实现，如图 5.29a 所示，在锻模与锻锤之间增加楔块，通过调节楔块的位置而控制锻模的位置，由锻模的最终位置确定工件的成形直径。这种变径方式的关键是楔块位置的调节，需要通过楔块位置调节机构实现，楔块需要实现沿轴向的直线运动方能通过其斜面调节锻模位置。

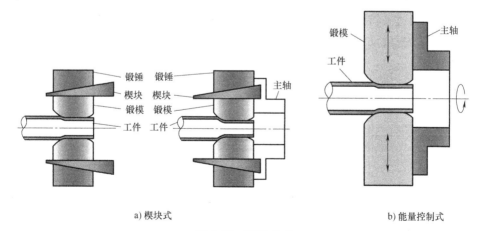

a) 楔块式　　　　　　　　b) 能量控制式

图 5.29　变径方式

常用的推动楔块直线运动的方式主要有液压缸推动或者电动机通过丝杠带动。如图 5.30 所示为由伺服电动机驱动的变径系统，该变径系统通过伺服电动机驱动蜗轮蜗杆传动，带动丝杠运动，从而使楔块轴向移动。

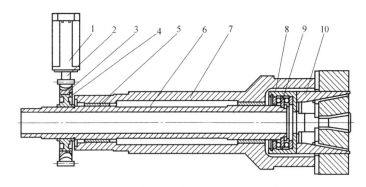

图 5.30 伺服电动机驱动的变径系统
1—伺服电动机 2—蜗杆 3—蜗轮 4—螺母 5—滑动轴承 6—滑动杆 7—主轴 8—楔块保持器 9—双向推力球轴承 10—楔块

基于能量控制管件变径的旋转锻造机如图 5.29b 所示。其变径原理为,舍弃锻锤及楔块,由主轴直接带动锻模旋转,主轴转速可控,改变主轴的转速,则锻模具有不同的锻打能量,由锻模锻打能量决定工件最终成形直径。

基于能量控制变径的旋转锻造设备原理如图 5.31 所示。该设备以 PLC 为控制系统核心,通过控制伺服电动机驱动器控制伺服电动机转速,伺服电动机通过同步带带动旋锻机构主轴旋转,锻模位于主轴的滑槽中,在随着主轴旋转的同时,由于离心力的作用与外侧均布的滚柱撞击,并沿径向收拢,从而实现对工件的锻打。改变伺服电动机转速,使主轴转速改变,从而使锻模具有不同的能量,其能量大小直接影响工件的成形直径。也就是说,通过控制伺服电动机转速可以控制工件的成形直径。工件通过夹持装置固定于丝杠滑台上,丝杠滑台通过步进电动机驱动可完成工件进给。步进电动机同样由 PLC 通过步进电动机驱动器控制。

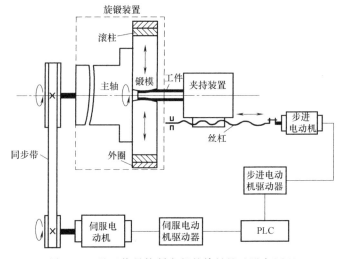

图 5.31 基于能量控制变径的旋转锻造设备原理

思考与练习

［1］ 简述螺旋压力机工作原理。

［2］ 螺旋副是螺旋压力机的工作机构，其螺母可固定于机身或滑块，摩擦螺旋压力机、电动螺旋压力机、液压螺旋压力机、离合器式螺旋压力机可采用的结构是什么？

［3］ 离合器式螺旋压力机的滑块是如何实现回程动作的？

［4］ 哪种螺旋压力机的飞轮采用单向旋转方式？

［5］ 离合器式螺旋压力机的主螺母为何放在滑块上？

［6］ 简述弧形式楔横轧机、辊式楔横轧机和板式楔横轧机结构及驱动形式区别。

［7］ 简述板式搓制成形设备、轮式滚轧成形设备和轴向推进主动旋转滚轧成形设备结构及驱动形式区别。

［8］ 试讨论轮式径向进给滚轧、轮式径向增量滚轧对轮式滚轧成形设备要求的异同。

［9］ 简述径向锻造设备和旋转锻造设备运动方式的异同。

［10］ 简述内旋方式、外旋方式旋转锻造设备的工作原理。

第 6 章

连接（焊接）成形设备

6.1 白车身连接技术

围绕着节能减排、安全、环保的需求，汽车技术逐渐向轻量化、电动化、智能化发展。轻量化可直接降低能量消耗、减少环境污染，对整车的燃油经济性、车辆控制稳定性、碰撞安全性都大有裨益。轻量化是电动化、智能化的重要物理基础，电动化是智能化的实施途径，智能化是节能、环保和安全的保障。轻量化实施途径主要包括材料、工艺、结构三个方面，这三个方面也决定了汽车质量。

材料的先进性在很大程度上决定了汽车的性能，汽车性能的改善有 2/3 靠材料。在保证强度的前提下能够最大限度地减少重量是车辆轻量化技术的重点。除了改变所使用的材料外，连接技术是一个重要的因素。焊装工艺是现有条件下汽车制造四大工艺中一个有望短期实现轻量化的工艺，也是白车身采用大量轻质材料下迫切需要突破与变化的工艺。

一般来说，汽车覆盖件的连接通常采用电阻焊、熔化极惰性气体保护焊（MIG 焊接）、有铆连接、无铆连接四种连接方式，不同的连接方式对应不同的连接部件。随着混合白车身不断应用，近些年搅拌摩擦焊、激光焊接、胶接机械连接混合工艺等在汽车白车身连接中应用不断拓展。如大众迈腾 A 柱至 C 柱与车顶之间采用超长激光焊接，新一代迈腾全车身采用了长达 43m 的无缝激光焊。

电阻点凸焊技术成本低、效率高，是传统钢制车身中应用最为广泛的连接技术，90% 以上的白车身连接由电阻焊完成。电阻焊是将工件组合后通过电极施加压力，利用电流流经工件接触面及邻近区域产生的焦耳热将其加热到熔化或塑性状态，使之形成金属结合的一种方法。

电阻焊方法主要有四种，即点焊、凸焊、缝焊、对焊，如图 6.1 所示。电阻焊具有加热集中且时间短，焊接变形小，焊接工艺简单，易于实现机械化、自动化，焊接生产率高，成本低等优点。电阻焊需要在力和电流的共同作用下完成，且焊接时间极短，对其设备的机械制造精度及控制器性能提出了更高的要求，设备功率大且较复杂,控制要求高。电阻点焊、凸焊工作原理基本相同,对设备要求有所不同,凸焊可视为一种特殊点焊。凸焊要求焊接材料具有预制的凸点,对电极随动性要求较高,适用于厚度差较大的材料焊接,如白车身中螺母焊接。

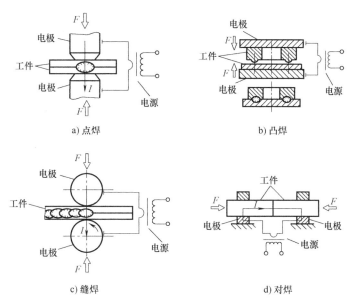

图 6.1 电阻焊原理

焊接材料的导电性和导热性、高温强度、塑性温度范围等对电阻焊设备要求、电阻焊焊接性有较大影响。电阻率小而导热系数大的金属材料进行电阻焊需用大功率焊机,其焊接性较差。高温$[(0.5\sim0.7)T_m]$屈服强度大的金属,电阻焊时容易产生飞溅、缩孔、裂纹等缺陷,需要使用大的电极压力,必要时还需要断电后施加大的锻压力,一般焊接性较差。塑性温度范围较窄的金属(如铝合金),对焊接工艺参数的波动非常敏感,要求使用能精确控制工艺参数的焊机,并要求电极的随动性好,一般焊接性较差。在焊接热循环的影响下,有淬火倾向的金属,易产生淬硬组织、冷裂纹等缺陷,与易熔杂质易形成低熔点的合金,易产生热裂纹,经冷作硬化的金属,易产生软化区。故热循环敏感性大的金属焊接性也较差,防止这些缺陷应该采取相应的工艺措施。

电阻焊加热形成熔核、加压产生塑性环,熔核形成时,始终被塑性环包围,熔化金属与空气隔绝,冶金过程简单。电阻焊加热时间短,热量集中,故热影响区小,变形与应力也小,焊后通常不必安排校正和热处理工序。不需要焊丝、焊条等填充金属,以及氧、乙炔等,焊接成本低。操作简单,易于实现机械化和自动化,改善了劳动条件。生产率高,且无噪声及有害气体,在大批量生产中,可以和其他制造工序一起编到组装线上;但闪光对焊有火花喷溅,因而需要隔离。

电阻焊也存在如下缺点:目前还缺乏可靠的无损检测方法,焊接质量只能靠工艺试样和工件的破坏性试验来检查，以及靠各种监控技术来保证；点、缝焊的搭接接头不仅增加了构件的重量，且因在两板焊接熔核周围形成夹角，致使接头的抗拉强度和疲劳强度均较低；设备成本较高；维修较困难；常用的大功率单相交流焊机不利于电网的平衡运行。

使用熔化电极，以外加气体作为电弧介质，并保护金属熔滴、焊接熔池和焊接区高温金属的电弧焊方法，称为熔化极气体保护电弧焊（gas metal arc welding, GMAW），如图 6.2 所示。用实芯焊丝的惰性气体（Ar 或 He）保护的电弧焊法称为熔化极惰性气体保护焊，简称 MIG 焊。

MIG 焊采用可熔化的焊丝作为电极，以连续送进的焊丝与被焊工件之间燃烧的电弧作为热源来熔化焊丝与母材金属。MIG 焊接过程中，保护气体（氩气）通过焊枪喷嘴连续输送到焊接区，使电弧、熔池及其附近的母材金属免受周围空气的有害作用。焊丝不断熔化，以熔滴形式过渡到焊池中，与熔化的母材金属熔合、冷凝后形成焊缝金属。

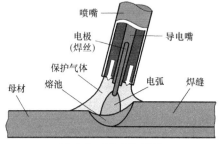

图 6.2　GMAW 原理

和钨极氩弧焊（TIG 焊）一样，MIG 焊几乎可以焊接所有的金属，在适合工艺控制下可用于焊接铝及铝合金、铜及铜合金以及不锈钢等材料；且不采用钨极，成本比 TIG 焊低，有可能取代 TIG 焊。MIG 焊焊接过程中几乎没有氧化烧损，只有少量的蒸发损失，冶金过程比较简单。MIG 焊可直流反接，焊接铝、镁等金属时有良好的阴极雾化作用，可有效地去除氧化膜，提高了接头的焊接质量；MIG 焊焊接铝及铝合金时，可以采用亚射流熔滴过渡方式提高焊接接头的质量。由于氩气为惰性气体，不与任何物质发生化学反应，所以对焊丝及母材表面的油污、铁锈等较为敏感，容易产生气孔，焊前必须仔细清理焊丝和工件。MIG 焊工作环境差，对工人技术要求高。

铝合金、镁合金等轻质材料在白车身中的应用比例不断增加，奥迪 A8、捷豹 XFL 等豪华车甚至采用全铝车身。多种材料混合车身结构，特别是钢铝混合车身，已成为汽车车身结构的主要发展方向。然而铝合金电阻点焊中电极磨损较快、寿命低、飞溅较大、焊点表面成形差及点焊接头质量不稳定等问题仍未完全解决。例如，对于一般低碳钢的电阻点焊，电极寿命可以达到几千点，而铝合金的电阻点焊一般仅能达到几十点。铝合金电阻点焊电极烧损及寿命问题是铝合金电阻点焊技术问题中的关键问题，而电极寿命降低的根本原因是铝合金电阻点焊电极/工件界面的铜铝合金化反应。

由于铝、镁金属易氧化，在一定的焊接温度下比较容易形成氧化膜，在加热焊接的过程中会出现焊接缺陷。尤其使用电阻焊的时候，电阻小，但散热却很快，焊点部位金属板材加热软化所需的时间长，焊点周围的金属温度均较高，造成了生产率低，焊点附近金属板材变形大等问题。因此，铝合金、镁合金的性能决定了铝合金、镁合金板材焊接方式不适宜采用熔化焊的焊接方式，尤其不适宜采用电阻熔化焊的焊接方式，其适宜利用材料在冷、温态下的特性采用塑性方式实现连接。

冲铆连接工艺能够满足铝合金之间、铝合金和钢材之间的连接要求，冲铆连接过程中无化学反应，其抗静拉力和抗疲劳性都优于电阻点焊工艺，且板材在冲铆连接时不需要钻孔，工艺步骤简化，节省成本，并能适合汽车车身高效率的生产。目前，常见的连接工艺主要包括有铆钉的锁铆连接（见图6.3a~c）和无铆连接（见图6.3d~g）。

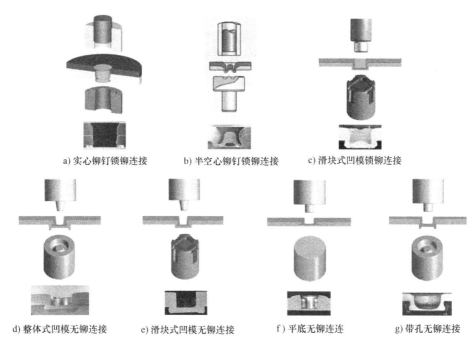

a) 实心铆钉锁铆连接　　b) 半空心铆钉锁铆连接　　c) 滑块式凹模锁铆连接

d) 整体式凹模无铆连接　　e) 滑块式凹模无铆连接　　f) 平底无铆连连　　g) 带孔无铆连接

图6.3　冲铆连接工艺

有铆连接（锁铆连接）是指，锁铆铆钉在外力的作用下，穿透第一层材料和中间层材料，并在底层材料中进行流动和延展，形成一个相互镶嵌的永久塑性变形的铆钉连接，形成的铆接点具有较高的抗拉强度和抗剪强度。有铆连接的过程如图6.4所示。

一般情况下，有铆连接工艺可以分为三个阶段：板料准备压入阶段，首先将被连接的工件放在凹模上，紧固件向下运动至被连接工件上，被连接的工件被固定在紧固件和凹模之间；成形初期阶段，随着凸模向下运动，铆钉冲切凸模侧的被连接件；成形阶段，继续加压，铆钉切断穿过凸模侧的被连接材料且铆钉本身张开，凹模侧的板材材料塑性变形产生了封闭端，封闭端的形状由凹模的形状所决定。

有铆连接接头具有很高的动态疲劳强度，具有撞击能量吸收特性，铆接材料组合广泛（需要试验确定可能性），铆接质量可以实现在线监控和管理，铆接过程可

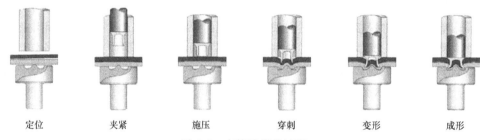

定位　　　夹紧　　　施压　　　穿刺　　　变形　　　成形

图 6.4　有铆连接的过程

以实现自动化，一次成形效率高。

无铆连接是指通过专用的无铆连接模具在外力的作用下，迫使被连接的材料组合在连接点处产生材料流动，形成一个塑性变形的相互镶嵌结构的连接过程。无铆连接的过程如图 6.5 所示。

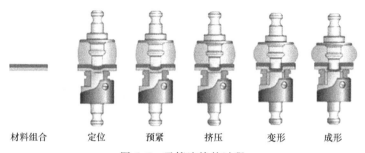

材料组合　　定位　　预紧　　挤压　　变形　　成形

图 6.5　无铆连接的过程

一般情况下，可以根据冲头的位置确定无铆连接过程的以下四个阶段：

1）板料初压阶段，从冲头接触上侧板件开始，至下侧板件接触下模具底部平面为止。在这个过程中，上侧板件在冲头作用下弯曲并受挤压，局部发生塑性变形，下侧板件发生弯曲。

2）成形初期阶段，这一阶段从下侧板件接触下模具底部平面开始，至下侧板件和下模具底平面完全接触时为止。这一阶段开始时，冲头下行，下侧板件底部受到下模具底部平面的约束，此时，下侧板件变形后形成的侧表面尚未受到下模具内侧表面的约束，在此阶段，由于冲头的挤压作用，上侧板件在冲头的圆角处受挤压变薄，其颈部金相组织被强化。

3）成形阶段，冲头继续下行，由于下模具的环形凹槽对下侧板件的圆角处无约束，材料在力的作用下向凹槽处流动，填充下模具的环形凹槽。而上侧板件圆角处的材料也同时向凹槽处流动，颈部的组织被强化，上侧板件材料沿着最小阻力的方向流动，材料被挤向两边，挤入凹模侧的板件中，使上侧板件嵌入下部材料中，此时冲压连接圆点基本形成。

4）保压阶段，在这一阶段冲头继续下压。材料完全充满整个凹槽，冲压圆点完全形成，保压能够防止回弹。

电阻点焊较难适用于连接多层板件及有镀层的板件，或铝、铜和不锈钢板件，无法连接喷漆板件、不同材质板件、厚度差异过大的板件以及中间有夹层的板件。进行电阻点焊时需破坏板件表面镀层，并会产生热变形，对连接加工过程中的所有不可靠因素无法进行无损伤的自动检测。熔化焊接连接涂层材料时，会烧灼涂层，产生有毒烟雾，焊接铝型材的效果也不理想。

铆钉表面必须具有防止铆钉与轻质板材之间发生电化学反应的特性，以避免铆钉连接产生松动，降低多层板之间连接的强度。有铆连接装置需要专门的送钉系统，机械装置极为复杂，造价很高，维护费用高。有铆连接同螺纹连接相似，单件连接成本过高，且铆钉的造价很高。

无铆连接可实现相同或不同材质的两层或多层，中间有夹层，板厚相同或不相同的板料的连接。无铆连接工艺不需要任何穿孔，工艺相对简单；对连接表面无任何要求，连接点处板件表面原有的镀层、漆层不受损伤，可保留其原有的防腐性能；无附加材料，减轻重量，减少输送及零配件成本。无铆连接工具一般使用寿命为 30 万次连接点，在到达使用寿命之前，该工具无须保养替换。无铆连接能进行无损伤连接强度检测及全过程自动监控；自动化程度高，可单点或多点同时连接，实现大批量现代化生产。

上述四种连接方式在汽车的轻量化设计和生产中起着举足轻重的作用，各自有各自的优点和不足。电阻焊接头强度高，疲劳强度低，机械化程度高，能量损耗较大。MIG 焊接头强度高，疲劳强度低，机械化程度高，能量损耗较大，现场环境对人体有伤害，且会增加车身重量。有铆连接接头疲劳强度较高，抗拉强度和抗剪切强度高于无铆连接，接头抗腐蚀能力较差，能够实现节能减重，对技术要求较低，对材料性能要求较低。无铆连接接头疲劳强度最高，接头抗腐蚀能力较强，节能减重效果最好，对技术要求最低，对材料性能要求高。

6.2 电阻焊设备

6.2.1 电阻焊设备基本组成

电阻焊设备是对在加压条件下，利用电流通过焊件及接触面时其自身电阻产生的热量，对焊接区域局部加热焊接的一类设备的统称。按照电阻焊工艺方法不同，主要分为点焊机、凸焊机、缝焊机及对焊机 4 种。点焊机、凸焊机机械类似，仅对加压机构要求不同。

电阻焊设备基本组成如图 6.6 所示，其通常由以下三个主要部分组成：焊接主电源，包括阻焊变压器、功率调节机构、主电力开关和焊接回路等；机械装置，包括机架、加压（夹紧）机构、送进机构（对焊机）、传动机构（缝焊机）等；控制装置，能同步地控制通电和加压，控制焊接程序中各段时间及调节焊接电流，有些还兼有焊接质量监控功能。

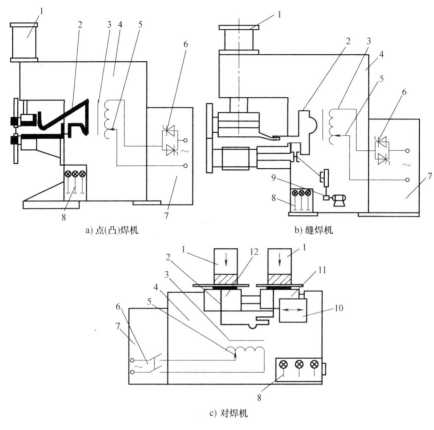

图 6.6 电阻焊设备基本组成
1—加压机构 2—焊接回路 3—阻焊变压器 4—机身 5—功率调节机构
6—主电力开关 7—控制装置 8—冷却系统 9—传动机构
10—送进机构 11—活动座板 12—固定座板

阻焊变压器 3 是电阻焊电源的核心，其工作原理与普通电力变压器基本相同，但其结构和性能指标上有其特点。阻焊变压器的性能指标通常有额定容量、额定焊接电流、额定负载持续率、一次电压、二次空载电压等。电阻焊机主电源的特点也集中地反映在阻焊变压器上。

阻焊变压器可以采用芯型、壳型和环型等结构，如图 6.7 所示。芯型变压器构造简单、制造方便，但漏抗大，电气性能差，目前仅用于 5kV·A 以下的小功率电阻焊机。环型变压器漏抗最小，电气性能优良，但制造复杂，维修困难，目前很少使用。在电阻焊机上用得最多的是壳型变压器，这种变压器的突出优点是电气性能良好，冷却效果好，便于维修，且这种变压器结构紧凑，比相同功率的芯型变压器体积小。尤其是环氧树脂真空浇铸的壳型变压器具有体积小、机械强度高和使用寿命长等优点，广泛用于新型电阻焊机和点焊机器人。

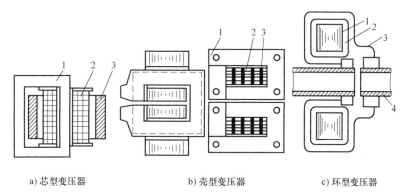

a) 芯型变压器　　　b) 壳型变压器　　　c) 环型变压器

图 6.7　阻焊变压器构造

1—铁心　2—一次绕组　3—二次绕组　4—焊件

在电阻焊机中，从变压器二次绕组开始经过导电回路、焊件等回到变压器二次绕组所形成的环路，亦即焊接电流流经的回路称为焊接回路。图 6.8 所示为点（凸）焊机焊接回路的组成和等效电路图，缝焊机、对焊机的焊接回路与点（凸）焊机类似，只是具体构件组成有所不同，其等效电路图相同。从机械结构来考虑，由于焊接回路要传递焊接大电流及较大的机械力，应满足强度、刚度和发热要求，焊接回路各部分构件要有足够大的截面尺寸，良好的导电、导热性，各构件之间的接触电阻应尽可能小，并采用通水冷却方式。

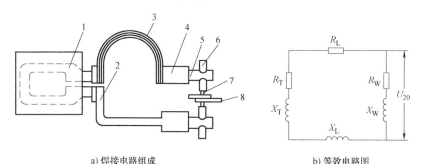

a) 焊接电路组成　　　　　　　　　　b) 等效电路图

图 6.8　点（凸）焊机焊接回路的组成和等效电路图

1—变压器二次绕组　2—硬连接铜排　3—软连接铜皮（或电缆）4—电极平板　5—电极臂
6—电极握杆　7—电极　8—焊件

R_T、X_T—折算至变压器二次侧的等值电阻、等值感抗

R_L、X_L—回路构件的等值电阻、等值感抗（包括各构件连接处的接触电阻）

R_W、X_W—焊件等值电阻和等值感抗

电阻焊设备的主要特点如下：焊接生产率高，易实现机械化、自动化；根据焊接用途不同，各种焊机主电源容量跨度大，从 0.5kV·A 到 500kV·A，甚至达几

千千伏安；焊接主电源的供电形式多样；输出电流大（通常在千安级以上），电压低；电阻焊机的机架刚性要求高，加压机构随动性要求较高。

6.2.2 电阻焊设备主电源

根据电阻焊的基本原理及工艺要求，电阻焊机主电源一般具有以下特点：可输出大电流，低电压；电源功率大，且可调节；一般无空载运行，负载持续率低；可采取多种供电方式。

电阻焊机主电源可以采用单相工频交流、三相低频、二次整流、电容储能和逆变等方式供电，由于这几种供电方法的电阻焊机主电源的工作原理、特点及用途各不相同，通常根据被焊材料的性质和厚度、被焊工件的焊接工艺要求、设备投资费用以及用户的电网情况等因素选择采用其中一种供电方式的焊机。

1. 单相工频交流焊机

单相工频交流焊机是应用最为广泛的一种电阻焊机，它一般由单相交流380V电网供电，流经主电力开关及功率调节器输入焊接变压器的一次绕组，再经过焊接变压器降压从其二次绕组输出一个与电网相同频率的交流大电流用于焊接工件。单相工频交流电阻焊机的电气框图及焊机电流波形如图6.9所示。

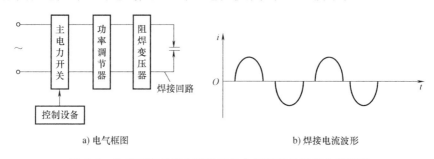

a) 电气框图   b) 焊接电流波形

图6.9 单相工频交流电阻焊机的电气框图及焊接电流波形

单相工频交流电阻焊机通用性强，控制简单，调整方便，设备投资及维修费用较低，但这种电源有两个主要缺点：由于使用单相380V电网，且焊接通过时间短，瞬时功率大，特别是在供电电网功率不足的情况下，单相工频交流电阻焊机的使用会对电网产生很大的冲击，同时使电网品质发生恶化以至影响其他用电设备的正常工作；由于工频交流焊机焊接回路的电抗较大，功率因数低（通常约为0.4~0.5），能耗大。

单相工频交流电源既可用于点焊机、凸焊机及缝焊机，又可用于对焊机。单相工频交流点、缝焊机功率一般不超过300~400kV·A，凸、对焊机功率不超过1000kV·A。单相工频交流焊机一般用于焊接电阻率较大的材料，如碳钢、不锈钢、耐热钢等，但不能要求焊机有很大的焊接回路，且焊接回路内应尽量避免伸入磁性物质，因为这些都会使焊接回路阻抗增加，焊接电流减小。对某一工厂，在同一电力变压器下如果同时使用多台单相工频交流焊机,可以将它们错开分别接到供电电网的三相上,这样既可降低焊机对电网功率的需求量,又可使供电电网三相尽可能均衡。

2. 二次整流焊机

在阻焊变压器的二次绕组输出端接入大功率整流管,将阻焊变压器输出的交流电整流成直流用于焊接电阻焊机,成为二次整流电阻焊机,其电气框图及焊接电流波形如图6.10所示。二次整流电阻焊机主电路有三种基本形式:单相全波整流、三相半波整流和三相全波整流。

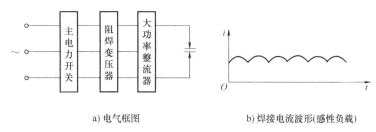

a) 电气框图　　　　　　b) 焊接电流波形(感性负载)

图 6.10　二次整流电阻焊机电气框图及焊接电流波形

由于二次输出为直流,且电流不过零,热效率高,获得同样焊接电流所需的二次空载电压和功率比交流焊机低得多,功率因数也大大提高,达到 0.8~0.9。据统计,在保证相同焊接效果的条件下,这种焊机所需的视在功率只有交流焊机的 1/5~1/3,节能效果好。三相负载均衡(对于三相半波或全波二次整流焊机而言),这一特点对于供电电网十分有利,而且在相当于交流焊机 1/5~1/3 的线电流情况下,就能得到相同的焊接效果,对供电电网的利用率高,冲击小。由于二次整流焊机二次输出直流,故焊接回路的感抗几乎为零,焊接电流的大小仅和回路电阻成正比,不受焊机臂包围面积变化及焊接回路内伸入磁性物质等影响回路感抗的因素的影响。焊接时在电极臂之间不会产生交变电磁力,故电极压力稳定。在焊钳与阻焊变压器分开的悬挂式点焊机上也不需要采用粗大的低感抗电缆,故可提高电缆的使用寿命,并减轻劳动强度。直流缝焊能大大提高焊接速度,不受交流频率的限制。闪光对焊时,闪光稳定,可降低闪光所需电压,从而可降低焊机功率。

此类焊机的缺点是需采用大功率整流管,整流管价格高,体积大,且焊接变压器的利用系数低,尺寸较大,设备的一次投资费用将是交流焊机的两倍左右;同时,由于变压器二次输出的是大电流、低电压,整流器的正向压降也损耗了相当一部分功率。

二次整流电阻焊机通用性很强,可用于点焊、凸焊、缝焊和对焊,并可用于焊接各类金属材料,它能获得比工频交流焊机更好的焊接效果,而且能够满足一些特殊的焊接工艺要求,其主要应用如下:工频交流焊机难于焊接的导电、导热性好的有色金属点焊、缝焊;大型构件、厚板的点焊,多层薄板点焊;焊接耐热钢板;较薄板材的高速连续缝焊以及大型截面焊件的对焊；焊件结构要求焊机臂伸长较长或有铁磁性物质伸入焊接回路的情况；用于要求焊接回路面积较大的悬挂式点焊钳，可在不需要增加焊机功率的情况下保证焊接质量。

3. 三相低频焊机

三相低频焊机采用三相电网供电，而输出焊接电流的频率低于工频 50Hz（一般为 15~20Hz 或更低），其电气原理图和焊接电流波形如图 6.11 所示。在主电路结构上，它采用一个特殊的焊接变压器，此变压器带有三个相同的一次绕组和一个二次绕组，安装在同一铁心柱上，且变压器的铁心截面较大；另一方面，变压器的一次绕组与一组可控的三相开关兼整流管连成三角形电路。

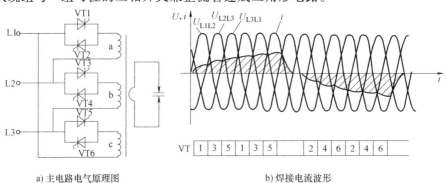

图 6.11 三相低频焊机主电路电气原理图和焊接电流波形

三相低频焊机的工作过程如下：当焊机不工作时，VT1~VT6 六个晶闸管全部关断；焊接时，先轮流触发晶闸管 VT1、VT3、VT5，使它们顺次导通，在一次绕组 a、b、c 中顺次通以正向电流，变压器二次绕组也获得相应的正向焊接电流。三相低频焊机与工频交流及二次整流焊机不同，它不一定是在每一周波中轮流触发正反向晶闸管，而是可以连续多个周波依次循环触发正向的晶闸管（其顺序为 VT1→VT2→VT3→…）得到多个周波的连续正向焊接电流，电流大小随时间而渐增，其波形如图 6.11b 所示。随着焊接电流的增加，铁心磁通也随之增加，在铁心磁通达到饱和之前必须切断正向电流。由此可见，连续通以单方向电流的时间受到铁心截面的限制，一般不超过 0.2s。如果某些焊接工艺要求较长时间通电，应对电流进行换向，即连续依次触发反向晶闸管 VT2、VT4、VT6，产生反向的焊接电流（见图 6.11b）。

此种焊机的优点如下：采用三相电网供电，使电网负荷均匀；由于焊接回路通过低频电流，回路感抗减小，既可将焊机的功率因数提高至 0.85 以上，又可降低焊接过程中的功率损耗；三相低频焊机输出焊接电流的波形缓升缓降，此种波形电流的焊接工艺性好，易于调节。此种焊机的缺点如下：由于频率低，且单方向通电时间较长，焊接变压器铁心容易饱和，故所需的阻焊变压器的尺寸比工频交流焊机的大得多；同时由于低频焊接，焊接生产率较低。

三相低频电阻焊机可用于焊接碳钢、不锈钢、有色金属、耐热合金等多种材料,并且通常用于焊接质量要求较高的航空、航天结构件,也可用于大厚度钢件的点焊及缝焊以及大截面尺寸零件的闪光对焊。

4. 电容储能焊机

电容储能焊是利用从电网缓慢地储存于电容器中的能量,在很短的时间内,通过阻焊变压器向被焊工件放电进行的焊接。焊机的电气原理如图 6.12 所示。电容储能焊机的放电电路可以等值为图 6.12b 所示的电容器 C 对等值电阻 R 及等值电感 L 的放电电路。

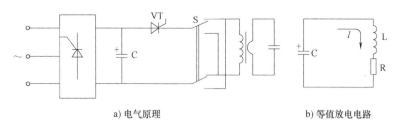

a) 电气原理　　　　　　　　　b) 等值放电电路

图 6.12　电容储能焊机的电气原理和等值放电电路

电容储能焊机要求电网容量小,焊接同样的材料和结构,所需的电网容量仅为交流点焊机的 1/10 左右,对电网的冲击也小,能有效地利用电力,达到省电的目的;电容储能焊是大电流,焊接时间短,加热集中,接头外形好、变形小;电容储能焊采用现代电子技术,半导体充放电电路,很容易做到电容器每次焊接供给电能的一致性,不受网压波动的影响,因而焊接热量极为稳定,接头强度波动小,重复性极好。电容储能焊缺点是电流波形难于调节;电容器体积大,价格贵,且有一定的使用寿命,焊机成本及维修费用相对较高。

由于储能电阻焊质量稳定,可用于对焊接热能要求严格的场合,例如精密仪器仪表零件、电真空器件、金属细丝以及异种金属工件的焊接;利用其加热集中的特点,可用于导电、导热性好的铝、铜板焊接,以及大凸缘工件一次凸焊。大容量储能电阻焊机,在某些场合可替代价格更昂贵的低频焊机。

5. 逆变式电阻焊机

逆变式电阻焊机的基本原理如下:从电网输入的三相交流电经桥式整流和滤波后得到较平稳的直流电,经逆变器逆变产生中频交流电(600~2000Hz),再向阻焊变压器馈电,阻焊变压器二次输出的低电压交流电经单相全波整流后产生脉动很小的直流电用于焊接。逆变式电阻焊机通常是用脉宽调制(PWM)方法调节焊接电流的,逆变式焊机的主电路电气原理如图 6.13 所示。

逆变式电阻焊机三相负载平衡,功率因数高,节能效果明显;由于采用较高的逆变频率(600~2000Hz),时间调节和反馈控制周期在 1ms(1000Hz)以内,大大提高了焊接电流控制精度,因此响应速度快,控制精度高;采用中频的工作频率,在相同的功率输出时焊接变压器体积和重量明显减小,采用逆变式的一体式焊

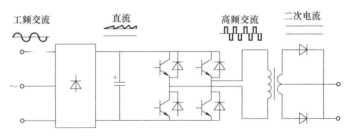

图 6.13 逆变式电阻焊机的主电路电气原理

钳重量可减轻 50%；焊接电流为脉动直流（且波纹度小），无交流过零不连续加热工件的缺点，热量集中，能焊接各种材料，同时电极寿命长。逆变式电阻焊机目前存在的主要问题是由于大功率开关元件和大功率整流管的制造技术及价格因素，输出功率受到一定的限制，销售价格也较高。

逆变式电阻焊机的阻焊变压器重量显著减轻，特别适用于内装变压器式点焊钳，此种点焊钳用于点焊机器人系统中有更大的优越性，美、日等国汽车行业逐步建立了以逆变点焊机器人为主的车身焊装线。此外，逆变电源还可用在罐头缝焊上，其特点是不采用二次整流，采用中频交流电（120～400Hz）直接焊接，以提高焊接速度。

焊接电流是电阻焊中最主要的参数，焊接接头的形成很大程度上取决于焊接电流波形。例如，对于某些导电、导热性极好的工件材料，需要快速加热，最大限度地减少散热，有效地加热焊点，电容储能焊电源的电流波形最适合焊接此类材料，但由于加热快，存在焊接飞溅较严重的缺点；工频交流焊接电源输出电流峰值有限，电流波动大，对工件加热较慢，仅适用于焊接厚度不大的钢板；二次整流焊接电源输出电流波动小，焊接热效率较高，可以焊接有色金属、耐热合金等材料；逆变焊机能精确地控制焊接电流及电流上升速度，更适合焊接要求很高的精密点焊，或容易产生焊接飞溅的高强度钢板。

6.2.3 电阻焊设备机械结构

1. 点焊机和凸焊机

按照焊机的机械结构，可以将点（凸）焊机分为通用固定式焊机、移动式焊机和多点焊机。根据加压机构运动方式，可将固定式点（凸）焊机分为圆弧运动式焊机（见图 6.14a）、垂直运动式焊机（见图 6.14b）。

圆弧运动式点焊机是最简单的固定式焊机，俗称摇臂式点焊机，如图 6.14a 所示。这种点焊机是利用杠杆原理，通过上电极臂施加电极压力。上、下电极臂为伸长的圆柱形构件，既传递电极压力，也传递焊接电流。加压方式包括气动、脚踏、电动机-凸轮。其优点如下：结构简单，生产及维修成本较低；适用于多用途的电极变化，即电极臂间距、臂伸长及下电极臂的方位均可按工件形状及焊点位置做灵活调整；合理的杠杆加压和配力结构运作灵活，但缺点是焊接电流和电极压力会随臂伸长度的变化而变化；同时，由于上电极的运动轨迹是圆弧形的，不适宜用于凸焊。

垂直运动式焊机，亦称直压式焊机，适用于要求较高的点焊及凸焊，如图 6.14b 所示。这类焊机的上电极在有导向构件的控制下沿直线运动。电极压力由气缸、液压缸或电动机直接作用。加压方式包括气动、液压、伺服电动机。这类焊机的特点如下：采用直压式加压机构，焊接速度快；可分别通过调压阀和节流阀无级调节电极压力和加压速度；直压式加压，焊接压力稳定，有利于保证焊点表面及内在质量，尤其是凸焊，对焊接压力稳定性、均匀性和随动性要求高，必须采用垂直加压式。

移动式焊机分为两类——悬挂式焊机（见图 6.14c、d），便携式焊机（见图 6.14e）。图 6.14c 所示是阻焊变压器与焊钳型分离的悬挂式焊机，要通过水冷电缆传递焊接电流。由于阻焊变压器与焊钳之间的电缆增加了焊接回路的阻抗，所以这种悬挂式焊机阻焊变压器的二次空载电压较固定式焊机高 2~4 倍；图 6.14d 所示是阻焊变压器与焊钳一体的悬挂式焊机，故与固定式焊机性能相似。图 6.14e 所示是便携式焊机，主要用于维修工作，为达到简便、轻巧的使用目的，阻焊变压器采用空气自然冷却形式，这样额定功率很小（2.5kV·A），负载持续率非常低（仅能每分钟使用 1 次），但瞬时焊接电流仍可达 7000~10000A。

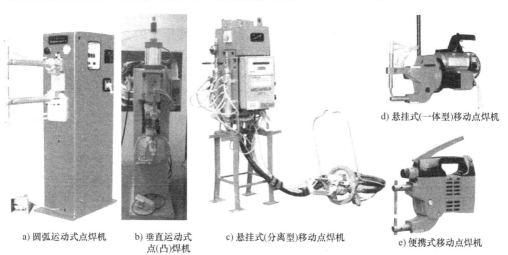

a) 圆弧运动式点焊机　b) 垂直运动式点(凸)焊机　c) 悬挂式(分离型)移动点焊机　d) 悬挂式(一体型)移动点焊机　e) 便携式移动点焊机

图 6.14　典型电阻点（凸）焊设备

移动式焊机重量较轻、移动灵活、操作方便，可实现全位置、全方位焊接，悬挂式点焊机是汽车白车身焊装线上使用最广泛的焊接设备。在全自动生产线上，通常是将移动式焊机的焊钳安装在机械手上，通过计算机控制，使机械手按指令进行点焊操作，并可将多台机械手安装在生产线上同时对工件不同部位施焊，从而显著提高生产率。

多点焊机是大批量生产中的专用设备，例如汽车生产线上针对具体冲压焊接件而专门设计制造多点焊机。多点焊机一般采用多个阻焊变压器及多把焊枪，根据工件形状分布。电极压力通过安装在焊枪上的气缸或液压缸直接作用在电极上，为了达到较小的焊点间距，焊枪外形和尺寸受到限制，有时需要采用液压缸才能满足要求。

加压机构是点（凸）焊机关键机械装置，直接影响焊接质量，此装置应满足下列要求：刚度好，在工作中不易产生挠曲变形，不失稳，保证上下电极不发生错位；加压、卸压动作灵活、迅速、无冲击；电极压力随动性好，特别对于凸焊机来说，其电极压力随动性要求更高；能提供适合焊接工艺要求的各种电极压力变化曲线（如恒定压力、阶梯形压力及马鞍形压力等）；焊接过程中电极压力要稳定。

点焊机及凸焊机的加压机构主要由动力部分和导向部分组成，前者产生压力，后者的作用是保证电极和导电部分在加压和焊接过程中按照一定的方向移动。按照加压机构的动力来源不同，一般包括脚踏式加压机构、电动凸轮传动加压机构、气压传动加压机构、液压传动加压机构、气-液压复合传动加压机构和伺服电动机驱动的加压机构等。

目前在点焊机和凸焊机中，应用最多的是气压传动加压机构，这种加压机构通常是自动控制的，加压和卸压动作迅速、灵活，而且电极压力可以根据要求随时调节，可以用于垂直运动式点（凸）焊机、圆弧运动式点焊机或悬挂式点焊机。

气压传动加压机构可以是恒压力的，也可以是变压力的，通用的点（凸）焊机一般采用恒压力系统，对某些有特殊工艺要求的点（凸）焊机可以采用变压力系统，以实现阶梯形或马鞍形压力曲线。点（凸）焊机上采用的气压传动系统通常有以下三种：

① 气缸行程固定的恒压力气压传动系统，对一些无特殊要求且气缸行程不需要经常改变的点（凸）焊机，只需采用恒压力加压。

② 气缸行程可调的恒压力气压传动系统，为了适应不同的焊件结构形状的要求，对一般通用的点（凸）焊机的加压常采用行程可调，且具有辅助行程的三气室气缸。气缸中上下两个活塞将气缸分成上、中、下三个气室，使气缸活塞具有辅助行程和工作行程两个行程。

③ 采用双电磁气阀的气压传动系统，其工作行程的调节及辅助行程的使用与气缸行程可调的恒压力气压传动系统相同，利用其气压和电气控制的配合，此系统可以实现提高电极复位速度、变压力气压传动两种不同的加压功能。

2. 缝焊机

按照电阻缝焊设备的机械结构，可以分为横向缝焊机（见图6.15a）、纵向缝焊机（见图6.15b）、万能缝焊机。横向缝焊机是指在焊接操作时形成的焊缝与焊机的电极臂相垂直的一种焊机，它可用于焊接水平工件的长焊缝以及圆周环形焊缝。纵向缝焊机是指在焊接操作时形成的焊缝与焊机的电极臂相平行的一种焊机，它可用于焊接水平工件的短焊缝以及圆筒形容器的纵向直缝。万能缝焊机是一种可焊纵、横两种焊缝的纵横两用缝焊机，上电极可 90°旋转，而下电极臂和下电极有两套，一套用于横向，另一套用于纵向，可根据需要进行互换。

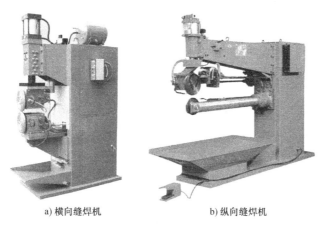

a) 横向缝焊机　　　　　　b) 纵向缝焊机

图 6.15　典型电阻缝焊设备

缝焊机的关键机械装置包括加压机构，使焊轮转动的传动机构，以及集传动、加压和导电三项功能为一体的缝焊机机头。加压机构与点（凸）焊机的基本结构相似或更为简单，因为缝焊机一般不需要施加预压和锻压力。以下主要介绍缝焊机的传动机构和机头。

缝焊机传动机构的主要功能是保证焊件在焊接过程中按点距所要求的速度可靠、平稳地移动，且可在一定范围内调节此速度。缝焊机的传动机构按焊机的用途及焊接工艺要求不同，可以分为连续传动和步进传动；按带动焊轮（电极）转动的部件不同，可以分为齿轮传动或修正轮传动；按焊机类型及被焊工件的形状要求不同，可以上焊轮主动，下焊轮主动，或上、下两焊轮均为主动。横向缝焊机通常是以下焊轮为主动的，而纵向缝焊机通常是以上焊轮为主动的，万能缝焊机一般都是以上焊轮为主动的。

连续传动机构一般用于连续缝焊和断续缝焊的缝焊机。由于焊轮的转速很低，一般不超过每分钟数十转，可传动用的电动机转速高，这就要求使用变速比相当大的减速、变速机构。通常调节转速和减速可以采用交流变频电动机、直流调速电动机、带式带轮的减速器、一齿差减速器等，另再配齿轮减速器等，最后可以是万向联轴器直接带动焊轮，也可以是万向联轴器通过修正轮带动焊轮。图 6.16a 所示是典型带轮调速、减速的单轮传动机构，图 6.16b 所示是焊接汽车油箱的专用缝焊机双轮传动机构。

缝焊机机头的性能不仅影响焊接速度、电极压力的稳定性，还直接决定了焊接电流的大小及稳定性。同时，由于传动和导电是互相矛盾的，在缝焊机机头设计中

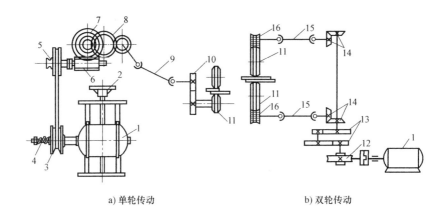

a) 单轮传动 b) 双轮传动

图 6.16 连续传动机构

1—电动机 2—调节手轮 3—斜面啮合花盘 4—弹簧 5—带轮 6—蜗杆 7—蜗轮 8—直齿轮副
9—万向联轴器 10—齿轮副 11—焊轮 12—减速器 13—可变换齿轮组 14—锥齿轮
15—万向联轴器 16—修正轮

必须兼顾这两方面的性能。为了进一步提高缝焊机机头的性能和使用寿命,设计者们一直不断地改进机头结构、导电方式并寻找更好的导电润滑液。

缝焊机机头可以采用的导电方式有滚动接触导电、滑动接触导电及耦合导电三种,从机头性能及焊机的整体实用性考虑,最常用的还是滑动接触导电方式。在滑动接触导电方式中,对滑动触点的基本要求是能在转动及低应力下传导大电流,并保证低的功率损耗和低而稳定的接触电阻,同时还要求使用可靠、寿命较长、维护和修理方便等。对于小功率缝焊机,从结构简单的需要考虑,机头的滑动触点常传递电极压力;对于中等功率以上的缝焊机机头,通常将加压与导电分开,使滑动导电触点在工作中不承受电极压力,以改善触点的导电效果和使用寿命。

3. 对焊机

对焊机一般分为电阻对焊机和闪光对焊机两大类,其机械结构基本相同,只是焊接过程中通电、加压、运动的时序不同。对焊机机械结构包括机身、夹紧机构、送进机构等关键部分。

按夹紧机构,可以分为杠杆夹紧、螺旋夹紧、偏心夹紧、气压夹紧、气-液压夹紧和液压夹紧等对焊机。按送进机构,可分为杠杆传动、弹簧传动、电动凸轮传动、气压传动、气-液压传动和液压传动等;按焊接过程自动化程度,可分为非自动(手动传动)焊机、半自动(非自动预热、自动烧化和顶锻)焊机以及自动焊机;按用途可分为通用和专用焊机;按安装方法可分为固定式和移动式焊机。

对焊机的夹紧机构完成的功能包括放置焊件并保证焊件准确定位,夹紧焊件并在顶锻时阻止焊件打滑,从电源向焊件馈送焊接电流等。对焊机的夹紧机构包括静夹具和动夹具两部分,前者是固定的,直接安装在固定台板上,与焊接变压器二次绕组的一端相连,并与机身电气绝缘;后者是可移动的,安装在活动台板上,它与焊接变压器的另一端相连。

根据被焊工件的长度及不同的夹紧要求，对焊机的夹紧机构可采用有顶座和无顶座两种形式，如图 6.17b、c 所示。前者的特点是顶锻力主要通过顶座传递给焊件，因此在夹紧力较小的情况下就能承受较大的顶锻力，而后者常用于焊接长的焊件（平板、钢轨、钢管等），其顶锻力须通过钳口与焊件之间产生的摩擦力传递，故需要使用较大的夹紧力。

按夹紧机构的加力方向不同，可以分为垂直夹紧和水平夹紧，有时根据特殊需要也可采用其他夹紧方向。绝大部分通用对焊机都采用垂直夹紧机构，少数大型焊件或很长的焊件则用水平夹紧机构，以便采用吊装形式装卸工件。

为了产生夹紧力，存在多种不同结构的夹紧机构，以适合各种焊件形状和尺寸并满足焊机功率等的要求。在中小功率对焊机上，常采用手动的夹紧机构和气压夹紧机构；在大功率对焊机上，则须采用气-液压夹紧或液压夹紧机构。气压夹紧机构具有加压迅速、压力恒力、生产率高、易实现自动控制等优点，夹紧力一般可达到 20~100kN；如果要求更大的夹紧力，则需采用气-液压夹紧式或液压夹紧机构，其夹紧力可达到 200~2500kN。

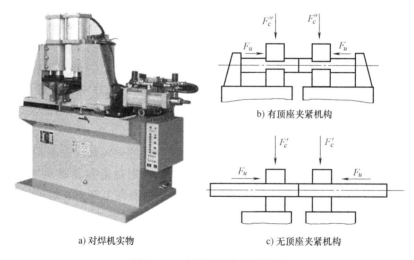

a) 对焊机实物　　　　　　c) 无顶座夹紧机构

图 6.17　对焊机及其夹紧机构

送进机构的性能直接影响焊件的焊接质量，其主要完成以下功能：

1) 在电阻对焊时，使焊件端面压紧，并在通电加热和顶锻时使焊件产生一定的变形。

2) 在闪光对焊时，先使焊件按一定的烧化曲线平稳送进，并在顶锻时提供必要的顶锻力和顶锻速度，使焊机快速压紧和塑性变形。

3) 在有预热的对焊过程中，能使动夹具中的焊机做多次往复直线移动。

根据焊机的功率大小、使用要求和自动化程度不同，送进机构可以采用多种不同的形式,通常有弹簧加压式、杠杆加压式、凸轮加压式、气体加压式、气-液加压式和液压加压式等。目前对焊机上使用最多的是气压加压或气-液加压式送进机构,这种装置一般是气压传动,带液压阻尼以调节送进速度。功率较大的对焊机上通常还增加气-液式增压顶锻装置,以保证有相当高的顶锻速度和足够大的顶锻力。对于一些特大功率的闪光对焊机,如钢轨对焊机、大功率锚链对焊机,需采用液压加压式送进机构。

6.3 电弧焊设备

6.3.1 焊接电弧与电弧焊工艺

电弧焊通常包括焊条电弧焊、埋弧焊、GMAW、TIG焊、等离子弧焊等工艺方法。从物理本质上讲,电弧是一种气体导电现象。常态下的气体不含带电粒子,要使气体导电首先要有一个使它产生带电粒子的过程。气体导电时电流与电压呈现复杂的曲线关系,可分为电弧放电、辉光放电、暗放电、非自持放电,其中电弧是电流最大、电压最低、温度最高、发光最强的一种气体导电现象。由焊接电源供给的、具有一定电压的两电极间或电极与母材金属间,在气体介质中产生的强烈而持久的放电现象,称为焊接电弧。

焊接电弧的主要特点如下:维持电弧放电的电压较低,一般为10~50V;电弧中的电流很大,可从几安到几千安;具有很高的温度,弧柱中心温度可达5000~50000K,大大超过了金属的熔点,所以可作为各种电弧焊方法的热源来熔化金属。焊接电弧是弧焊电源的负载。

当两电极之间产生电弧放电时,在电弧长度方向的电场强度是不均匀的,由三个电场强度不同的区域构成,如图6.18所示。阴极区是电弧紧靠负电极的区域。阴极区很窄,约为$10^{-6} \sim 10^{-5}$cm。电弧放电时,阴极表面上集中发射电子的微小区域叫阴极斑点,具有光亮特征,是整个阴极区温度最高的地方。阳极区是电弧紧靠正电极的区域。阳极区较阴极区宽,约为$10^{-4} \sim 10^{-3}$cm。电弧放电时,阳极表面上集中接收电子的微小区域叫阳极斑点,具有光亮特征,是整个阳极区温度最高的地方。弧柱区是电弧阳极区和阴极区之间的部分,称弧柱。

阴极区、阳极区和弧柱区三者长度之和称为弧长。由于阳极区和阴极区的长度都是极短的,弧柱的长度占据了弧长的极大部分,因此弧柱长度可以认为就是弧长。

对应阴极区、阳极区和弧柱区分别存在阴极压降U_C、阳极压降U_A和弧柱压降U_P三部分。靠近电极部分的阴极区、阳极区产生较大的电压降,而沿着弧柱区长度方向的电压降是均匀的,与弧柱长度成正比。在电极材料和气体介质、电流大小等条件确定时U_C、U_A基本上是固定的数值。而U_P在一定的气体介质条件下和弧柱长度(实际上就是弧长L)成正比,所以电弧电压U_a可表示为

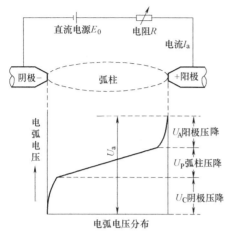
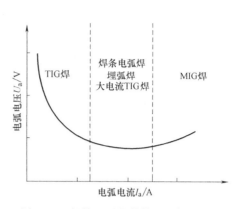

图 6.18　焊接电弧电压分布　　　　图 6.19　焊接电弧的静特性与焊接工艺

$$U_a = a + bL \tag{6.1}$$

式中，a 为阴极、阳极压降和，即 $a = U_C + U_A$；b 为弧柱单位长度上的电压降，即为弧柱电场强度。

当电极材料、电源种类和极性以及气体介质一定时，a 和 b 均是确定的数值，此时电弧电压仅取决于电弧的长度，即弧长增加时，电弧电压升高；弧长缩短时，电弧电压降低。

在电极材料、气体介质和弧长一定的情况下，电弧稳定燃烧时，焊接电流与电弧电压变化的关系称为焊接电弧的静特性，又称焊接电弧的伏安特性或 U 形特性，如图 6.19 所示。整个静特性曲线可分为下降段、水平段和上升段三部分。电弧静特性与电弧长度、气体种类、气体压力等有关。不同的电弧焊方法因采用电极材料及使用的电流范围不同，其电弧往往仅工作在电弧静特性的某一段。TIG 焊时，在小电流区间电弧静特性为下降段；焊条电弧焊、埋弧焊和大电流 TIG 焊时，因电流密度不太大，电弧静特性为水平段；CO_2 气体保护焊、MIG 焊时，因电流密度较大，电弧静特性为上升段。焊接电弧静特性曲线的形状，决定了对焊接电源外特性的要求。

对于一定弧长的电弧，当焊接电流随时间以一定形式快速变化时，电弧电流瞬时值与电弧电压瞬时值之间的关系称为焊接电弧的动特性，又称焊接电弧的动态伏安特性。它反映了电弧导电性能对电流变化的响应能力。

图 6.20 为交流电弧典型的电流/电压波形和动特性曲线。PQR 段是电流从零增加到最大值的时间段，而 RST 段电流从最大值减小到零的时间段。从图中可看到 PQR 段电弧电压大于 RST 段电弧电压，这是由于电弧的热惯性造成的。由于存在热惯性，其温度变化需要一定时间，因此弧柱温度及电导率的变化不能随电弧电流的变化而同步变化。图中 PQR 段电流增大时，电弧空间的温度由于热惯性，不

能随之迅速升高到对应于电流变化所应达到的稳定状态下温度，从而造成电导率低和电弧电压高，反之，RST 段电流减小时，电弧空间的温度由于热惯性，不能随之迅速降到对应于电流变化所应达到的稳定状态下的温度，从而造成电导率高和电弧电压低。

弧焊电源是对焊接电弧供以电能的装置，然而，在弧焊电源的电气特性和结构方面，还具有不同于一般电力电源的特点。弧焊电源的负载是电弧，它的电气性能就要适应电弧负载的特性。因此，弧焊电源需具备焊接工艺适应性，需考虑其外特性、动特性、调节特性等各种性能。按电流波形可分为交流弧焊电源、直流弧焊电源和直流脉冲弧焊电源，按弧焊电源外特性的控制方法可分为机械控制、电磁控制和电子控制。

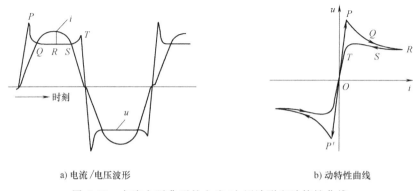

a) 电流/电压波形　　　　　　　　b) 动特性曲线

图 6.20　交流电弧典型的电流/电压波形和动特性曲线

机械控制型弧焊电源借助机械移动装置来实现对弧焊电源的外特性调节。例如通过移动弧焊变压器的动铁心、动绕组或改变绕组匝数等实现弧焊电源外特性的控制。电磁控制型弧焊电源借助激励电流改变磁饱和程度来实现对弧焊电源外特性的控制，如磁放大器式弧焊整流器。电子控制型弧焊电源借助电子线路实现对弧焊电源输出电流波形、外特性、动特性的控制，如晶闸管整流式弧焊电源、逆变弧焊电源等。弧焊电源的控制由机械调节、电磁控制逐步发展到电子控制，其控制的精度越来越高，弧焊电源逐渐成为一种电子产品。

6.3.2　GMAW 设备

GMAW 是指在气体保护下，利用连续等速或变速送进的可熔化焊丝与工件之间电弧作为热源熔化焊丝和母材，形成熔池和焊缝的焊接方法，其基本原理及设备构成如图 6.21 所示。GMAW 设备由焊接电源、送丝机构、焊丝盘、焊枪等组成，还必须有保护气源等辅助部分。

按保护气体种类不同，GMAW 可分为 MIG 焊，熔化极活性气体保护焊（metal active gas，MAG）和 CO_2 气体保护焊。其中 MAG 焊泛指采用惰性气体 Ar 或 He 和

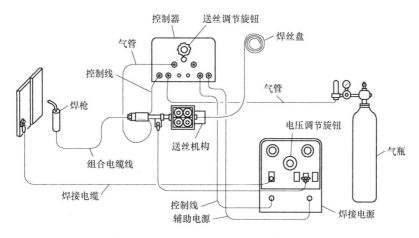

图 6.21 GMAW 基本原理及设备构成

适量的氧化性 CO_2 或 O_2 等混合气体作为保护气体的 GMAW。CO_2 气体保护焊指采用纯 CO_2 作为保护气体的 GMAW。GMAW 按电流类型可分为交流、直流、脉冲等形式。送丝方式可分为等速送丝、变速送丝、脉动送丝等。焊丝可分为实芯焊丝、管状焊丝（或药芯焊丝）。

GMAW 方法具有焊接效率高、易于实现焊接过程自动化、焊接工艺适应性强、焊缝表面无熔渣覆盖、焊缝金属中氢含量低等优点；但其焊接设备组成较复杂，焊接参数多，需匹配，气保护效果易受外界干扰。

进行 GMAW 时，熔滴在各种力的综合作用下脱离焊丝端部向熔池过渡，其过程和形式多种多样，一般 GMAW 熔滴过渡可分为短路过渡、滴状过渡、喷射过渡三种形式。其中喷射过渡又可分为射滴过渡、射流过渡、亚射流过渡等。影响熔滴过渡的主要因素有焊接电流的大小和种类、焊丝直径、焊丝成分、焊丝伸出长度、保护气体等。喷射过渡用于中厚板和大厚板的水平对接及水平角接。短路过渡则用于薄板焊接和全位置焊接。脉冲喷射过渡可以在较小的平均电流下获得稳定的喷射过渡，亦适宜薄板和空间位置焊接。

熔化极气体保护焊设备可分为半自动焊和自动焊两种类型。当焊枪移动采用自动的方式时称为自动焊，当焊枪移动由人操作时为半自动焊。焊接设备主要由焊接电源、送丝系统、焊枪及行走系统（自动焊）、供气系统和冷却系统、控制系统五部分组成。

如何保证焊丝按规定的焊接程序和送丝速度送入焊接区，是直接影响 GMAW 焊接过程稳定性和焊接质量的重要因素之一。送丝系统通常是由送丝机（包含送丝电动机、减速器、校直轮和送丝轮）、焊丝盘、送丝软管等组成。

GMAW 设备按送丝方式分为推丝式、拉丝式和推拉丝式三种形式，如图 6.22 所示。推丝式设备焊枪结构简单，但焊丝进入焊枪前需经过较长软管，阻力较大，

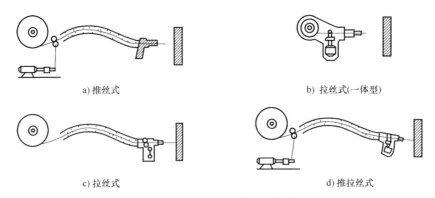

图 6.22 GMAW 设备送丝方式

送丝稳定性差，一般送丝软管在 2~5m 范围，此方法应用较广。拉丝式设备的一种形式如图 6.22b 所示，焊丝盘与焊枪一体，送丝稳定性好，但由于焊枪带有焊丝盘，操作困难，此方法一般用于焊丝直径小于 0.8mm 熔化极气体保护焊。拉丝式设备的另一种形式如图 6.22c 所示，拉丝电动机装在焊枪上，送丝软管连接焊丝盘和焊枪，此方法较少采用。推拉丝式设备如图 6.22d 所示，其在推丝式焊枪上加装电动机作为拉丝动力，但需注意推丝和拉丝电动机的配合，结构相对复杂。此方法可使送丝软管加长到 15m，一般较适合自动焊及焊丝较软的铝合金焊丝 GMAW 焊接。

GMAW 焊枪一般由导电嘴、气体保护喷嘴、焊接软管和导丝管、气管、水管、焊接电缆及控制开关等组成。

6.3.3 钨极氩弧焊设备

钨极氩弧焊（TIG 焊）是采用纯钨或活化钨（钍钨、铈钨等）作为电极，以氩气（或氦气等惰性气体）作为保护气体介质，利用钨极与焊件间的电弧热量，熔化母材或填充焊丝形成熔池和焊缝的焊接方法，其设备及工艺原理如图 6.23 所示。设备由焊接电源、焊枪、填充焊丝等组成，同时还需氩气气源及相应的流量控

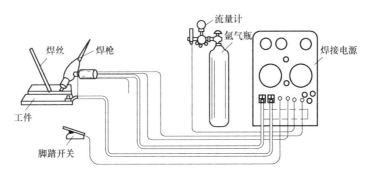

图 6.23 钨极氩弧焊设备及工艺原理

第6章 连接（焊接）成形设备

制部件等。钨棒在电弧中不熔化，故又称为非熔化极气体保护焊。

由于钨棒不熔化，钨极氩弧焊的弧长及电弧稳定性好，其焊接电流下限不受焊丝熔化过渡等因素的限制，如采用脉冲调制时最低焊接电流可以达到2A左右，是焊接各种有色金属及合金、不锈钢、高温合金等各种材料的理想方法。但是，由于钨棒承受的电流有限，一次焊透能力及焊接速度受到较大限制；对于板厚6mm以上的焊接一般需要开破口，采用多层多道焊并附加填丝。钨极氩弧焊的操作方法主要有手工焊和自动焊。其中手工钨极氩弧焊的应用最为广泛。

钨极氩弧焊可以采用直流、交流、脉冲等多种电源形式以适应不同材质焊接的要求。因为钨棒处于不同的电极极性位置时，钨极氩弧具有不同的特性，一般来说，除铝、镁及其合金外，其他的金属一般优先采用直流正极性（钨棒接阴极），铝、镁合金应优先选用交流电源，而铝、镁合金薄件则可采用直流反极性（钨棒接阳极）。

直流正极性钨极氩弧焊是工件为阳极、钨棒为阴极的钨极氩弧焊，其特点如下：

① 工件将接受电子轰击放出的全部动能和位能（逸出功），产热高于阴极，焊缝熔深大、熔宽小，热影响区小、变形小，有利于提高焊接生产率和焊接质量。

② 钨棒接受正离子轰击放出的能量比较小，钨棒作为阴极发射电子时又带走了逸出功，使钨极端部发热量小，不易过热。

③ 钨棒为阴极，电子发射能力强，电弧稳定。

④ 不能对铝、镁及其合金表面固有的氧化膜产生破坏作用，难以获得光洁美观、成形良好的焊缝。

由此可见，直流正极性钨极氩弧焊总是得以优先选用，除了铝、镁及其合金材料外。

直流反极性钨极氩弧焊是钨棒为阳极、工件为阴极的钨极氩弧焊。其特点恰好与直流正极性相反，一般不推荐使用。但是，正离子轰击处于阴极的焊件表面，可使其表面氧化膜破碎且被除去（称为阴极雾化或阴极破碎作用），因此焊接铝、镁及其合金可获得表面光洁、成形良好的焊缝。另外，处于阴极的焊缝熔池发热量低，熔池浅而宽，故较适用于薄板焊接。

交流钨极氩弧焊采用交流电源，既可在工件作为阴极的负半周内产生阴极破碎作用，清除熔池区表面坚硬的氧化膜，又可在钨棒为阴极的正半周内使得焊缝获得较大的熔深，且钨棒的温度有所降低，电弧的稳定性得以改善，因此成为焊接铝、镁及其合金的最佳选择。由于交流钨极氩弧两电极（钨极与工件）在电、热等物理性能方面差异很大，因此有两个特殊问题需要解决：一是消除直流分量；二是工件为阴极半周时要采取稳弧措施。

脉冲钨极氩弧焊是指由脉冲电源供电产生脉冲电流的钨极氩弧焊，直流和交流脉冲钨极氩弧焊都可以采用脉冲焊方式。焊接电流周期性地在基值电流和峰值电流之间变化，与脉冲 GMAW 不同，在脉冲 GTAW 中脉冲电流主要目的是控制熔池尺寸和焊缝成形，基值电流是为了减少对焊缝的热输入。

直流脉冲钨极氩弧焊按照脉冲频率可以分为：低频（0.1~15Hz）、中频（10~100Hz）、高频（10~20kHz）。低频脉冲 GTAW 是目前应用最为广泛的脉冲 GTAW，为了获得连续、气密的焊缝，必须选择合适的脉冲频率和焊接速度的匹配来形成连续的焊缝。高频脉冲 GTAW 频率很高，故电弧的形态和热分布将会发生以下显著变化：

① 电磁收缩效应增加，电弧挺度增大，电弧的指向性强。
② 熔池受到超声波振动，其流动性好，改善了焊缝的物理化学冶金过程。
③ 电弧压力增大，焊缝熔深增大，此方法特别适合于薄板快速焊接。

交流脉冲钨极氩弧焊的调制方式有幅值调制和脉冲宽度调制。此方法适合铝、镁及其合金的薄板全位置焊接。

手工钨极氩弧焊机主要由弧焊电源、焊炬、控制系统及冷却系统、供气系统等部分组成，如图 6.24 所示。控制系统由引弧、稳弧及相应程序控制电路构成。

钨极氩弧焊焊炬结构类似于 GMAW 的焊枪，设计要点如下：能可靠夹持钨棒，便于调节其位置高低，且能保证其良好的导电性和便于更换；从喷嘴流出的保护气体气流状态良好，以确保气体保护效果；冷却效果好，可采用空冷（见图 6.24b）或水冷，一般 100A 以上的焊炬需采用水冷（见图 6.24a）；结构简单、轻巧，喷嘴等易损件通用性好。

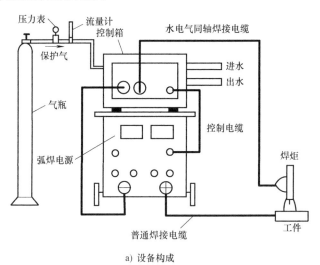

a) 设备构成　　　　　　　　　　　　　　b) 设备实物

图 6.24　钨极氩弧焊设备

为了防止钨沾污焊缝和保持钨棒端部的形状，钨极氩弧焊一般不采用短路接触法引弧，而采用非接触高频引弧方法或高压脉冲引弧。

用于 GTAW 的弧焊电源，其外特性一般为恒流特性，这是因为 GTAW 工作在电弧静特性的平直段,而且不存在熔滴过渡控制,弧长相对比较稳定。在一定的弧长条件下,焊接过程的稳定性主要取决于焊接电流的稳定性,因此采用恒流外特性焊接电源有利于焊接过程的稳定。焊接电源的动特性对直流 GTAW 要求不是很高,但是对脉冲 GTAW 要求较高的电源动特性。目前,GTAW 焊接电源基本采用逆变电源形式。

GTAW 程序控制时序为保护气体提前送气,滞后断气,引弧后转换成焊接电流、焊接电压,熄弧时,电流缓降,当控制电流衰减到一定值时熄弧。

6.4 冲铆连接设备

6.4.1 冲铆连接设备增力机构

冲铆连接设备的主要增力结构可分为气压式、液压式、气液混合式和机械式四种。目前,市场上的锁铆连接设备中气压式和液压式的单独应用已经逐渐被气液混合式增力缸所取代,国内外无铆连接设备制造商也多采用气液混合式和机械式增力结构。

气压式增力结构可以提供较大的驱动力,驱动速度大,动态响应较快,但是构造较为复杂,定位精度差,难以在工作中转换传递信号。而液压式增力结构的增力效果好,动态响应快,但也存在构造复杂、成本高等缺点。

应用 TOX 气液增力缸进行板件冲压连接在 20 世纪 90 年代就已作为板件连接的标准工艺广泛用于工业发达国家。标准型 TOX 气液增力缸是带有气液增压力行程的纯气驱动的冲压缸,其工作原理如图 6.25 所示。在总行程内任一位置,当工作活塞杆碰到阻力时,TOX 气液增力缸由快进行程转为力行程。通过调整节流阀 13 可以调节行程转换的快慢。当节流阀 13 被关闭时,力行程将无法启动。

图 6.25 所示 TOX 气液增力缸的运动过程可以分成 4 个阶段,通过压缩空气实现设备能量的传递。

静止状态如图 6.25a 所示,所有 TOX 气液增力缸返回行程,压缩空气通过气口 1 和工作气缸活塞腔连通。配置空气弹簧的 TOX 气液增力缸,其气簧空气接口接入压缩空气,其他区域均无压力作用。此状态为静止状态,设备无任何操作。

快进行程如图 6.25b 所示,主控阀 4 开启,处于右位,此时压缩空气通过气口 2 进入活塞腔,而气口 1 排气。工作活塞 6 在快进启动压力作用下快速外伸,向左移动。在快进行程中,储油活塞 10 在弹簧 11 的作用下,将储油腔 9 中的液压油挤压入工作油腔 7。当工作活塞 6 在某一位置碰到阻力,即待连接板料与冲头接触的瞬间,则力行程转换控制阀 5 即自动打开。调节节流控制阀 13,可改变力行程转换控制阀 5 的开启速度。

力行程如图 6.25c 所示,力行程转换控制阀 5 处于下位,压缩空气通过气口 3

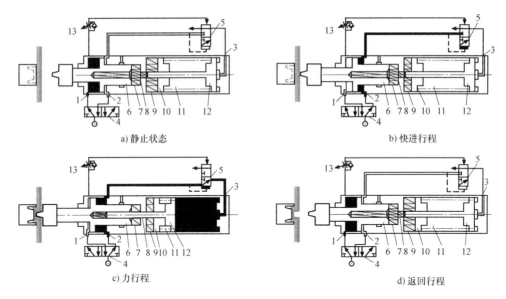

图 6.25 标准型 TOX 气液增力缸工作原理

1、2、3—进/排气口 4—主控阀 5—力行程转换控制阀 6—工作活塞 7—工作油腔
8—高压密封 9—储油腔 10—储油活塞 11—弹簧 12—增压活塞 13—节流阀

进入增压活塞腔,增压活塞 12 穿过高压密封 8,将液压油腔分为不连通的工作油腔 7 及储油腔 9,并在工作油腔 7 内产生油压。由增压活塞 12 挤压产生的高压油作用在工作活塞 6 上,产生力行程。此时静载荷作用于板料,直到能量全部释放。

返回行程如图 6.25d 所示,主控制阀 4 转向,处于左位,力行程转换控制阀 5 自动换向,处于上位,气口 3 排气。工作活塞 6 及增压活塞 12 返回静止状态。

该系统通过合理的设计使气液很好地隔离,巧妙地将增压部分、工作部分和储油部分集成一体,利用气动资源达到液压传动的效果。在工作时,**液体是全封闭的**,储油、供油及增加切换由其内部自动实现,不需要外部的供油和控制系统,整个增力缸的外控电路相当于一普通的双作用气缸,仅需要一个换向阀控制即能够实现控制功能。

机械式增力结构在传统锁铆连接设备上的应用较少,但随着交流伺服电动机技术的发展,机械式增力结构式冲铆连接设备应用将越来越广泛。图 6.26 所示为一款交流伺服机械式增力冲铆连接设备,该冲铆连接设备以交流伺服电动机作为动力源,通过减速器和带传动驱动滚珠丝杠做上下往复运动,从而完成冲铆连接。

交流伺服驱动装置在传动领域的发展日新月异,这也推动了机械冲铆连接设备的发展。交流

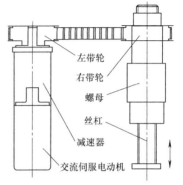

图 6.26 一款交流伺服机械式
增力冲铆连接设备

伺服电动机有几个突出的优点：电动机没有电刷和换向器，工作可靠，对维护和保养要求低；电动机的定子绕组散热好，不易发热；电动机的转动惯量小，系统动态特性好；可用于高速大转矩的工作状态；在同功率下，有相对较小的重量和体积；无自转现象，正在运转的伺服电动机，只要失去控制电压，电动机立即停止；交流伺服系统的加速性能较好，从静止加速到其额定转速3000r/min仅需几毫秒，可用于快速启停的场合。

行星减速器与伺服电动机直接相连，无须采用联轴器和适配器，结构紧凑，且传动精度高，非常适合应用在锁铆连接设备上。同步带靠齿啮合传动，传动比精确，传动效率高，速度均匀，单位质量传递的功率大，齿根应力集中小。

6.4.2 锁铆连接设备结构

目前，锁铆连接设备主要包括手钳型、标准型和定制型三种，如图6.27所示。

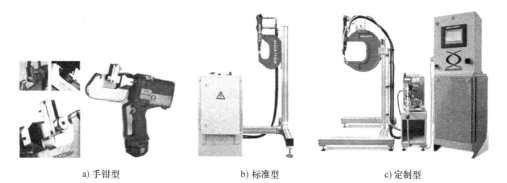

a) 手钳型　　　　　　b) 标准型　　　　　　c) 定制型

图6.27　典型锁铆连接设备

手钳型的设备装置如图6.27a所示，主要用于大型固定件、试件车间原型样件生产，生产线连接设备的补充，现场安装和维修，包括电动手钳型和气液手钳型等。手钳型的锁铆连接设备具有易于携带、操作简单、连接力可调、C形钳体可匹配不同喉深等特点。

标准型的锁铆连接设备如图6.27b所示，应用于手工单机生产、通用工业规模化铆接生产中，标准型的锁铆连接设备具有如下特点：柔性化设备，与带状铆钉匹配使用；铆钉自动送料并定位；铆接时间短（<3s）；铆接质量由铆接力决定，铆接力可根据应用任意调整设定；结果紧凑，易于维修。

定制型的锁铆连接设备如图6.27c所示，主要根据客户的需求在连接设备上添加检测装置等其他附属模块化部件。这类设备多适用于汽车工业要求铆接过程监控的工作场合。客户定制型的锁铆连接设备具有如下特点：满足客户不同生产要求；模块化设计，系统结构紧凑，可以柔性组合，节约空间；铆接过程自动监控，保证铆接质量；系统自诊断功能，易于维护；生产参数、过程参数和结果数据可以存储，便于分析不良原因和工艺改进。

送铆钉机构是有铆钉的锁铆连接设备的重要机械装置。料带式铆钉是为了配合手持式锁铆连接设备上料而专门设计的,料带上安装铆钉,通过料带的移动,铆钉逐颗送到自冲铆接机枪室,从而完成铆接自动化的过程。台式自冲铆接设备一般采用散装铆钉,其安装自动选钉盘,自动送料滑道,用户只需把散装铆钉导入自动选钉盘的铆钉储藏室即可,铆钉会全自动地送入铆接位置。

铆钉很小,人工取放不便,并且存在安全隐患,故自动锁铆连接装置中的铆钉由自动送钉装置输送。针对铆钉送料的技术要求如下:用送料设备实现自动送料,操作安全,生产效率提高;具有高的性价比,费用低廉;设备体积不过大,噪声小,便于安装与布置,不影响或改变锁铆连接装置的结构与控制;铆钉工装安装于锁铆连接装置固定工装位置;铆钉送料与锁铆连接装置动作不干涉;送料机构与锁铆连接装置配合使用后能够简单操作,运行安全、可靠,维修方便且成本低。

电磁振动送料是企业生产中用于加工与装配的一种自动送料装置。电磁振动送料工作原理如下:因料槽的底部平面与电磁激振力作用线之间存在一定的夹角,利用衔铁、铁心之间脉冲电磁力驱动板簧产生变形,使料槽向斜下方运动,在料槽向斜下方运动的同时板簧储存势能。当电磁力消失时,板簧释放出储存的能量,使料槽向斜上方向运动。通过物料与料槽通道间摩擦力的作用,使得料槽中的物料向上输送。电磁振动送料机械结构简单,能量消耗小,工作平稳可靠,在送料过程中,还可以利用缺口、偏重等方式对物料做定向整理以达到分离筛选的目的;还可以在高、低温或真空环境下使用。因而广泛应用于电子工业、轻工业的自动加工、装配等生产中,此外,在粉状或颗粒状等非常微小的物料输送中也得到广泛的应用。

一款采用自动送料的锁铆连接设备的铆接头如图 6.28 所示,该锁铆连接设备一般由铆接头、悬挂系统、液压系统、电控系统等部分组成,其铆接头主要包括料带管、导向座、活塞等。

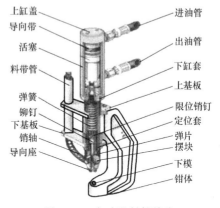

图 6.28 自动送料铆接头

6.4.3 无铆连接设备结构

目前市场上常见的无铆连接设备品牌有 TOX、BTM、Böllhoff、武汉埃瑞特机械制造有限公司、一浦莱斯精密技术有限公司、无锡大禹气动铆接设备有限公司等,这些公司已开发出系列的模具产品和压力专用设备以及配套监控设备。目前常见的无铆连接设备主要包括手钳型、模块化型和定制型。手钳型设备在板材连接时方便携带,主要用于金属板材之间的连接。

模块化型无铆连接设备和机器人组合在一起可以大幅提高无铆连接的自动化水

平,机器人式模块化型无铆连接设备如图 6.29 所示。机器人模块化生产主要适合大批量自动化生产,根据生产实际需要更换无铆连接模块,实现不同板材之间的连接,适用于铝板和铝板、铝板和钢板、钢板和钢板之间的连接。

此外还可以根据实际工况需求定制无铆连接设备。如果工况需要实时检测设备运行曲线,可以在无铆连接设备的工作机构上通过传感器输出工作运行曲线;如果连接工况需要较高的对中精度,可以在设备上增加调整块;此外,还可以根据不同的成形控制需求采用不同的控制程序。如图 6.30 所示为定制型无铆连接设备,其主要包括驱动装置、IPC 显示器、控制单元和定位装置。该设备主要通过机械电子压力驱动,通过伺服电动机驱动曲柄连杆机构来实现无铆连接过程的控制,IPC 显示器可以实时监测设备运行曲线,确保无铆连接接头的质量符合设计要求。

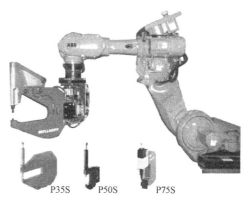

图 6.29 机器人式模块化型无铆连接设备

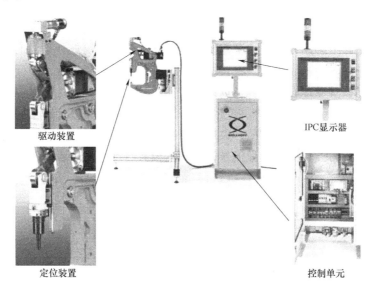

图 6.30 定制型无铆连接设备

在无铆连接过程中,必须保证冲头和下模具的精确对中。为了保证冲头和模具完全对中,通常在肘杆和冲头基座之间设置一个调整块,调整块的原理如图 6.31a 所示。调整块分上下两层,分别用螺母丝杠机构实现冲头在水平方向上左、右和前、后位置的调节,从而精确调整冲头位置与下模具对中。从工业需求角度来讲,一种最具柔性的铆接系统指的是一台设备能够制造的多类型、大尺寸范围的铆接接头。图 6.31b 所示的运动控制,可实现对任意一个铆接点的底厚值的调整控制。

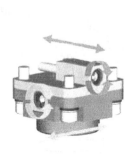

a) 对中调整　　　　　　　　　　　　b) 底厚调整

图 6.31　冲头调整装置

图 6.32a 所示为采用 TOX 气液增力缸的无铆连接设备,该无铆连接设备包括气液增力缸、数码压力开关、上下模具、电控箱、C 形框架、电磁阀、气源三联件和脚踏开关等。通过空气压缩机提供的气体实现设备能量的传递,采用 0.2 ~ 0.6MPa 压缩空气驱动,可使冲头产生 2 ~ 2000kN 的冲压力。采用脚踏开关控制设备起动,压力开关控制设备返程,并通过调节压力开关的油压来控制加工质量。在工作状态下,踩下脚踏开关,设备起动。气液增力缸进入快进行程,上模具快速小力到位,与工件无冲击软接触。在快进行程中的任意时刻或位置,松开脚踏开关或单手按钮,上模具立即自动返程,以此保护操作者人身安全,也可以防止模具受到损坏。上模具接触到工件后,气液增力缸即自动转为力行程进行冲压加工,同时系统自锁,此时无论是否松开脚踏开关或单手按钮,上模具都不会返程。当冲压力达到设定值时,压力开关提供返程信号,控制上模具自动返程。若冲压力达不到设定

a) 气液增力无铆连接设备　　　　b) 压力传感器　　　c) 位移传感器

图 6.32　气液增力无铆连接设备及其监控装置

值,则上模具不返程。

但是,该设备不能实现闭环控制,连续工作时空气压缩机输出的压缩空气易出现波峰和波谷,因而导致工作压力大小并不均匀,导致接头底厚值差异较大,容易产生单边失效,底厚值不稳定。为了精确控制无铆连接过程,保证接头稳定的底厚值和连接质量,在原设备上加装了3个压力传感器(见图6.32b)和一个位移传感器(见图6.32c),构建了闭环控制系统(见图6.33)。监测并控制冲头向下冲压的位移,从而获得精确的冲压圆点接头的底厚值,实现底厚值偏差范围为±4%,较原无铆连接设备底厚误差降低了10%以上。

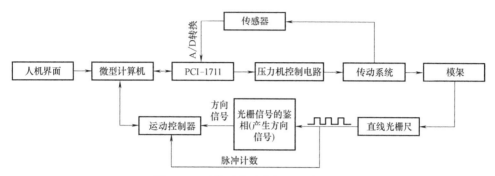

图6.33 无铆连接设备闭环控制系统

采用图6.26所示的传动系统,西安交通大学开发了一款伺服式机械无铆连接设备,如图6.34所示。该伺服式机械无铆连接设备采用伺服电动机作为动力源,通过行星齿轮减速器后与同步带轮相连。工作过程中,伺服电动机通过行星齿轮减速器带动同步带旋转,进而带动螺母旋转,使丝杠带动冲头做上下往复运动。通过压力监测,控制冲头向下冲压的位移,从而获得精确的冲压圆点接头的底厚值,底厚值偏差范围为±0.02mm。

图6.34 伺服式机械无铆连接设备

思考与练习

[1] 简述铝、镁合金不宜采用电阻焊的原因?试讨论适合铝、镁合金连接的方法。
[2] 试比较电阻点焊、无铆连接、锁铆连接、MIG焊接四种连接接头的性能。
[3] 电阻焊设备分为哪几类?请简述电阻焊设备的主要特点。
[4] 电阻焊机主电源有哪几种主要形式?分别有哪些特点?分别适用于哪些材料?
[5] 电阻点焊机加压机构主要采用哪几种动力来源?试探讨采用伺服电动机驱动的加压机

构具有的优势。

［6］ 简述熔化极气保护焊设备的组成？有哪些送丝方式？

［7］ 简述钨极氩弧焊的电流波形种类及工艺特点？

［8］ 简述直流正极性钨极氩弧焊、直流反极性钨极氩弧焊的优缺点。

［9］ 简述锁铆连接设备和无铆连接设备异同。

［10］ 冲铆连接设备的主要增力结构有哪几种？试讨论其中一种增力机构工作原理。

第7章

液态（铸造）成形设备

7.1 压铸机

7.1.1 压铸机分类及基本结构

压力铸造是使液态或半固态金属在高压作用下以极高的速度充填压铸模的型腔，并在压力作用下凝固，从而获得铸件的方法。压铸时常用的压力是 20～120MPa，甚至高达 500MPa；充填速度为 0.5～120m/s，也可实现超低速（0.03m/s）压射；充填时间为 0.01~0.20s，最短可至几毫秒。因此压铸件具有很高的尺寸精度和很低的表面粗糙度，而且可以压铸形状复杂的薄壁铸件，可压铸成铝合金的最小壁厚为 0.05mm，最小铸出孔直径为 0.7mm。

压铸机按压室的受热条件可分为热压室压铸机（热室压铸机）与冷压室压铸机（冷室压铸机）两大类。按压室和模具的安放位置的不同，冷压室压铸机又可分为卧式压铸机、立式压铸机和全立式压铸机三种。此外，压铸机按使用范围分为通用压铸机和专用压铸机；按锁模力大小分为小型机（<4000kN）、中型机（4000kN～10000kN）和大型机（>10000kN）。

一般热压室压铸机与冷压室压铸机的合模机构是一样的，其区别在于压射、浇注机构不同。热压室压铸机的压室与保温坩埚紧密地连成一个整体，热压室压铸机的压室浸在含液态金属的保温坩埚中，压射机构安置在保温坩埚的上方。冷压室压铸机的压室与保温坩埚（炉）是分开的，从保温坩埚（炉）中舀取液态或半固态金属，然后倒入压室，进行压射。卧式压铸机的压室和压射机构处于水平位置，立式压铸机的压室和压射机构处于垂直位置。

热压室压铸机和冷压室压铸机的构成基本相同，主要由开合模机构、压射机构、动力系统和控制系统等部分组成。在工业行业中，按照专业特点和重要部件的功能，一般把压铸机构成分为 11 部分，分别为开合模机构、机架结构、调模机构、射料机构（压射机构）、顶杆机构、抽芯机构、防护门、水冷却系统、液压系统、电气控制系统、润滑系统。压力泵、储压罐（蓄能器）、电动机等是动力装置。压射机构中，液压系统把能量和运动传递给冲头，合模机构中的液压缸活塞和肘杆把运动和能量传递给中板，它们是传动系统。压射机构中的冲头和合模机构中的动模板是工作装置。液压控制阀和油路组成液压控制系统以及电气控制系统协调了各方面的工作，是控制部分。

压力泵一般采用齿轮泵、叶片泵、柱塞泵。储压罐是压铸机在压射瞬间需用大量的压力液时能迅速补充的一种蓄能容器。储压罐的上半部分充有被压缩的气体（氮气），作为气枕。压力液放出时，气枕涨大；而储存压力液时，气枕被压缩。压力自动控制器是控制系统的组成部分，其作用是当压力达到额定值时，立即使压力泵空转；如压力低于额定值时，又使压力泵工作而向储压罐充液。此外，其上还有一个安全活门，当压力超过允许最高值时泄压。

国产压铸机已经标准化，压铸机型号由汉语拼音和数字组成，其型号主要反映压铸机类型和合模力大小等基本参数。除合模力外，压铸机的主要参数有动模板行程 L、压铸模厚度 H、压射力、压室直径、顶出器顶出力、顶出器顶出行程 S、一次空循环时间等。主要技术参数简述如下：

(1) 合模力（kN）压铸机合模装置对模具所能施加的最大夹紧力。限制了所能压铸成形制品的最大投影面积，是压铸机生产能力的重要参数。

(2) 压射力（kN）压射冲头作用于液态或半固态金属的最大力。压射过程中压铸机作用于液态或半固态金属的压射力不是恒定不变的，压射力大小随不同压射阶段而变化，在金属液充满压铸模型腔的瞬间达到最大值。

(3) 压射比压（MPa）压射冲头作用于单位面积金属液表面上的压力。压射比压（p）是确保压铸件致密性和金属液充填能力的重要参数，其大小受压铸机的压射力（F）和压室直径（d）影响，它们之间的关系为

$$p = \frac{4F}{\pi d^2} \tag{7.1}$$

(4) 最大金属浇注量（kg）压铸机压室每次浇注能容纳液态金属的最大质量。其大小和压室直径、压铸合金种类有关，反映出设备能够压铸成形制品的最大质量。

(5) 工作循环次数 压铸机每小时最高的循环周期数。其与压铸机的压射装置性能、合模装置性能、压铸合金种类、压铸工艺参数、压铸件结构、压铸模结构等有关。因此，一般也常以压铸机空载循环时间衡量压铸机工作循环能力。空载循环时间是在没有浇注、压射、保压、冷却及取出压铸件等动作的情况下完成一次循环所需的时间，其主要由合模、压射冲头压射及退回、开模、顶出器顶出及退回等动作组成。

(6) 合模部分基本参数 包括模板尺寸和拉杆有效间距，模板间距与压铸模最大、最小厚度，这些参数决定了压铸机所用模具的尺寸大小和它们之间的安装

关系。

热压室压铸机结构及压铸过程如图 7.1 所示。当压射冲头 3 上升时，液态金属 1 通过进口 5 进入压室 4 中，随后压射冲头下压，液态金属沿通道 6 经喷嘴 7 充填压铸模型腔 8。然后压射冲头回升，多余液态金属回流至压室中，然后打开压铸模型腔取出铸件，完成一个压铸循环。

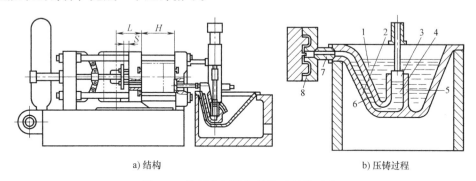

a) 结构　　b) 压铸过程

图 7.1　热压室压铸机结构及压铸过程

1—液态金属　2—坩埚　3—压射冲头　4—压室　5—进口　6—通道　7—喷嘴　8—压铸模型腔

热压室压铸机的特点是生产工序简单，生产效率高，容易实现自动化；金属消耗少，工艺稳定，压射比压较低；压入型腔的液态金属从液面下进入型腔，杂质不易卷入，因此干净、无氧化夹杂，质量好。但由于压室和冲头长时间浸于高温液态金属中，使用寿命较低。适用于各种低熔点合金，比如锌合金、镁合金等。

卧式冷压室压铸机结构及压铸过程如图 7.2 所示。卧式压铸机的压室和压射机构处于水平位置。压铸型与压室的相对位置及压铸过程如图 7.2b 所示。动模 5 和定模 4 合型后，舀取液态金属 3 浇入压室 2 中。随后，压射冲头 1 向前推进，将液

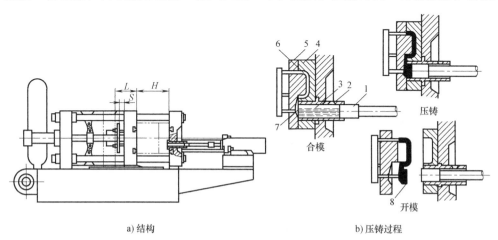

a) 结构　　b) 压铸过程

图 7.2　卧式冷压室压铸机结构及压铸过程

1—压射冲头　2—压室　3—液态金属　4—定模　5—动模　6—型腔　7—浇道　8—余料

体金属经浇道7压入型腔6。经一定时间冷却后开型，借助压射冲头向前推移动作，将余料8连同铸件一起推出，并随动型移动，再由推杆顶出，完成一个压铸循环。

卧式冷压室压铸机压室简单，维修方便，且设置中心和偏心两个浇道位置；金属液进入型腔时转折少，充填过程流程短，金属消耗少，能量（压力）损失也少，有利于传递最终压力；操作程序少，生产效率高，容易实现自动化；采用中心浇道时模具结构复杂；金属在压室内与空气接触面积大，压射时易卷入空气和氧化杂渣；适用于非铁合金和钢铁合金压铸成形。

立式冷压室压铸机结构及压铸过程如图7.3所示。立式压铸机的压室和压射机构处于垂直位置，其工作过程如图7.3b所示。动模5和定模4合型后，舀取液态金属浇入压室2，因喷嘴6被反料冲头8封闭，液态金属3停留在压室中。当压射冲头1下压时，液态金属受冲头压力的作用，迫使反料冲头8下降，打开喷嘴，液态金属被压入型腔，冷却一定时间后，压射冲头退回压室，反料冲头因下部液压缸的作用而上升，切断直浇道与余料9的连接处，并将余料顶出。取出余料后，使反冲头复位，然后开型取出铸件，完成一个压铸循环。

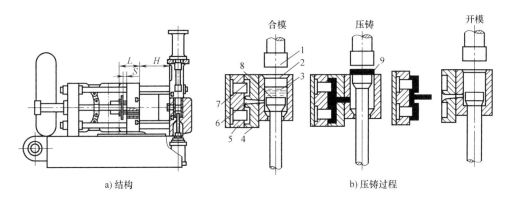

图7.3　立式冷压室压铸机结构及压铸过程
1—压射冲头　2—压室　3—液态金属　4—定模　5—动模
6—喷嘴　7—压铸模型腔　8—反料冲头　9—余料

立式冷压室压铸机具有切断、顶出余料的下液压缸，维修较困难；压室内空气不易随液态金属进入型腔，便于设置中心浇口，提高压铸模型腔有效面积的利用率，但液态金属充填过程的流程长，能量（压力）损失大；压射机构竖直，占地面积小，机器高度相对较高；适用于铝、镁、铜等有色金属合金压铸。

全立式冷压室压铸机结构及压铸过程如图7.4所示。全立式压铸机的合模机构和压射机构均垂直布置，其工作过程如图7.4b所示。动模5和定模4开着，液态金属2浇入压室3后，合模。压射冲头1上升将金属液压入压铸模型腔6，冷却凝固后，开模顶出压铸件7，完成一个压铸循环。

第7章 液态（铸造）成形设备

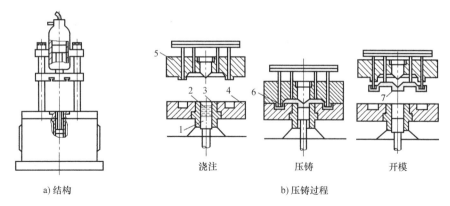

a) 结构　　　　　　　　　　　b) 压铸过程

图 7.4　全立式冷压室压铸机结构及压铸过程

1—压射冲头　2—液态金属　3—压室　4—定模　5—动模　6—压铸模型腔　7—压铸件

全立式冷压室压铸机压射机构简单，占地面积小，压铸模水平放置，易于放置镶嵌铸件，适用于压铸电动机转子类零件。安装、拆卸和维护压铸模具较麻烦，且生产效率低于卧式冷压室压铸机和立式冷压室压铸机；金属液进入压铸模具型腔时转折少，充填过程流程短，能量（压力）损失少。

7.1.2　开合模机构

开合模系统是关键，合模力（锁模力）的大小是衡量压铸机的规格的重要参数。精确和可靠的合模力是保证压铸件质量和延长压铸机寿命的关键。开合模机构是带动动模板实现合模、锁模和开模三项功能的专门机构。合模时动模板移动较快而所需力不大；锁模时要提供巨大而精确的锁模力，以防止压射充填时的型腔压力把模具撑开；开模时动模板快速后移动，以缩短辅助时间，由于模腔对压铸件的夹紧作用，开模力要大于合模时所需力。

开合模机构是带动压铸模的动模部分使模具分开或合模的机构。由于压射充填时的压力，合模后的动模有可能被撑开，故机构还应带有锁紧模具的结构。一般开合模机构有机械式、全液压动力式（液压式）和液压-机械式三种。

纯机械式开合模机构以电动机为动力装置，通过齿轮、曲肘、连杆等机构实现开合模动作，机构调整较复杂，目前较少采用。

全液压动力合模机构一般采用复式液压缸，如图7.5所示。向内合模缸10通入高压油，使内活塞1带动外活塞3与动模板4一起向右运动。此时，外合模缸11内形成负压，充填阀塞5下降打开通路，充填油箱7的常压油进入外合模缸。待压铸模合模后，通过增压器口8使外合模缸11中的油压突然增高，内、外合模腔同时提供锁模力。这样，在压射时便可产生足够大的锁模力，保证压模不会被撑开。开模时，将内、外合模缸与卸压系统接通，则开模缸9中的高压油使内活塞右端面被推动，使之向左缓慢移动，从而完成开模动作。这种机构的优点是结构简单、操作方便，在安装不同厚度的压模时易调整，对合模力可自动补偿。其缺点是速度慢，动力消耗较大，机构刚性和合模力可靠性较差，没有自锁性能，在胀模力略超出时，动模板就可能后退。一般适合小型压铸机。

液压-机械式合模机构得到广泛应用并不断发展，其机械部分有曲肘式、斜楔式和混合式三种。目前多用液压-曲肘式合模机构，如图7.6所示。曲肘机构具有增力作用，可以将液压缸推力放大16~26倍；同全液压式合模装置相比，合模液压缸直径减少，泵的功率相应减少。当曲肘机构 a、b、c 三个结点形成一条直线时，即处于所谓"死点"，机构进入自锁状态，动模（动模板）后退时无法推动曲肘连杆转动。

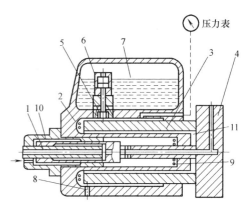

图 7.5 全液压动力合模机构

1—内活塞 2—合模缸座 3—外活塞 4—动模板 5—充填阀塞 6—充填阀 7—充填油箱 8—增压器口 9—开模缸 10—内合模缸 11—外合模缸

当液压油进入合模缸 1 时，推动合模活塞 2 带动连杆 3，使三角形铰链 4 绕支点 a 摆动，通过力臂 6 推动动模，完成合模动作。合模过程中，动模板速度由零很快增至最大值，随着动模向定模靠近，其速度逐渐降低；a、b、c 三个结点形成一条直线，动模速度降为零，开合模机构进入自锁状态。合模过程中，动模板移动速度先快后慢，一方面可以缩短合模过程，另一方面又可以确保随后平稳施加锁模力。活塞 2 反向运动，曲肘机构连杆反向运动，带动动模后退，实现开模动作。开模过程中，动模向左移动速度由慢速转至快速，再由快速转慢直至零，有利于抽芯和顶出铸件。

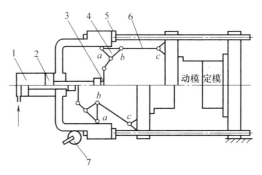

图 7.6 液压-曲肘合模机构

1—合模缸 2—合模活塞 3—连杆 4—三角形铰链 5—螺母 6—力臂 7—齿轮齿条

为适应不同厚度的压铸模，设置了调模机构。压铸机的最大模具厚度尺寸 H_{max} 和最小模具厚度尺寸 H_{min} 的调整量是通过调模机构实现的。调模机构可采用调模液压马达或调模电动机带动传动机构驱动锁紧螺母转动，使锁柱架和动模板沿拉杆轴向运动，调整动模板、定模板之间的距离。也可通过齿轮齿条 7 使动模板做水平方向移动，并加以调整（见图 7.6），当调整至合适位置时用螺母固定。要求调整到动模与定模闭合时，a、b、c 三个结点正好形成一条直线，利用这个"死点"进行锁模。曲肘合模机构的特点是锁模力大、运动特性好、机构刚性好。

7.1.3 压射机构

压射机构是将金属液送入模具型腔进行充填成形的机构。一般要求作用在压室内液态金属上的比压可在 40~200MPa 范围内调整,增压时间要小于 0.03s,冲击压力峰要尽可能小;应具有三级或四级压射速度,以满足不同压射阶段的需要。

1. 典型压射机构

图 7.7 所示为具有增压器的三级压射机构,由带缓冲器的普通液压缸和增压器组成,联合实现分级压射,具有两种速度和一次增压压射机构。通过通油器 3 控制通油量大小,并产生第一级慢速和第二级快速运动的作用。

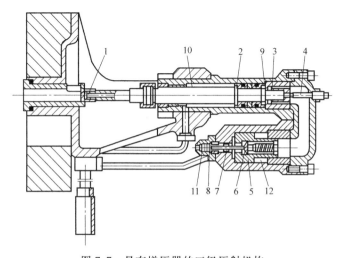

图 7.7 具有增压器的三级压射机构
1—压射冲头 2—压射活塞 3—通油器 4—调节螺杆 5—增压活塞 6—单向阀
7—进油孔 8—活塞 9—压射腔 10—回程腔 11—控制腔 12—背压腔

开始压射时,压力油由进油孔 7 进入,由于背压腔 12 有背压,增压活塞 5 不能右移,压力油推开单向阀 6,经过 U 形腔,再通过通油器 3 的中间小孔,从而推动压射活塞 2。由于压射活塞 2 尾端的圆柱体(缓冲杆)插入通油器 3 相应的孔内,加之调节螺杆 4 的作用,只有很小流量的压力油从分油器的中心孔进入,作用在压射活塞的缓冲杆端部截面上,作用力也小,因此产生第一级慢速压射。压射冲头 1 缓缓地封闭压室的注液口,以免金属液溢出,同时以利于压室中空气的排出和减少气体卷入。这一级速度还可以通过调节螺杆 4 来做补充调节。

当压射活塞尾端圆柱部分脱出通油器时,压射冲头 1 相应地越过浇料口,而压力油从通油器蜂窝状的所有孔口进入压射腔 9,这样,压力油油量迅速增多,压射活塞速度猛增,形成了第二级快速压射。

当充填即将告终时,金属液正在凝固,压射冲头前进的阻力增大,此阻力反映到压射腔 9 内，造成腔内的油压增高，其增高程度足以使单向阀 6 闭合，这时，U形腔与腔 9 成为一个封闭腔。由于单向阀的闭合，来自进油孔 7 的压力油不再通入U形腔，而是作用在增压活塞 5 上，于是便对封闭腔的油压进行增压，压射活塞也就获得增压的效果。

增压的原理是，增压活塞 5 左边为后腔，平衡状态下，后腔压力等于背压腔 12 和封闭腔加起来的压力，当背压降低时，增压活塞的左边压力便大于右边压力，从而使增压活塞产生向右移动的趋势，但因封闭腔内的压力油已无通路，这个趋势便迫使封闭腔内油压增高。调节背压就能够控制增压的大小。

压射结束后，在压力油进入回程腔 10 的同时，另一路压力油进入控制腔 11 推动活塞 8，顶开单向阀 6，U形腔和背压腔 12 便接通回路，压射活塞便产生回程动作。回程后期由于缓冲杆重新插入通油器 3 中，回程速度降低，起缓冲作用。

图 7.8 为增压缸无背压压射机构，采用分罐式压射增压结构，用两个蓄能器分别对压射缸和增压缸进行快速增压，完全取消了增压活塞的背压，增压压力通过调整蓄能器压力来改变，压射速度、压射力和压力建立时间都能分别单独调节，互不影响。

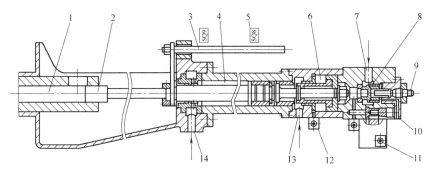

图 7.8 增压缸无背压压射机构

1—压室 2—压射冲头 3—随动杆 4—压射缸 5—快速压射行程感应开关 6—增压缸 7—压力蓄能器入油口 8—增压缸控制阀 9—增压调速调节螺栓 10—增压起始时间调节入油口 11—压射力调节阀 12—增压启动阀 13—慢速压射与快速压射蓄能器入油口 14—压射冲头回程入油口

其工作过程如下：合模结束信号发出后压射开始，压力油由油口 13 进入压射缸 4 进行慢速压射，当随动杆 3 离开行程感应开关 5 时，切换为快速压射，此时快速压射蓄能器的压力油通过油口 13 进入压射缸进行快速压射，快速压射工作油同时进入增压启动阀 12，当模腔内金属液充满时，快速压射突然停止，而引起压力冲击使阀 12 换向，受阀 12 控制的增压缸控制阀 8 打开，增压蓄能器的压力油进入增压缸，推动增压活塞产生压射增压，这一系列动作是在极短时间内完成的。

这种压射增压系统具有如下优点：压射速度高，反应与升压时间短；反应与升压时间可单独调节；压力稳定，不受压射速度影响；增压压力可通过增压蓄能器上的减压阀直接进行调整；压射与增压蓄能器分开，互不干扰。因此，该压射增压装置允许在很大范围内调整压铸工艺参数，对不同的铸件压铸成形，可以选择较佳的压铸工艺。

2. 典型压射液压系统

图 7.9 所示为 DC550 型卧式冷压室压铸机液压系统。DC550C 型压铸机液压油源采用双联叶片泵供油，油源采用双泵供油，实现快慢速度换接。高压叶片泵 P2 的额定压力为 14MPa，排量为 89mL/r，低压叶片泵 P1 的额定压力为 6MPa，排量为 145mL/r。系统低压时，双泵合流，大流量供油；系统高压时，大流量的泵卸荷，小流量的泵单独向系统供油；不管系统压力高低，通过电磁阀使液控顺序阀卸荷，小流量的泵 P2 单独供油；根据系统需要，可以通过比例溢流节流阀调节输出流量。采用蓄能器供油，节省功率，快速压射时用双泵和蓄能器 V18 共同供油；增压时用蓄能器 V36 给增压缸低压腔供油；蓄能器 V42 给液动阀的右侧控制腔供油。

图 7.10 所示为 DC550 型卧式冷压室压铸机压射液压系统。压射液压系统应能保证在压射冲头没有超越浇料口时慢速压射，防止熔融金属从浇料口飞溅；当压射冲头超越浇料口后，应能快速运动和瞬间增压，使得金属液在高压状态下凝固。增压完成后，压力需要在最高值下保持一段时间；一可使熔融金属紧贴模腔，获得精确的形状，二可在制品冷却、凝固而收缩的过程中，令金属液补充进入型腔。因此压射液压系统可完成慢速压射、快速压射、增压、保压、回程等动作，不同动作实现情况如下：

（1）慢速压射　阀 V25 左侧电磁铁、阀 V15 电磁铁通电，阀 V25 和阀 V15 换向至左位，插装阀 V16 打开，蓄能器 V42 保证阀 V38 中的液控换向阀保持右位，慢压射开始。压力油依次经过单向阀 V22、减压阀 V23、三位四通电液动换向阀 V25（左位）进入压射缸无杆腔；压射缸有杆腔压力油经过插装阀 V16 排回油箱；压射缸活塞带动压射冲头自右向左慢速运动。

（2）快速压射　当压射冲头越过加料口，把金属液推到型腔浇道上，压射位置达到快速压射设定位置时，方向阀 V30 电磁铁通电，阀 V30 换至右位，插装阀 V28 打开，快速压射储能器 V18 供油，快速压射开始。压力油进入压射缸无杆腔，压射缸有杆腔压力油排回油箱的同时，蓄能器 V18 的压力油依次经插装阀 V28、节流阀进入压射缸无杆腔。快速压射与慢速压射油路的区别仅在于压射缸无杆腔增加了蓄能器 V18 提供的高压液体。快速压射速度由插装阀 V28 调节手轮控制，顺时针调节压射速度减小，反之增大。

（3）增压　增压启动有两种控制方式，第一种方式是压力启动方式，第二种方式是位置启动方式。以压力启动方式为例，压力传感器反馈压射缸无杆腔压力大于设定压力时，阀 V38 电磁铁通电，阀 V38 换至左位，压力油（控制油路）经阀 V38（左位）至液动阀左侧，使液动阀左位工作，打开插装阀 V35；增压储能器 V36 经插装阀 V35 向增压缸缸右（大）腔供油，增压开始。

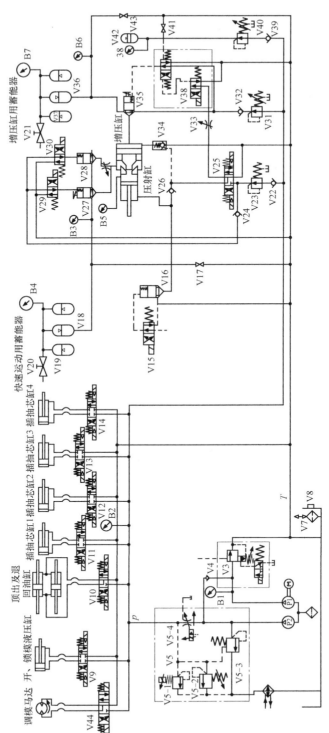

图 7.9 DC550 型卧式冷压室压铸机液压系统

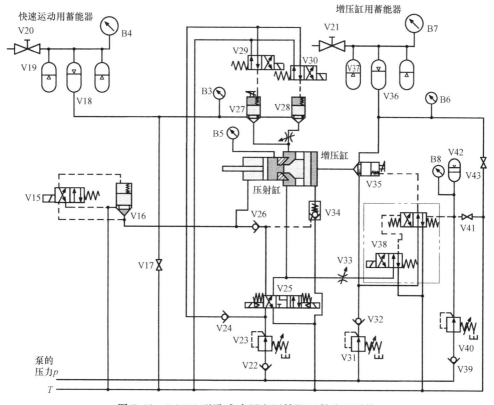

图 7.10 DC550 型卧式冷压室压铸机压射液压系统

(4) 压射回程 增压保压结束后,换向阀 V25 右侧电磁铁通电,阀 V25 换至右位,液控单向阀 V34 双向导通;阀 V15 断电,插装阀 V16 关闭;阀 V38 电磁阀断电,阀 V38 电磁阀和液动阀均右位工作,插装阀 V35 关闭;阀 V30 电磁铁断电,阀 V30 换至左位,插装阀 V28 关闭。压力油经依次阀 V22、阀 V23、换向阀 V25(右位) 进入压射缸有杆腔;压射缸无杆腔压力油进入增压缸左 (小) 腔,增压缸右 (大) 腔经阀 V34 排入油箱;增压缸自左向右运动,增压缸向右移动一段距离后,打开压射缸无杆腔与阀 V25(右位) 的通路;压射缸无杆腔压力油经阀 V25 (右位) 排入油箱,压射缸自左向右运动,回程。

(5) 蓄能器充液 压射缸回程结束后,泵 P1 和泵 P2 同时向蓄能器 V36 充液,充液到一定压力后泵 P1 卸荷,泵 P2 单独充液,压力油依次经阀 V31、阀 V32、阀 V35 进入蓄能器 V36。蓄能器 V36 到达设定压力后压力传感器发信号,开始向蓄能器 V18 充液。双泵油源依次经阀 V22、阀 V23、换向阀 V25(左位)、压射缸、阀 V28、阀 V27 进入蓄能器 V18。

上述压射液压系统有如下优点:

① 快速压射时,采用双泵和蓄能器同时向压射缸供油,实现高速度压射;增

压时采用蓄能器向增压缸供油,实现快速增压。由于蓄能器响应快,压射缸可以迅速升速,升压。

② 由于压射缸增速和增压分别由各自的蓄能器供油,两个蓄能器完全独立,响应与升压时间可单独调节;由于压射与增压储能器分开,快速压射与增压互不干扰。

③ 减压阀与单向阀串联,使压射缸压力稳定,不受压射速度影响。

④ 增压压力可直接由 PLC 调整。

⑤ 压射速度可分段控制,具有升速及制动功能;在压射终了位置制动(减速),可以有效减少飞边,保护模具。

7.2 低压铸造设备

7.2.1 低压铸造设备原理及组成

20 世纪初英国 E. H. Lake 申报了第一个用于巴氏合金的低压铸造专利。法国公司首次在铝合金中应用了该工艺。如图 7.11a 所示,它是在装有合金液的密封容器(坩埚)中,通入干燥的压缩空气(或惰性气体),作用在保持一定浇注温度的合金液面上,造成密封器内与铸型型腔的压力差,使合金液在较低的充型压力下,沿着升液管内孔自下而上地经输液通道、浇口,平稳地充入铸型。待合金液充满型腔后,增大气压,使型腔内的合金在较高的压力下凝固。然后卸除密封容器内的压力,让升液管、输液通道内尚未凝固的合金液依靠自重回落到坩埚中。至此,完成了一个低压浇注过程,再经脱模即可得到所需要的铸件。它所使用的压力与上述压力铸造相比,要低得多,一般在 20~60kPa 范围。低压铸造的特点主要是底部缓慢充型和压力下凝固。

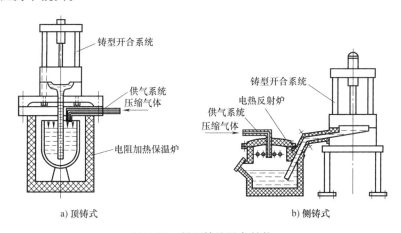

图 7.11 低压铸造设备结构

除上述通过压缩气体建立压力的气压型低压铸造设备外，还可通过电磁泵原理建立压力，即电磁泵低压铸造。电磁泵低压铸造工作原理为对液态金属施加电场和磁场，使金属液在电磁力的直接作用下流动，从而实现反重力方向充型，并在一定压力下凝固。与气压型低压铸造相比，电磁泵低压铸造具有非接触输送金属液的特点，使金属液处于和大气隔绝的状态，并可在保护性气氛下工作，从而减少气体侵入，避免金属液二次污染，减少了气孔及二次氧化夹杂的形成。同时金属液的流动速度精确可调，从而容易按低压铸造规范来控制铸件质量，可用于镁合金、铝合金等铸造。但受硬件条件限制，电磁泵低压铸造的电磁驱动力较弱，充型和增压能力有限，因此，只适用于中小型铸件的成形。

低压铸造、差压铸造、真空吸铸和调压铸造，本质是使液态金属在外力作用下，逆重力方向流动并充填型腔、凝固成形的一类铸造方法，可统称为反重力铸造。金属液逆重力方向充填是反重力铸造的重要特点，也是区别于其他铸造方法的基本特征。

低压铸造的工艺特点如下：低压铸造的浇注工艺参数均可在较大范围内调整，合金液在压力下充型和凝固，故其充型平稳，铸件轮廓清晰，组织致密，机械性能高；浇注系统简单，铸件收得率高；生产效率高，加工余量小；设备简单，便于制造，投资少，占地面积小，易于实现机械化自动化；浇注时劳动条件好；可适用的合金种类多，特别适合易氧化的有色合金铸造。

低压铸造设备的基本参数如下：保温坩埚（炉）容量，低压铸造设备配套保温坩埚（炉）所容纳的金属液的质量；最小铸型厚度，低压铸造合型到位时两块模具安装型板之间的距离；动模板行程，动模板最大移动距离；合型力，低压铸型合型到位时，设备开合型液压缸作用于铸型分型面上的静压力；开型力，低压铸型开型时，设备开合型液压缸作用于铸型的拉力；顶出力，低压铸造设备顶出铸件时，推杆板受到顶出机构所施加的静压力；抽芯力，低压铸型抽芯时，设备插抽芯液压缸作用于型芯的拉力；顶出行程，低压铸造设备顶出机构的最大移动距离；一次空循环时间，低压铸造设备按机动顺序所做的每一个空循环所需的时间。对于立式低压铸造设备，一次空循环时间包括插芯、合型、抽芯、开型、机械手进入、顶出、机械手移出、顶出回程各动作时间总和；对于卧式低压铸造设备，一次空循环时间包括插芯、合型、抽芯、开型各动作时间的总和。

根据保温坩埚（炉）和铸型之间的位置关系，可将低压铸造设备分为顶铸式低压铸造设备（见图7.11a）和侧铸式低压铸造设备（见图7.11b）；根据铸型开合方式，可将低压铸造设备分为立式低压铸造设备（见图7.11a）和卧式低压铸造设备（见图7.12）；根据设备主体部分气压加压方式不同，可将低压铸造设备分为压力罐式低压铸造设备（见图7.13）和坩埚密封加压式低压铸造设备（见图7.11a）。近年来甚至开发了集成多种反重力铸造工艺的多用铸造设备，如图7.14所示的多用反重力铸造设备集成低压铸造、差压铸造、真空吸铸为一体。市场上常见的,特别是在车辆制造中应用的,多为采用坩埚密封加压的顶铸立式低压铸造设备。

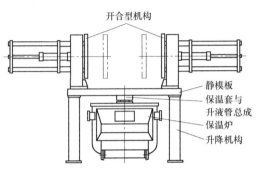

图 7.12 卧式低压铸造设备结构

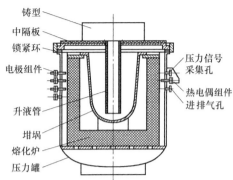

图 7.13 压力罐式低压铸造设备结构

立式低压铸造设备多为四柱型,可采用导柱或方柱。导柱为连接定型安装板和动型安装板,并对开合型液压缸安装座板起导向作用的圆柱体;方柱为连接定模板和开合型液压缸安装座板的方形柱体。四柱式低压铸造设备按机架结构及其在炉体上的固定方法,可分为活动式机架低压铸造设备和固定式机架低压铸造设备。

低压铸造机由三部分组成:机体、开合型装置和控制系统。机体由保温炉和承压密封容器组成;开合型装置由传动部分、机构部分和控制部分组成;控制系统包括气压控制和电气控制两部分。

7.2.2 低压铸造设备机体

典型的低压铸造设备机体结构如图 7.15 所示,机体由保温炉和承压密封容器组成。火焰炉、电磁感应炉、电阻炉、电热反射炉都可以作为低压铸造保温炉。

图 7.14 多用反重力铸造设备 HDTD-CT1600

如图 7.11a 所示的电阻炉,炉温调节方便,使用可靠,结构简单,投资少,劳动条件好,应用最为普遍。其容量一般在 100~500kg 范围内。如果容量更大时,则趋向于选择感应电炉。对于火焰炉,炉温不易控制,燃烧时还放出大量废气,污染环境,腐蚀设备,不推荐使用。如图 7.11b 所示的电热反射炉,炉体熔池较大,为了提高效率,需采用较大的加热面积,故熔池不能太深。

低压铸造承压密封容器主要由坩埚、坩埚盖和升液管组成。其主要作用是承受低压铸造工艺气压的作用,将合金液引入铸型,完成低压浇注;容纳待浇合金液,并连续在较长时间内将炉膛热量传导给合金液。常见的承压密封容器有两大类，即坩埚密封式和炉体密封式，如图 7.16 所示。坩埚常采用铸铁材料，也可采用耐热铸钢材料，还可采用钢板焊接坩埚。

对于图 7.11b 所示的侧铸式低压铸造设备，炉盖（坩埚盖）只要承受气体压力，结构比较简单。对于图 7.11a 所示的顶铸式低压铸造设备，坩埚盖要承受铸型重量及开合型力。此类型电阻加热炉坩埚盖要求严格，需与坩埚密封配合，同时还要与升液管密封配合；在保压和浇注时，又要同铸型紧密结合，并承受铸型重量级开合型机构的冲击。因此，此类型坩埚盖须符合如下要求：在外力和热

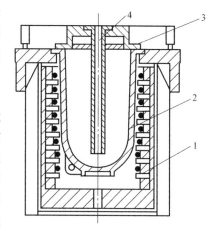

图 7.15 典型的低压铸造设备机体结构
1—保温炉 2—坩埚 3—坩埚盖 4—升液管

作用下不易变形，密封性能良好；与升液管接合部分的温度容易控制；便于安装，紧固。坩埚盖一般采用球墨铸铁或灰铁铸造。

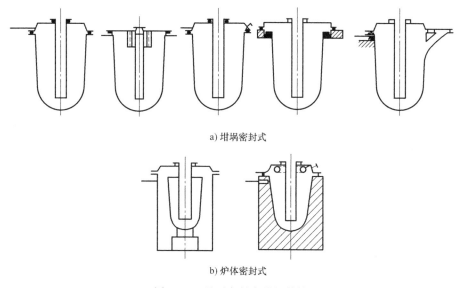

图 7.16 承压密封容器的结构

升液管上部同铸型连接，下部浸泡在液体金属中，是液体金属流入型腔的通道。升液管要保证金属液充满铸型，还应使铸件得到充分的补缩，在设计制造时应特别注意以下几点：升液管的出口无电热保温时，其出口面积应大于铸件热节处截面积，以保证铸件在凝固过程中得到充分补缩；升液管浸泡在液态金属中，以距坩埚底一定距离为宜，防止坩埚底沉积的非金属杂质卷入型腔；升液管注意密封，不

能漏气，只要有轻微漏气，坩埚内的空气就会渗入升液管，随金属液进入型腔，使铸型形成气孔或铸型充不满；升液管顶部可做成锥形，一是便于金属液回流，二是在金属液上升时有一定的撇渣作用。

升液管工作条件恶劣，需满足如下要求：应具有良好的气密性，使用前必须经 0.6MPa 水压试验；升液管距坩埚底距离视浇注合金确定，一般铝合金为 50~100mm、镁合金为 100~150mm；升液管应具有一定的耐热性和耐蚀性，同时也不污染金属液而影响合金质量；升液管与浇道的衔接须按铸件结构及铸型要求来选择。

升液管直径需要根据所浇注铸件的大小来选择，大型铸件应选用大口径的升液管，反之亦然；一般来说，升液管的直径应与铸件直浇道的直径接近。升液管可采用不同材料、不同方法加工制造。如可采用不锈钢、碳钢、铸铁以及钛合金等金属材质焊接而成，也可采用碳化硅、氮化硅、钛酸铝等非金属材质烧结而成，还可采用无缝钢管加内外覆层的复合材质形式。几种典型以金属材料为主的升液管如图 7.17 所示。在保证刚度的情况下，升液管的法兰应尽可能薄，以减少激冷效果。

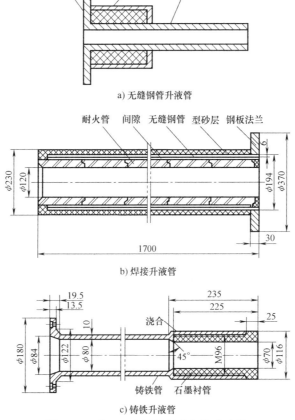

图 7.17 典型以金属材料为主的升液管

同时也可在升液管法兰处增加保温层，可减少激冷效果，起到很好的保温效果。

低压铸造工艺中，铸型充型和增压是获得良好铸件的关键，充型和增压效果主要是通过承压密封容器中的气压控制实现的。一种具有流量补偿能力的低压铸造非线性工艺气压控制系统如图 7.18 所示。该系统是利用平衡式输出阀的输出压力与信号压力间始终处于跟踪平衡状态的特点设计的。气源提供压缩空气要通过干燥过滤器（如图 7.18 中干燥包 3）去除水分和油，保证供给干燥洁净的气体。为了使工作过程气体压力稳定，需要一定容积（大于金属液面上空间）的密封容器（如图 7.18 中储气罐 4）保持充气过程中气源压力稳定。

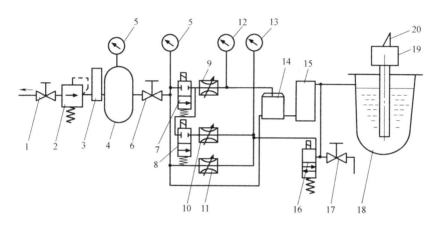

图 7.18 一种具有流量补偿能力的低压铸造非线性工艺气压控制系统

1、6、17—截止阀 2—调压阀 3—干燥包 4—储气罐 5—压力表 7、8、16—电磁空气换向阀 9、10、11—微流量调节阀 12、13—电接点压力表 14—气动继动器 15—滤气筒 18—承压密封容器 19—金属型 20—电触头

7.2.3 开合型机构

开合型装置是指完成金属型开合型的工艺装备。常见有垂直开合型、水平开合型及多方向开合型装置。开合型装置又由传动部分、机构部分和控制部分组成。传动部分可采用手动、机械传动、气动和液压传动的形式。目前较多采用液压传动形式，主要是因为它具有重量轻、体积小、传动平稳、过载保护可靠、无级调速范围较大，易于实现机械化自动化等特点。

开合型机构由机架、金属型装夹板、导向脱模板和导向杆等组成。机架是开合型机构的重要组成，是低压铸造设备的重要框架。机架是承受力的构件，它支承开合型的液压缸、金属型装夹板、导向脱模板、导向杆和金属型的重量和开合型力。常用的开合型机架有垂直型、水平型和垂直加水平型机架。

机架一般都处于保温炉上方。为了使铸型开合型机架与保温炉连接方便，并便于清理和装夹坩埚、坩埚盖、升液管以及装配金属型，常采用移动机架或机体结构。也可将保温炉设计成移动式的，但移动式保温炉的加热元件易受振动损坏，需十分注意维护保养。

立式低压铸造设备按机架结构及其在炉体上的固定方法，可分为活动式机架低压铸造设备和固定式机架低压铸造设备。活动式机架低压铸造设备有可分为吊装式机架低压铸造设备（见图7.19）、悬臂式低压铸造设备（见图7.20）、后倾式低压铸造设备（见图7.21）。固定式机架低压铸造设备，一般配备移动式保温炉（见图7.22），也有机架、保温炉固定式低压铸造设备（见图7.23）。

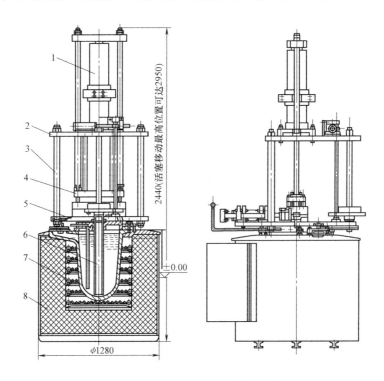

图 7.19　吊装式机架低压铸造设备
1—开合型液压缸　2—上固定板　3—立柱　4—活动板
5—下固定板　6—升液管　7—坩埚　8—保温炉

图 7.19 所示为吊装式机架低压铸造设备，整个开合型机构、铸型均安装在基准底座上，用起重设备将整个机架吊到保温炉上，并加以固定。该类型机架结构紧凑，安装维修方便，适合中、小铸件批量生产。

图 7.20 所示为悬臂式低压铸造设备，开合型机构由液压升降缸推动立柱升降，起到与保温炉密封和分离的作用，并可绕旋转立柱 8 在 180°范围内旋转，使用时便于坩埚清理。该类型低压铸造设备适用于小型铸件生产。

图 7.21 所示为后倾式低压铸造设备，将机架底板安装在支架上，利用倾转液压缸使支架做倾转动作，从而实现与炉体的配合与分离。该类型低压铸造设备结构

第7章 液态（铸造）成形设备

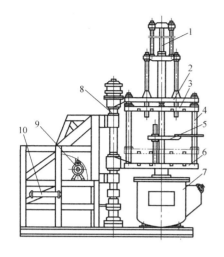

图7.20 悬臂式低压铸造设备
1—开合型液压缸 2—合型缸座 3—动型板
4—导向杆 5—取件机构 6—静型板
7—保温炉 8—旋转立柱 9—液
压泵电动机 10—油冷却器

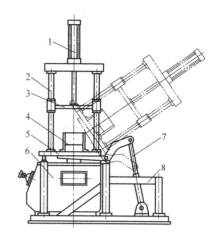

图7.21 后倾式低压铸造设备
1—开合型液压缸 2—立柱（导柱）
3—动型板 4—抽芯器 5—静型板
6—保温炉 7—倾转液压缸 8—支撑架

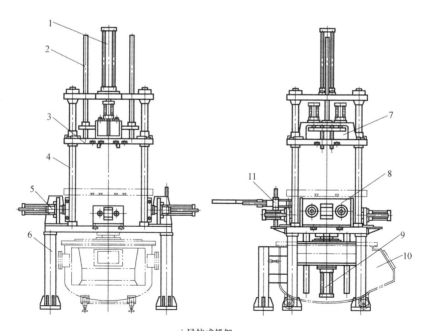

a) 导柱式机架

图7.22 固定式机架、移动式保温炉低压铸造设备

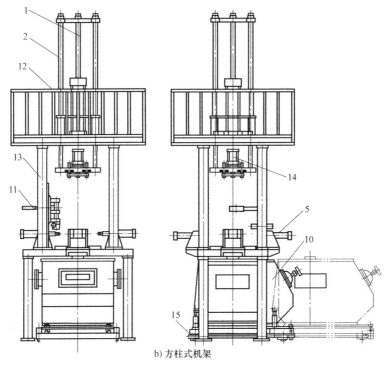

b) 方柱式机架

图 7.22 固定式机架、移动式保温炉低压铸造设备（续）
1—开合型液压缸 2—导向杆 3—动型板 4—导柱 5—抽芯缸 6—机架
7—顶出机构 8—后抽芯器 9—机架升降液压缸 10—保温炉 11—取件液压缸
12—防护栏 13—方柱 14—顶出液压缸 15—保温炉传动机构

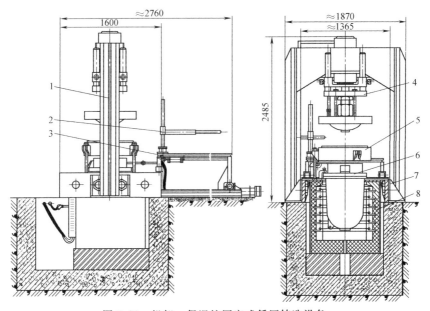

图 7.23 机架、保温炉固定式低压铸造设备
1—机架 2—取件机构 3—台车 4—开合型机构 5—铸型 6—承压密封容器 7—炉盖板 8—保温炉

紧凑，操作、维修方便，适用于中、小型铸件的生产。

图 7.22 所示为固定式机架、移动式保温炉低压铸造设备，该低压铸造设备机架固定不动，保温炉安装在移动的台车上，台车在液压缸或伺服机构驱动下，可沿导轨先后平稳移动。浇注时，通过举升系统把保温炉升起，实现保温炉与铸型、升液管及机架相互之间的配合密封。该类型低压铸造设备可用于大、中型铸件生产。根据立柱形式不同，可分为导柱式机架（见图 7.22a）和方柱式机架（见图 7.22b）。

图 7.23 所示为机架、保温炉（机体）固定式低压铸造设备，该低压铸造设备将保温炉固定在地坑中，可减小振动，保温炉的电阻丝、输电电缆、热电偶及补偿导线均可固定。

7.3 真空实型铸造设备

7.3.1 真空实型铸造设备概述

真空实型铸造又可称为消失模铸造或气化模铸造。1990 年美国铸造学会消失模委员会正式采用 EPC（Expandable Polystyrene Casting）作为消失模铸造方法的通用标准名称。EPC 方法是一种近净成形工艺，其工艺及设备较为简单，但技术含量较高。EPC 工艺分为 EPC 法和 EPC-V（真空消失模）法两种。针对真空实型铸造工艺，其设备也有独特性，可分成制模（白区）设备；造型、浇注（黑区）设备两类。

真空实型铸造工艺是将泡沫塑料（聚苯乙烯 EPS 等）制成的模型埋入无黏结剂的干砂中造型，采用微震加负压紧实，在一定真空度下浇入液态金属，浇铸和凝固过程中继续保持一定的真空度，使泡沫塑料气化继而被金属取代，形成铸件的一种新型铸造方法。EPC 铸造工艺过程如图 7.24 所示，包括成形泡沫模样或浇道（见图 7.24a），将模样和浇道粘接成模束模组（见图 7.24b），在模束模组上浸挂涂料（见图 7.24c），涂料干燥（见图 7.24d），将模组放入砂箱，填充干砂（见图 7.24e），振动造型使干砂充填到内腔并紧实（见图 7.24f），浇注使泡沫模样汽化消失成铸件（见图 7.24g），铸件冷却后取出清理（见图 7.24h）。

真空实型铸造工艺的特点如下：铸件尺寸精度高，表面粗糙度低；在内腔复杂高难度铸件生产中具有显著优势，易实现铸件轻量化和精确化；无须起模，工序及设备简单，原材料消耗少；合金收得率高；工艺装置寿命长；操作条件好，便于组织生产；适用范围广。

EPC 方法按生产工序划分，可分为白区工艺和黑区工艺，其生产设备也可被划分为白区设备和黑区设备。白区指的是制模工部，制作可发性泡沫零件模样，主要生产设备有珠粒储藏设备、预发泡机、成型机、粘合机、涂料搅拌机、样样烘干

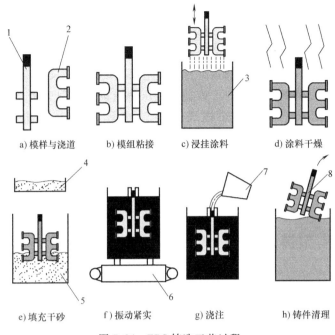

图 7.24 EPC 铸造工艺过程

1—泡沫浇道 2—泡沫模样 3—涂料桶 4—干砂斗 5—砂箱 6—振实台 7—浇包 8—铸型

炉；黑区为造型、浇注、砂处理和清理工部，主要设备为造型震实台、铸型输送器、熔炼、浇注设备、翻箱倒砂装置、铸件落砂输送机、抽真空设备、旧砂冷却再生系统、铸件清理设备等。

和砂型铸造不同，真空实型铸造涂层既能隔离金属液使其不粘砂，又能保证泡沫模样热解的气态和液态产物能通过涂层排出。因此真空实型铸造用涂料是关键技术之一，配制的涂料应具备良好的涂挂性、高的常温和高温强度、良好的涂层透气性和吸附能力。涂料制备及模样浸挂涂料、烘干部分，可类似称为黄区工艺，主要包括涂料制备、涂料、烘干等设备。

7.3.2 制模工部设备

一般来说，模样制作的方法有两种：一是发泡模具成型；二利用机床加工泡沫塑料坯块成型。前者适用于批量生产，后者适用于单件、小批量生产。设备主要有预发泡机、成型发泡机等。

在成型发泡之前，对原料珠粒进行预发泡和熟化是获得密度低、表面光洁、质量优良珠粒的必要条件。预发泡过程就是将原始珠粒加热到软化点以上，使发泡剂急速汽化膨胀，迫使珠粒达到泡沫模样所需的发泡密度，再迅速冷却使泡沫珠粒停止发泡，保持预发后的体积。国内真空实型铸造常用的预发泡机有三种：卧筒式真空预发泡机、侧卸式蒸汽预发泡机、底卸式蒸汽预发泡机。

真空预发泡机是利用双层卧筒内的蒸汽或热油加热筒壁，珠粒在筒内搅拌，受热软化，同时在筒内抽真空 20~30s，使真空度达到 60~80kPa。在真空辅助下和在发泡剂压力作用下，珠粒开始膨胀。达到密度要求后，往预发泡机内喷雾冷却，使珠粒定形。真空预发泡珠粒较干燥，不需干燥处理，但密度不易控制。

蒸汽预发泡是真空实型铸造的主流预发工艺，因为蒸汽能迅速均匀加热珠粒使其软化膨胀，并能迅速渗入珠粒内部辅助发泡。蒸汽预发泡机对预发泡珠粒料位监控较准确，可控制预发泡密度。蒸汽预发泡机分为侧卸式蒸汽预发泡机和底卸式蒸汽预发泡机。底卸式蒸汽预发泡机卸料快速，预发泡密度均匀，发泡剂损失较少。

不同泡沫塑料材料（如 EPS 和共聚物）因软化点不同，其预发泡温度和预发泡蒸汽压力不一样。铸件合金不同，其预发的泡沫堆积密度也不同。在保证泡沫模样的强度和表面质量前提下，泡沫模样密度偏低更好。

图 7.25 所示为间歇式泡沫塑料珠粒预发泡机结构。该设备的工作原理是将原始泡沫塑料珠粒从料桶上方加料斗定量加入，在搅拌的同时，从下方多孔板通入饱和蒸汽，珠粒受热后迅速膨胀达到所需体积后，打开料桶底门将预发泡后的珠粒卸至沸腾床经热风沸腾干燥。粉状珠粒经筛分除尘，结块珠粒经破碎后与合格珠粒一起吸入料仓。

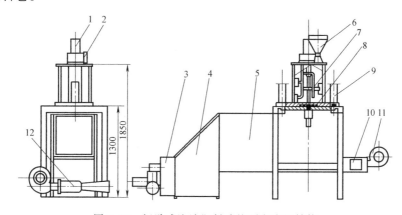

图 7.25 间歇式泡沫塑料珠粒预发泡机结构
1—变速器及电动机 2—放气阀 3—破碎装置 4—筛分装置 5—沸腾烘干装置 6—加料装置 7—搅拌架 8—卸料装置 9—气缸 10—预热器 11—风机 12—吸料管

将一次预发泡的分散珠粒填入模具内，再次加热进行二次发泡，这一过程叫作成型发泡。成型发泡的目的在于获得与模具内腔一致的整体模样。将预发泡后的珠粒由吸料仓定量填充入金属模腔内，经通蒸汽加热、发泡成型、喷冷却水，最后出模，获得模样。泡沫模样成型机分为卧式和立式两种。

图 7.26 是一种立式自动成型机，该机由机架、加料填充、液压及合模系统、水冷装置、真空系统、压缩空气系统及 PC 控制箱组成。该机采用加压与真空辅助

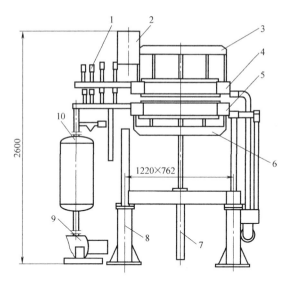

图 7.26 一种立式自动成型机
1—阀路系统 2—料缸 3—上支撑架 4—静模框 5—动模框
6—下支撑架 7—液压缸 8—支脚 9—真空泵 10—真空罐

自动吸料充填系统,有压缩空气脱模及真空辅助脱模等多种模式选择,液压驱动开合模,速度可调,具有成型模片空气加压水喷雾冷却及真空快速冷却与定型、蒸汽压力控制及蒸汽室压力反馈、模具快速更换等特点。

随着计算机及数控技术的发展,已发展出快速数控切割加工泡沫塑料模型的技术。使用该技术可以不使用上述成型模具及发泡设备发泡,大幅度降低设备的投入资金和生产成本,特别适合单件、小批量泡沫模样的生产。西安交通大学运用快速成型的基本原理,采用电热刀及电热丝作为刀具,将已成型的泡沫塑料坯块快捷、准确地加工成型。图 7.27 是西安交通大学开发的一种泡沫塑料快速成型设备,图 7.28 是采用这种设备加工完成的泡沫零件。其加工精度可以达到 ±0.1mm,完全能够满足铸造生产的需要。

7.3.3 典型黑区设备

真空实型铸造中干砂的加入、充填和紧实是得到优质铸件的重要工序。砂子的加入速度必须与砂子紧实过程相匹配,如果在紧实开始前将全部砂子都加入,会造成模样变形。砂子填充速度太快也会引起变形;但砂子填充太慢造成紧实过程时间过长,生产速度降低,并可能促使变形。真空实型铸造中型砂的紧实一般采用振动方式,紧实不足会导致浇注时铸型壁塌陷、胀大、粘砂和金属液渗入,而过度紧实振动会使模样变形。振动紧实应在加砂过程中进行,以便使砂子充入模型内部空腔,并保证砂子足够紧实而又不发生变形。

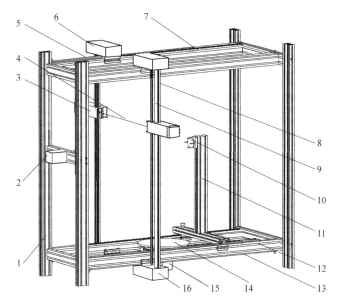

图 7.27 一种泡沫塑料快速成型设备

1—机架 2—水平旋转控制电动机 3—冷却风扇 4—电热切割丝 5—上水平同步传动带 6—水平移动电动机 7—上水平导轨 8—垂直同步传动带 9—水平移动杆 10—丁字架顶针 11—丁字架 12—下水平导轨 13—下同步传动带 14—转盘 15—垂直转动电动机 16—下水平、垂直移动电动机

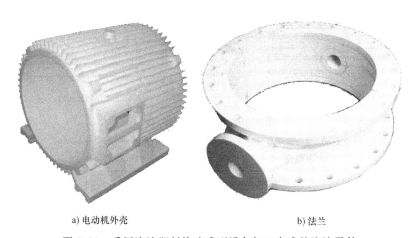

a) 电动机外壳   b) 法兰

图 7.28 采用泡沫塑料快速成型设备加工完成的泡沫零件

  振动紧实台是为了实现将干砂充填到模组周围及孔穴中,并形成适当的紧实度,振实方向分为垂直和水平振动;振动维数有一维、二维和三维。三维振动的充填和紧实效果最好,二维振动在模样放置和振动参数选定合理的情况下也能获得满意的紧实效果,一维振动通常被认为适于紧实结构较简单的模样。在一维振动中,垂直方向振动比水平方向振动效果好。垂直方向与水平方向两种振动的振幅和频率

均不相同或两种振动存在一定相位差时，所产生的振动轨迹有利于干砂的充填和紧实。

影响振动紧实效果的主要振动参数包括振动加速度、振幅和频率、振动时间等。振动台的激振力大小和被振物体总质量决定了振动加速度的大小，振动加速度在 $(1～2)g$ 范围内最佳，小于 $1g$ 对提高紧实度没有多大效果，而大于 $2.5g$ 容易损坏模样。在激振力相同条件下，振幅越小、振动频率越高，充填和紧实效果越好。振动时间过短，干砂不易充满模样各部位，特别是带水平空腔的模样的充填紧实不够；但振动时间过长，容易使模样损坏。

振动紧实台通常采用振动电动机作驱动源，结构简单，操作方便，成本低。根据振动电动机的数量及安装方式，振动紧实台分为一维紧实台、二维紧实台、三维紧实台及多维紧实台等。振动维数越多，振动紧实台的控制越复杂且成本越高，根据真空实型铸造工艺要求，目前常用振动紧实台有一维振动紧实台和三维振动紧实台，如图 7.29 所示。振动紧实台的基本组成包括激振器、隔振弹簧、工作台面、底座及控制系统等，其中激振器常用双极高转速的振动电动机，而隔振弹簧一般采用橡胶空气弹簧，以利于工作台面的自由升降。

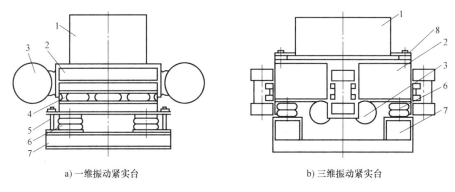

a) 一维振动紧实台　　　　　　b) 三维振动紧实台

图 7.29　振动紧实台结构

1—砂箱　2—振动台体　3—振动电动机　4—橡胶弹簧　5—高度限位杆　6—空气弹簧　7—底座　8—夹紧装置

图 7.29a 所示为一维振动紧实台，采用空气弹簧和橡胶弹簧联合使用，振动时砂子在砂箱内做垂直振动，通过橡胶弹簧做水平振动；砂箱与振动台之间无锁紧装置，依靠工作台面上的三根定位杆来实现砂箱与振动台面的定位；两台振动电动机采用变频器控制；用高度限位杆来限制空气弹簧的上升高度。该类结构振动紧实台简单实用，成本低，应用广泛。

图 7.29b 所示为三维振动紧实台，采用六台振动电动机，可配对形成 3 个方向上的振动；振动紧实时砂箱固定在振动台的台面上；空气弹簧可实现隔振与台面升降功能。该类结构振动紧实台可方便地实现一维、二维和三维振动及振动维数的相互转换。但设备成本较一维振动紧实台高，控制相对也复杂一些。

在 EPC-V 法工艺中，真空系统是最基本的设备之一。真空系统由真空泵、真空罐和真空软管组成，并按如图 7.30 所示连接起来，构成整个真空系统。在选择真空泵时，需要根据铸件大小、合金材质及砂箱大小及数量决定。一般选择水环式真空泵。选择的真空泵电动机功率也要在真空泵使用功率的两倍以上。

真空泵是真空负压系统的主体设备，常采用结构简单、维护方便的节能型水环式真空泵；要根据砂箱和抽气大小要求，选择抽气量合适的真空泵。水浴罐的作用是除去被抽气体中的灰尘与颗粒。

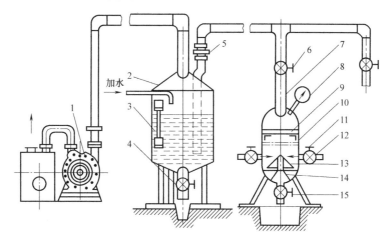

图 7.30 真空系统的组成

1—真空泵 2—水浴罐 3—水位计 4—排水阀 5—球阀 6—逆流阀
7—DN80 管 8—真空计 9—滤网 10—滤砂与分配罐 11—截止阀（数个）
12—进气管（数个） 13—挡尘罩 14—支托 15—排尘阀

7.4 挤压铸造机

挤压铸造是压铸技术和锻造技术的组合，也可称为液态模锻。其原理是对进入挤压铸造模具型腔内的液态（或半固态）金属施加较高的机械压力，使其成形和凝固，从而获得铸件。

此工艺是种介于模锻与压铸之间，实施铸锻结合的工艺。其与模锻不同，置于模具（铸型）中的不是固态坯料，而是液态（或半固态）金属；与普通压铸不同，其液态金属是自下而上缓慢、平稳充型的，并保持在高压力下凝固。分成直接和间接挤压两种挤压铸造工艺。

直接挤压铸造，包括直接冲头挤压铸造、柱塞挤压铸造等，即液态（或半固态）金属在压力推动下充填由冲头与凹模组成的型腔，且挤压冲头直接挤压在铸件上。间接挤压铸造，包括上压式和下顶式间接挤压铸造等，即液态（或半固态）

金属在压力推动下，充填已闭合锁型的型腔，挤压冲头通过内浇道将压力传递到铸件上。

挤压铸造可用于各种类型的合金，如铝合金、锌合金、铜合金、镁合金、灰铸铁、球磨铸铁、碳钢、不锈钢等。由于金属在冲头的压力下挤向模壁，同时受到模壁的阻力，其变形是在各个方向上只产生压应力而没有拉应力的情况下进行的，因而消除了脆性开裂的现象，因此也可以适用于一些脆性材料，如锡青铜。

挤压铸造时液体金属直接注入模腔内，由于浇注速度低，气体大部分可以从模腔排出；液态金属在高压下结晶，不致因体积收缩而产生缩孔；因此对于厚壁件，挤压铸造比压铸工艺更显出其优越性。挤压铸造时，由于没有浇注系统，当上下模闭合后，金属便在充分的压力下结晶成形，因而组织致密均一、晶粒细化。压力铸造所需的浇口、浇道及模具结构复杂，浇注系统耗用的金属量相当大，成本高；挤压铸造的模具比较简单、紧凑，不需要设置浇口套、喷嘴、浇注系统等结构，模具的加工费大大低于压铸模，使用寿命也较长。压力铸造时金属多从侧面进入型腔，很难避免正面冲击和涡流现象；挤压铸造工艺没有浇道，减少了产生涡流的条件，金属液按工件整个截面向上移动，平行于模底而无正面冲击现象。

挤压铸造时金属液在充足的压力下凝固结晶，其组织很致密，制件在纵向和横向所具有的力学性能要比模锻的毛坯均匀。挤压铸造制件外形准确、精度高（IT7~IT9）、表面粗糙度低（Ra 值为 $1.6\mu m$），有时不必再进行机械加工。使液态金属充满模膛要比固态的金属塑性变形容易，故挤压铸造成形所需能量低，所需设备的吨位只相当于模锻的 1/50~1/8；成形压力低，模具寿命显著提高。复杂零件采用挤压铸造可一次成形，无须模锻多工序成形。

根据锁模机构的开合型方向不同，挤压铸造机可分为立式挤压铸造机，如图 7.31a 所示，采用水平分型；卧式挤压铸造机，如图 7.31b 所示，采用垂直分型。为了创造良好的排气条件，挤压冲头对液态（或半固态）金属施加的力大都是垂直方向施加的（由上而下或由下而上）。

a) SCV立式挤压铸造机　　　　b) SCH卧式挤压铸造机

图 7.31　挤压铸造机实物（苏州三基）

立式挤压铸造机又称立式合模（水平分型）立式挤压（压射）挤压铸造机，适合于直接挤压铸造和间接挤压铸造生产。其结构特点是，在立式压力机基础上增加了浇注机构；改进了挤压（压射）系统；各种动作参数按挤压铸造要求进行设置；在配有自动浇注、自动喷涂及自动取件的条件下，可以实现全自动化生产。

图7.32所示为典型立式挤压铸造机，该挤压铸造机由机架、立式锁（合）模系统、立式挤压系统、液压系统和电气控制系统组成。合模系统有曲肘增力式和液压增力式两种结构；活动横梁可在设定位置精确定位，能预锁模，并迅速启动二次挤压，使设备具备双重挤压铸造功能；其立式压射系统置于设备工作台的下方，进行倾斜式浇注，摆正并提升后，由下而上进行压射。

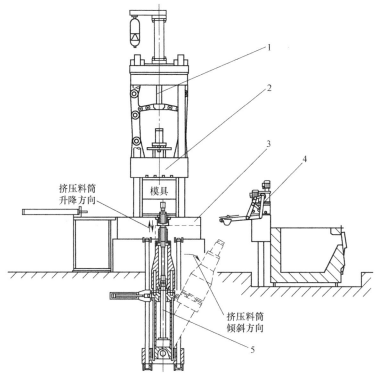

图7.32　典型立式挤压铸造机
1—合模系统　2—活动横梁　3—工作台　4—浇注机　5—压射系统

卧式挤压铸造机又称卧式合模（垂直分型）立式挤压（压射）挤压铸造机，一般适合于间接挤压铸造生产。其结构特点是，在卧式压铸机基础上，将挤压料筒（压室）垂直安装在动模（型）和定模（型）分型面下方，以实现浇入金属液的自下而上的立式挤压（压射）。此外，这类机型均应增加浇注机构，并将各种动作参数按挤压铸造要求进行设置，可在配置自动浇注、自动喷涂和自动取件条件下实现全自动化生产。

图 7.33 所示为典型卧式挤压铸造机，安装在动模板和定模板之间的模具在垂直方向上分型。该挤压铸造机由机架、卧式锁模系统、立式挤压系统、液压系统和电气控制系统组成。采用曲肘式合模机构，其动模板也可在设定位置精确定位，预锁模后迅速启动二次挤压，以实现双重挤压铸造功能。同立式挤压铸造机一样，压射系统也垂直置于动、定型（模）的分型面下方，倾斜时进行浇注，摆正并提升后，由下而上进行压射。

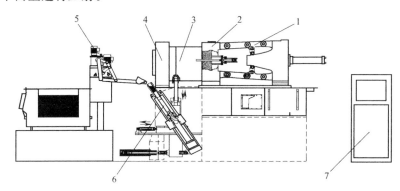

图 7.33　典型卧式挤压铸造机
1—合模系统　2—动模板　3—模具　4—定模板　5—浇注系统　6—压射系统　7—控制柜

挤铸机的挤压（压射）系统与普通压铸机的压射系统有较大的不同。一般来说，挤压系统（含挤压料筒）垂直安装在模具垂直分型面的正下方，同时液态（半固态）金属的进料口（直浇口）一般也设置在模具分型面的正下方。挤压料筒采取摆动完成浇注受料，再摆动到垂直位置与上下模具组成的进料口对接。当模具厚度发生变化时，进料口的位置也随之变化，挤压料筒及其挤压液压缸还可整体移动以适应这种变化，确保料筒垂直时料筒口与模具上的进料口对接。

卧式挤压铸造设备工作过程如图 7.34 所示。准备阶段进行模具清理、喷涂、合模和锁模；压射系统倾斜，浇注系统将液态（半固态）金属液浇入挤压料筒，如图 7.34a 所示；压射系统摆正，如图 7.34b 所示；压射系统上升，挤压料筒上升并伸进模具进料口，如图 7.34c 所示；挤压冲头上升挤压液态（半固态）金属液，充填模具型腔，并保压，如图 7.34d 所示；压射系统下降，模具开模、取件，如图 7.34e 所示。

目前，国内外卧式挤压铸造产品主要集中在汽车、摩托车、电器等领域，见表 7.1。其采用挤压铸造材料多为纯铝、A356 铝合金、ZL115 铝合金、ADC12 铝合金、AZ91D 镁合金等。卧式挤压铸造机也用于生产铜合金阀体、球铁片、模具钢件、锌合金蜗轮等其他材料零部件。

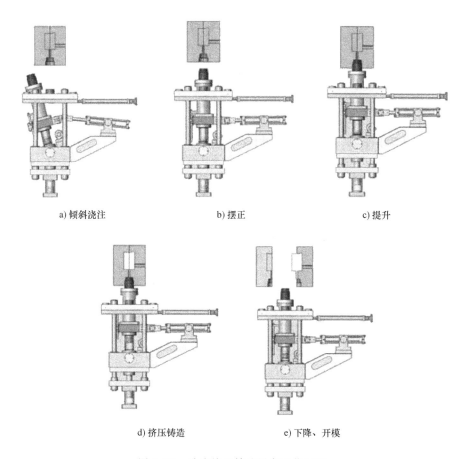

图 7.34 卧式挤压铸造设备工作过程

表 7.1 卧式挤压铸造产品

应用领域		零件名称
汽车	受力零件	转向节、下支臂、制动卡钳、ABS 零件、发动机支架、空压机连杆
	耐压、气密性零件	空调压缩机涡轮盘、缸体、前后盖、多支管、燃料分配管制动器缸体、离合器缸体
	耐磨零件	拨叉、泵壳体、摇臂、空压机活塞
摩托车、电动车、自行车	受力零件	上下联板、传动箱壳体、后衣架、车架体
	耐压、耐磨零件	减震筒、碟刹泵泵体
电器零件		磁盘驱动器箱体、电器主轴衬套、电器压紧环、影像磁鼓、加热板

思考与练习

[1] 试讨论具有增压器的压铸机压射机构中增压压力和背压腔 C_4 压力之间的关系。

[2] 压力铸造的特点是什么？简述压铸机的基本组成及作用。

[3] 简述热压室压铸机和冷压室压铸机的工作原理以及它们之间的区别。

[4] 请解释曲肘合模机构中的"死点"的意义。

[5] 简述低压铸造的工艺过程。简述低压铸造机的组成及其作用？

[6] 试讨论 DC550 型卧式冷压室压铸机压射液压系统实现慢速压射、快速压射、增压等过程的工作流程。

[7] 简述真空实型铸造"白区"和"黑区"工艺及设备。

[8] 快速数控切割加工泡沫塑料模型技术的特点是什么？

[9] 简述立式或卧式挤压铸造设备工作过程。

[10] 试讨论挤压铸造机和压铸机的异同。

第 8 章

车辆制造中的典型智能生产线

8.1 大型铝型材挤压自动化生产线

8.1.1 铝挤压型材在车辆中的应用及制造工艺

制造高速列车和城市轨道交通车辆车体所用的材料主要是铝合金、不锈钢、含铜耐磨钢。在汽车车身用材料中,铝合金材料比重逐渐扩大,如图 8.1 所示为汽车全铝车身骨架。铝合金挤压型材塑性好,强度高,比重轻,再生利用率极高,应用非常广泛。大型及超大型铝挤压机生产的薄壁、宽幅、高精度、复杂断面的铝合金型材在舰船、轨道车辆、大型客车等交通运载工具的提速、减重中发挥着重要作用。

图 8.1 汽车全铝车身骨架

铝有良好的综合性能,密度小,在同等条件下,与钢制车辆相比,铝合金可轻 35%~50%。按照全铝车身结构用蒙皮骨架整体化的大型挤压型材拼装焊接新工艺要求,优质高性能的高精铝合金型材尺寸偏差比普通型材小 50%;某些具有复杂外形的型材、变断面型材、大型整体带筋壁板及异型空心型材最大宽度可达 2500mm,最大断面积达 1500cm^2,最大长度达 25~30m,最重可达 2t;超高精度型材的最薄壁厚仅为 0.5mm,尺寸极限偏差仅为 ±0.0127mm。

铝合金车身减少了制动惯量和对轨道线路的静、动载荷冲击,使线路的维修周期和钢轨的寿命大大延长,另一方面,如铝合金车体采用宽幅型材断面结构组装,则从整体结构、强度性能和力学设计等方面更加趋于合理化,减轻重量的同时也降低了车体结构重心,提高了车体的稳定性,使车辆的综合性能指标更加优良,可获得巨大的经济效益和社会效益。飞机、舰艇、航空母舰、运输船舶等也将是特宽空心型材产品的重要市场。

铝合金挤压产品的需求推动着铝挤压加工技术不断发展和进步。生产这类极具挑战力的工业铝型材,装备必须要精良,需要配备性能卓越的现代化大型、重型铝挤压机,配套齐全的先进后部处理设备,以及挤压生产专用的计算机软件系统。

典型的铝型材挤压工艺流程如图 8.2 所示,图中实线框所示工序为挤压车间工序,虚线框所示工序为非挤压车间工序。从工艺流程看,可分为坯锭加热等前处理工序,型材挤压、淬火等后处理工序。相应设备也可分为前处理设备、挤压机、后处理设备等。

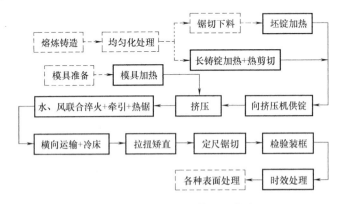

图 8.2 典型的铝型材挤压工艺流程

8.1.2 短行程前上料卧式铝挤压机结构

随着航空、航天、舰船和高铁等国防和重大战略新兴产业加快向轻量化、高速化方向发展,对工业铝材的结构和性能提出了更新、更高、更严格的要求,大型整体化、薄壁复杂化和宽幅扁平化的高精度、高性能工业铝材的市场需求巨大,且还在日益增加,而生产这类极具挑战性的高端工业铝材,必须装备能够进行超大规格工业铝材制品挤压的高性能现代化铝挤压机,特别是重型(公称力>200MN)卧式铝挤压机。

大型、重型卧式铝挤压机一般采用短行程前上料方式和三梁四柱预应力组合框架结构,由液压泵直接驱动,配置先进的机电液控制元件和系统,以及配套齐全的机械化辅助设备,采用 PLC 与计算机两级控制,使液压机的速度、位置和压力得到精确的控制,适宜生产制造,利于操作维护。短行程前上料挤压机相对传统长行程挤压机有以下优点:

1) 短行程挤压机的挤压行程比常规挤压机缩短 1/3,机架开档减小 1/6,使受力框架具有更高的刚度。

2) 主侧缸容积减小,减少了液压油的使用量,从而提高了速度控制精度和压力控制精度。也缩短了升、卸压时间,降低了能耗和减轻卸压时油的冲击。

3) 取消垫片循环系统,减少无功作业时间,降低生产线的功率消耗。非挤压辅助时间减少 15%。

4）采用固定挤压垫片，可以使挤压垫片保持恒定的温度。

5）供锭时，坯锭中心与挤压筒中心一致，实现无摩擦装料（尤其适合表面要求高的型材挤压）。

6）坯锭对称镦粗，挤压杆不存在偏心载荷，挤压筒不产生横向力，延长工具寿命。

7）顺序对称镦粗，改善排气操作，易将极少的空气排出，避免产生气蚀/气爆。

8）伸缩式自适应供锭器可以根据坯锭长度进行调节，即挤压筒和挤压杆的回程距离可以依据实际坯锭长度进行控制，缩短非挤压辅助时间。

短行程前上料卧式挤压机由机械本体、液压传动与控制系统、电气控制及辅助上料系统构成，其结构和实物如图 8.3 所示。挤压机本体由预应力组合框架、主工

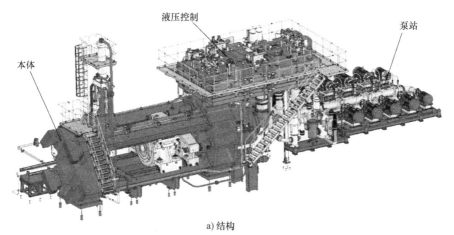

a）结构

b）实物

图 8.3　短行程前上料卧式挤压机结构和实物

作缸、侧缸、挤压梁装置、挤压筒装置、挤压筒锁紧缸、移动模架装置、主剪装置、快换模装置、下导向架装置等部件构成。为降低张力柱制造周期和成本、提高多个张力柱性能一致性，采用了组合叠板预应力组合框架。

挤压机液压传动与控制系统的泵站采用集成化设计，集中布置在压力机后部，由一定数量的液压主泵、辅助泵以及冷却循环系统构成。油箱安装在压力机后上方，油箱周围设有平台、栏杆和梯子。挤压机液压操纵系统由集成控制阀块构成，集中布置在挤压机后上方主油箱的顶部。主系统的集成控制阀块采用二通插装阀，由不同功能的插装件、控制盖板和先导控制阀组成。

挤压机辅助上料装置一般由运锭小车、推锭装置、供锭机械手、压余溜槽、压余运输机、挤压垫滑装置组成。某夹钳式自适应可伸缩供锭机械手（供锭器）机械结构如图8.4所示。供锭器钳口由活动钳口7和固定钳口8组成，活动钳口7可根据坯锭长度向固定钳口8自动靠拢，甚至相互完全重合。供锭器的液压系统包括液压缸、比例电磁阀、液控单向阀、平衡阀等，集成于一个阀块上。由一个恒压泵提供压力油，工作压力为10MPa且可调。比例电磁阀可以实现供锭器的速度柔性调节，减小冲击和噪声；平衡阀可以实现保压功能。

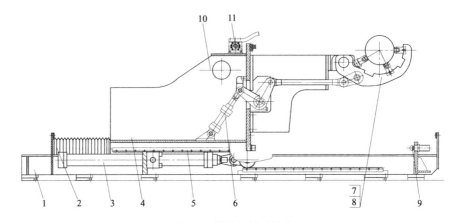

图 8.4 供锭机械手结构

1—底座 2—防尘罩 3—驱动液压缸 4—活动架 5—齿轮齿条机构 6—托举液压缸
7—活动钳口 8—固定钳口 9—液压缓冲器 10—伺服电动机 11—滚珠丝杠传动系统

8.1.3 225MN重型卧式铝挤压成套设备

太原重工股份有限公司于2017先后试车成功并投产了两台225MN卧式铝挤压自动化设备生产线，如图8.5所示，是目前投产并正式运行的最大吨位卧式铝挤压机。国内首创了超高水平性能一致性的大型叠板式张力柱设计制造方法，突破了重型卧式铝挤压机框架承载能力、成套装备多机协同及生产线匹配等多项关键共性技术。

225MN 重型卧式铝挤压成套设备主要有机前处理设备、铝挤压机主机和机后处理设备。机前处理设备主要包括加热炉、运锭、润滑、推锭和供锭装置，铝挤压机主机除承载框架结构外，还包括工作缸、挤压梁、挤压筒、主剪、移动模架和快换模架装置等主要部件，机后处理设备主要包括前梁导正辊、在线水风冷联合淬火、双牵引、中断锯切压料、冷床移料、在线拉直机、定尺锯和成品卸料装置。生产线具体工作流程为模具加热炉、铝锭加热炉分别加热模具及铝锭，模具加热到目标温度后装入挤压机等待挤压，铝锭加热到目标温度后经外径热剥皮处理后由挤压机械化设备自动转运到挤压机内部开始挤压，经挤压机挤出的成品经双牵引机牵引进入水风冷淬火设备进行在线热处理，然后中断锯切再由冷床横向转运至拉扭矫直机对制品进行在线扭转拉直，完成后再经储料台、运输辊道等自动进行在线定尺，在终端锯切成成品。

图 8.5　225MN 卧式铝挤压自动化设备生产线

机前设备的模具加热炉用于挤压之前挤压机工模具的预加热；铝锭加热炉用于挤压之前铝锭的预梯度加热及剥皮；挤压机机械化辅机用于挤压机与铝锭加热炉之间的自动化铝锭转运，最终铝锭供入挤压机准备挤压。运锭装置将感应炉加热好的锭坯运送到移动辊道上，移动辊道平稳运送至供锭机械手入口一侧，由推锭装置将锭坯推入供锭机械手的钳口上。推锭装置支架横跨移动辊道和供锭机械手，由电动机（变频控制）带动链轮、链条和推头，将锭坯运送小车上的锭坯推到供锭器上；推头的位置由编码器控制，可以检测每一根锭坯的实际长度，提供给下次循环。供锭机械手为活塞缸驱动式，设置于挤压筒的后端面与挤压杆之间的挤压中心外侧，可从挤压筒的后端面将锭坯水平送至压力机的中心；供锭机械手钳口辊子采用滚针轴承，耐温 100℃。固定挤压垫的润滑装置装在挤压机的上机架非操作侧，由液压缸驱动摆入或摆出；挤压垫的润滑采用氮化硼粉末。

挤压后处理设备主要用于经挤压机挤出的制品，经在线热处理、牵引、中断锯切、拉直以及终段定尺锯切形成最终的成品。主要由三大关键设备组成，分别为在线水-风冷淬火装置、双牵引机装置、拉直机装置。

1. 在线水-风冷淬火装置

在线水-风冷淬火是大型铝挤压后部设备中最关键的装置，其配置的优劣直接决定着制品的强度、成品率和工作效率，以及用户的能耗成本和人工成本。传统水淬设备为立式淬火炉和简易的在线淬火装置。前者为离线淬火，需转运及二次加热；后者利用挤压预热在线淬火，但结构简单，淬火过程控制困难，材料性能不均匀。

225MN卧式铝挤压生产线在线水-风冷联合淬火装置，如图8.6所示，靠近挤压前梁出口前端面为第一段，其既有水冷、又有风冷，第二段为纯风冷。

图8.6 225MN卧式铝挤压生产线在线水-风冷联合淬火装置

第一段水-风冷联合淬火通道的截面如图8.7所示，左和右侧上风箱可以单独或整体升降，中间上风箱可以单独升降，各采用纵向两个液压缸驱动，单向直线导轨导向，结合编码器行程控制实现升降的同步。中间带耐热毛毡辊道的下风箱由液压缸驱动，导向杆导向同步。辊道耐热毛毡温度高于或等于600℃。

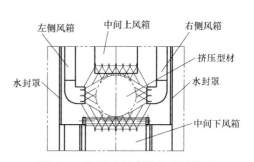

图8.7 水-风冷联合淬火通道截面

水-风冷淬火通道的上部左、右及中间风箱的升降，主要是因为牵引机牵引第一件挤压的型材通过水风淬火通道。此时水-风冷淬火通道的上部左、右及中间风箱在上位。中间带耐热毛毡辊道的下风箱升降主要功能是适应不同制品的高度差异，通过升降辊道尽量保证使挤压机刚挤压出的制品中心线与挤压中心线保持一致，避免出现因制品高温时下挠再经水冷淬火使得制品出现不可逆转的弯曲度造成废品。左侧和右侧风箱的外围有水密封罩，左右通过密封防止水冷时水汽外溢，前后端面采用风刀防止水冷时水汽外溢，风刀通过前后各四台风机提供风量。

此在线水-风冷联合淬火装置可以实现水雾冷、强水冷、高强水冷、过水冷却和风冷的功能，可以根据铝及铝合金材料的性能、形状、厚度等进行冷却功能的选择。

水冷段通道总长15m，距离挤压机前梁前端面1m，水量由靠近前梁段、通道中部段、通道尾端三段控制。强水冷、高强水冷通过喷嘴管上喷嘴喷出，喷嘴纵向间距300mm，水冷喷嘴与风嘴之间三个区域每个区纵向间隔布置28件喷水管，28

件喷水管道由 12 个比例阀和流量计来控制。15m 长通道共分三段，所以共采用 36 件比例阀和流量计进行淬火水量闭环控制。同时水量采用带变频器的 3 台大功率水泵，最大压力为 1MPa，这种配置为降低水冷淬火过程中型材的变形提供了最大的灵活性。

过水冷却主要功能为对直径较大的铝及铝合金棒材进行淬火或冷却。在铝及铝合金制品进行过水冷却时，强水冷和高强水冷的风箱和水密封罩处于打开状态，然后放置过水冷却水槽于强水冷和高强水冷的下风箱辊道上固定。过水冷却水槽为自带耐热辊的前后端面开口的不锈钢水槽。

风冷段纵向长 15m+8m，即靠近前梁的第一段水风冷段 15m 和后续的第二段 8m。后续的第二段 8m 纯风冷段机械结构与第一段水风冷段基本相同，左侧和右侧上风箱可以单独或整体升降，中间上风箱可以单独升降，各采用纵向两个液压缸驱动，单向直线导轨导向，结合编码器行程控制实现升降的同步。中间下风箱固定不动。风冷段纵向第一段和第二段每段有 6 个风道，分别为左上风道、右上风道、左下风道、右下风道、左侧风道、右侧风道，风嘴的纵向间隔为 300mm。风冷通道共两段，每段 6 个区，每个由 1 台带变频器的风机和开关阀独立送风，顶部的风嘴可以上下升降，以保证不同高度的型材上平面与风嘴距离保持一致。

2. 双牵引机装置

铝及铝合金坯锭经挤压时，金属通过模具工作带流出模口，因模具工作带圆周对金属流动摩擦阻力的不均匀性，造成了挤出型材的扭曲变形；采用双孔或多孔模挤压，会造成挤出的两件或多件型材在长度方向上长短不一；经挤压挤出的制品流出模口后，直接进入水风冷淬火，温度急剧降低，会造成制品的变形。牵引的功能即是给经挤压的制品一定的恒定张力，使其能降低模具工作带圆周对金属流动的摩擦阻力的不均匀性和进入水风冷淬火温度降低而造成的制品变形，提高制品的成品率；采用双孔或多孔模挤压，避免两件和多件制品之间的互相摩擦，从而提高制品的表面质量；增加许可的挤压速度范围，从而提高生产率。

牵引机结构布置一般有三种方式：单牵引结构、交接式牵引机、交替式牵引机。225MN 卧式铝挤压生产线采用交替式双牵引机如图 8.8 所示，1#牵引机和 2#牵引机分别在上轨道和下轨道上纵向运行，当一个牵引机的牵引头在进给位，另一个牵引机的牵引头在返回位时，二者可以互相在纵向交错运行，互不干涉。任意一台牵引机都可以通过水-风冷淬火通道到达前梁出口进行牵引。

牵引机传动采用伺服电动机-减速机-斜齿轮齿条的传动形式，相对于传统的变频电动机-减速机-链轮链条、变频电动机-减速机-同步带的传动形

图 8.8 交替式双牵引机

式，具有如下优点：采用斜齿轮齿条，既可以承受较大的牵引力，又因齿隙较小，可以获得较高的恒定力矩控制精度，从而提高制品的成品率；采用伺服电动机减速机，频响高且力矩控制的范围比变频电动机要宽，可以获得接近于无级控制范围的牵引力。

牵引机是一个纵向运行在轨道上的车体，其由带12个辊轮的整体钢结构框架组成。车体导向轮的间隙可以沿对角线方向进行调整。为减小车体辊轮在轨道交接处的震动进而平稳运行，轨道采用45°交错拼接。车体上带有液压制动缸，在车体处于运行过程中的中间停止或维修状态时，制动缸处于制动状态，以保证运行中间过程中的位置精度和维修状态时的安全性。

车体上设置钢结构框架的牵引头，牵引头通过直线导轨滑块导向，液压马达控制进行横向进给和返回。牵引头上设置钢指片和下支承板夹紧铝型材，指片和下支承板可以在牵引头上上升或下降，指片还能单独打开或关闭。牵引头在横向进给位，为了确保牵引头在牵引时的稳定性，此位置还设置了液压插销锁。在牵引卸料时，为了确保型材脱离指片，牵引机在指片松开后会继续前行一小段距离。所有动作都通过液压装置实现，每个牵引机都装设一个小的液压装置。每台牵引机都采用恒张力控制，可以独立调节牵引力。

牵引机驱动装置直接安装在机身上，采用两台伺服电动机减速机齿条齿轮传动，其定位精度通过一个绝对式编码器来控制；因为行程较长，所以电源的供给采用滑线装置，信号的传输控制采用了光通信。

双牵引循环模式为对铝及铝合金在挤压后处理过程中可能出现的问题执行对应的循环模式而设计，主要包括：1#/2#牵引机单独自动复位循环；1#/2#牵引机单独自动回零循环；1#/2#牵引机力矩循环；1#/2#牵引机单独自动卸料循环；1#/2#牵引机单独自动到锯循环；双牵引自动到锯循环；双牵引自动定锯锯切循环；双牵引自动飞锯锯切循环；处理最后一根挤压制品循环。

3. 拉直机装置

拉伸是消除铝及铝合金型材制品残余应力的最简单方法，可有效达到基本消除残余应力和明显改善不平度的目的。铝及铝合金在挤压过程中，因模具周围摩擦力的不均匀和后续的风水冷淬火等因素的影响，会造成制品纵向弯曲（波浪形）、横向弯曲或中间瓢曲等形状缺陷。为了消除这些缺陷，需要采用拉直机进行拉直。

根据拉直机钳口夹钳的形式来分，拉直机有三种形式：摆动式指片夹紧式、斜楔式夹紧式、上下正压夹钳夹紧式。相对于前两种结构，上下正压夹钳夹紧式拉直机制品拉直完成后，上下钳口打开，不会存在"卡齿"或"卡料"的现象，从而提高了工作效率。且因其是上下正压，所以与制品的高度差无关。

根据拉直机液压缸拉伸的形式来分，拉直机有两种形式：活塞腔拉伸式拉直机，其液压缸缸体固定于与基础联结的底座，活塞杆连接一纵向活动的小梁，小梁再通过拉杆和螺母与活动拉伸头连接；活塞杆腔拉伸式拉直机，其液压缸缸体固定于与基础联结的底座，活塞杆通过螺母直接与拉伸头连接。活塞杆腔拉伸式拉直机需液压缸缸体较大，但相对活塞腔拉伸式拉直机，其结构简单，成本相对更低。

225MN 卧式铝挤压生产线用拉直机采用活塞杆腔拉伸式的上下正压夹钳夹紧式结构，如图 8.9 所示。其机械结构主要由 3 部分组成，分别是拉伸头装置、尾拉伸装置、底座及机内托辊装置。

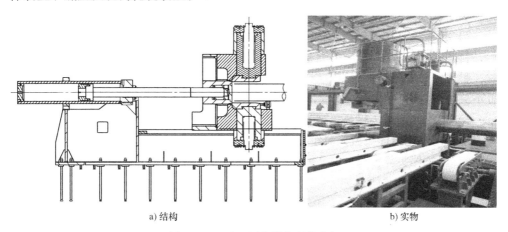

a) 结构　　　　　　　　　　　　　　b) 实物

图 8.9　上下正压夹钳夹紧拉直机

拉直机拉伸头装置中上下行程不同的两个倒装液压缸设置在锻焊件拉伸头上，由活塞杆固定，缸体上升或下降时通过无油润滑轴承导向。拉伸液压缸缸体固定在拉直机拉伸头装置的底座上，拉伸液压缸活塞杆端与拉伸头锻焊件通过螺母连接，且中间增加球面垫，防止在拉伸过程中产生的不可避免的偏载，从而延长了拉伸液压缸密封寿命。拉伸头锻焊件的纵向运动通过铜滑板导向。

同拉直机拉伸头装置，拉直机尾拉伸装置中上下行程不同的两个倒装液压缸设置于锻焊件尾拉伸头上，由活塞杆固定，缸体上升或下降时通过无油润滑轴承导向。尾拉伸头锻焊件上安装了四个车轮，其中两个是主动轮，两个是被动轮，主动轮通过带变频的电动机减速机链轮链条驱动，从而使得拉直机尾拉伸装置能够纵向运行。拉直机尾拉伸头锻焊件上一左一右还安装了两个插销缸，在拉直机尾拉伸纵向运行到根据需要拉直的制品长度确定好的位置时，插销缸推出，从而推动插销插入拉伸机底座装置上加工的锁孔，用于尾拉伸头在拉直制品时的定位。拉直机尾拉伸头运行的位置通过激光测距检测，并通过两个光电开关对应每个锁孔两侧的反光片定位，二者同时发信号时，锁销插入。

尾拉伸头的液压控制系统、控制柜、悬挂式操作台和平台栏杆设置在尾拉伸的锻焊件上，操作工跟随操作拉伸头。电动机减速机、液压泵及阀等控制电源采用滑线供电，PLC 通过光通信提供控制信号。

拉直机底座由 Q355B 厚钢板焊接成一件 U 形钢结构框架，框架上方设置用于拉直机尾拉伸车轮纵向运动的耐磨钢板。框架左右两侧板加工用于拉直机尾拉伸头插销插入的圆形锁孔。在框架的内部设置机内托辊装置，拉直机在预拉伸时，机内托辊将要拉伸的铝及铝合金制品从过桥同步带上托起，防止制品对同步带产生纵向摩擦而损坏同步带或同步带装置。

拉直机动作工艺主要有如下：

1）拉伸头回零循环，拉伸头返回到极限位开关处，开关发信，编码器清零，主要用于拉伸头编码器的复位。

2）拉伸头复位循环，拉伸头的复位指的是拉伸头回到与牵引卸料执行完成后，料尾与拉伸头相对的固定位置，此位置能使得制品在横向转移到拉直机中心时，料尾刚好进入拉伸头钳口喉深的合适位置，在上下夹钳夹持制品时，拉伸头位置不会再进行调整。

3）尾拉伸头回零循环，尾拉伸头返回到极限位开关处，开关发信，编码器清零，主要用于尾拉伸头激光测距的复位。

4）尾拉伸头复位循环。

5）自动拉直循环。

8.2 汽车焊装智能化柔性生产线

8.2.1 白车身焊装生产线的组成与典型结构

将模块化思想引入汽车的设计与制造后，通常会将车身（整体承载式车型）看作是由发动机盖总成、顶盖总成、地板总成、左右侧围内/外板总成等一级分总成组成，而根据这些又将白车身焊接生产线的工艺构成分为主焊接线、补焊接线、小件焊接线、侧围内/外板焊接线、地板焊接线、门盖安装调节线。

国外汽车焊装线的发展主要经历了以下三个阶段：第一阶段是手工焊装阶段，主要采用悬挂式电阻点焊机，在汽车焊装的全过程采用人工点焊的形式，自动化程度较低。第二阶段是刚性焊装生产阶段，引入多点自动焊机和机械手，自动化设备的大量使用使效率较前一阶段大大提高，但是设备基本为专用设备，改型或新车型需要新建焊装线，不利于汽车的更新换代。第三阶段是20世纪末开始应用的柔性焊装生产线阶段，此时焊装线大量使用机器人，柔性化程度高。进入21世纪以来，汽车焊装线向着柔性化与智能化程度更高的方向发展。

国外白车身焊装车间首先大规模地采用机器人，在技术积累的过程中形成了KUKA、ABB、FANUC等机器人生产商以及COMAU、TRUMPF等机器人应用集成商。如重庆长安汽车股份有限公司滑橇焊装线由意大利COMAU公司设计制造，一汽-大众汽车有限公司A4机动辊道滑橇运输线由意大利COMAU公司设计制造；上汽大众汽车有限公司三厂滑橇输送焊装线由DÜRR、KUKA、德国大众汽车集团设计制造。广州瑞松北斗汽车装备有限公司也从20世纪末代理松下机器人、点焊机起步，发展成为颇具规模的汽车白车身焊装柔性自动化生产线研发制造商，为广州汽车集团乘用车有限公司、中国第一汽车集团有限公司、比亚迪股份有限公司、广汽丰田汽车有限公司、广汽本田汽车有限公司等企业完成柔性机器人焊装生产线项目。2011年，在广汽三菱汽车有限公司自动化车间的焊装项目中，首次实现国内汽车设备生产商独立完成整车厂自动化项目。

白车身焊接工艺中通常将车身分为多个总成，各个总成又分为若干个分总成，一级一级分解为小总成等，直至由若干个零件组成。在车身焊装时，通常先将零件焊装成最小单元总成，再焊装直至总成，最后焊装成车身。产线、设备也围绕各级总成配备来设计。一般乘用车车身需要的拼装焊接总成主要分为四门两盖总成、左/右侧围总成、车身底板发动机舱总成等，最终车身总成拼装焊接。因此白车身主要由以下几大类分总成组成：

1) 地板总成，车身地板是车身的基础，车身骨架直接或者间接地焊接在车身地板上，因此为了保证整车的安全性，车身地板应该具有足够的强度和刚度。地板总成由地板骨架、地板上盖板、中间通道、门槛、轮罩等构成。轿车的地板骨架由纵梁、横梁交错构成，是主要的受力元件，起到主要支撑的作用。

2) 侧围总成，侧围总成主要由前支撑板、前立柱、中立柱、后立柱、后风窗支柱、顶盖侧梁、门槛外板以及后翼子板焊接而成。侧围总成既要满足车身外观的美观要求，又要保证其刚度确保乘客侧向的安全性。另外，在白车身焊装线中，侧围总成常在总拼工位上件，因此侧围总成的定位精度对整车的外观和精度有很大的影响。

3) 顶盖总成，顶盖总成是轮廓尺寸较大的覆盖件，主要是由整体板式冲压件构成。顶盖是轿车车身框架的主要构成部分，顶盖的高强度刚度对轿车的安全性具有重要意义。顶盖由顶盖横梁和顶盖盖板组成。顶盖前后横梁分别与前后风窗支柱内板焊接在一起，与左右侧围的侧梁共同构成了轿车乘客区顶部的受力骨架。

4) 车门总成，车门包含加强件和内外板，外板与内板压合在一起构成车门。车门是整车的外观件，因此要求车门要有较高的加工精度以保证装配精度。

前地板和后地板焊接完毕后形成车身底部，在主焊装线上与左右侧围分总成、发动机舱分总成以及行李箱分总成进行拼接焊接形成车身框架，最后焊接四门两盖（前后左右车门、发动机舱盖、行李箱盖）形成白车身总成。

图8.10所示为两种标准分总成焊装柔性生产线。方案一具有流水线总成焊装和离线夹具库，在6min内可实现车型切换，应用于小批量切换，每条生产线可实现4~6种车型切换，已在年产量20万量以上侧围等焊装生产线上得到应用。方案二可实现随机柔性生产，或每条生产线多达9种车型的小批量切换，已在年产10万~25万量的多个汽车制造商处得到应用。采用此类标准分总成焊装柔性生产线可实现多车型间全自动、快速切换；新车型导入时间短、投资成本低；新车型调试不影响量产车型生产；相对占地面积小，系统维护简单。

a) 方案一

b) 方案二

图 8.10　两种标准分总成焊装柔性生产线

图 8.11 所示为两种标准地板总成焊装柔性生产线。方案一采用伺服往复杆结合 NC 定位单元，传输速度快，可达到 1m/s 以上；不需要返回线、降低一次投资；新车型导入调试时间短、投资小；运行稳定，噪声小，免维护。已应用于 6 车型前地板总成焊装线，车型之间切换时间 15s。方案二采用高速齿轮齿条驱动台车，传输动作时间 6s（岗位间距 6000mm，平均速度 1m/s）；通过地坑返回，不占用空间；采用定位系统编程控制，降低投资。应用于 5~9 车型前地板总成焊装线，采用插拔块 6min 内可实现车型切换，应用于小批量切换。

图 8.12 所示为一种标准总拼柔性生产线，其柔性程度非常高，最大能对应 8 个车型；机器人可紧凑配置 14 台，能确保点定岗位打点，保障车身精度、品质；但初期投入成本较高。已用于某年产 25 万小批量切换的总拼生产线。

8.2.2　汽车焊装柔性生产关键设备

1. 工业机器人电阻点焊工作站

工业机器人电阻点焊工作站通用布置（未含焊枪）如图 8.13 所示。工业机器人电阻点焊工作站一般包括机器人系统、焊枪、冷却水系统、电阻焊控制装

第8章 车辆制造中的典型智能生产线

a) 方案一

b) 方案二

图 8.11 两种标准地板总成焊线柔性生产线

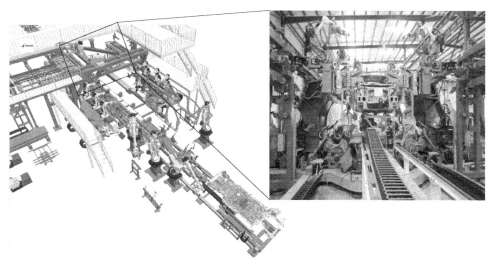

图 8.12 标准总拼柔性生产线

置、焊接工作台、焊接夹具切换装置等。为了适应多品种的工件，机器人可带自动换枪（Automatic Tool Changer，ATC）装置，自动更换焊枪，以满足各种产品的需求。

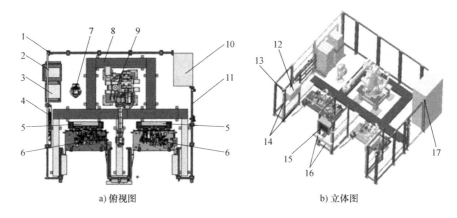

a) 俯视图　　　　　　　　　　b) 立体图

图 8.13　工业机器人电阻点焊工作站通用布置

1—外围　2—机器人控制柜+焊接控制柜　3—PLC 控制柜　4—水气站　5—夹具切换装置　6—夹具
7—电极修磨器　8—线槽　9—机器人底座+机器人　10—配电柜　11—安全门　12—阀控制柜
13—三色指示灯　14—安全光栅　15—触摸屏　16—操作按钮盒　17—安全门开启指示灯

一般工业机器人电阻点焊工作站至少配有两套夹具切换装置,以提高生产效率,满足生产节拍。图 8.14 给出了几种典型的工业机器人电阻点焊工作站夹具切换装置。

夹具切换装置 I 的工作过程如下:

① 夹具推入到位。

② 切换装置的定位销插入,定位夹具。

③ 切换装置压紧夹具。

夹具切换装置 II 的工作过程如下:

① 夹具推入到位。

② 切换装置的定位销顶起(两定位销两托块连同夹具顶起)。

夹具切换装置 III 的工作过程如下:

① 叉车将夹具安装至夹具切换装置上。

② 叉车退出。

③ 压紧装置将夹具固定。

夹具切换装置 IV 的工作过程如下:

① 人工推动夹具台车跟切换机构对接。

② 锁止台车后解除夹具固定装置,将夹具推向切换机构。

③ 夹具沿滑轮移动到位后,按下按钮,顶升气缸下降,夹具落到定位销及托块下,完成夹具切换。

夹具切换装置 V 的工作过程如下:

① 夹具推入到位。

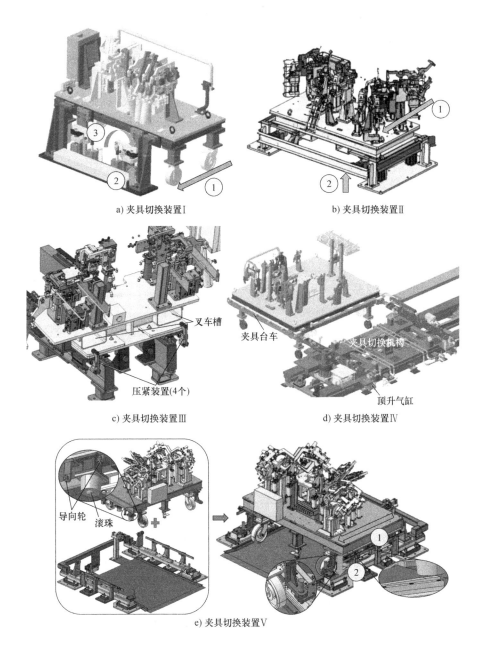

图 8.14 典型的工业机器人电阻点焊工作站夹具切换装置

② 插上定位销，定位销可为手插销，也可改其他气动定位形式。

夹具切换装置Ⅰ结构简单，切换方便，但重复精度相对低，对地面平整度有要求，焊前可对其取三个点进行验证。夹具切换装置Ⅱ的结构跟夹具切换装置Ⅰ差不多，切换方便，解决了夹具切换装置Ⅰ重复精度差的问题，对地面要求不高，但气压必须稳定，不允许有气缸及气管泄气问题。夹具切换装置Ⅲ结构简单，只是切换夹具不太方便，需要叉车配合，切换时间长，夹具存放要做夹具存放库。夹具切换装置Ⅳ切换方便，精度高，装置上的气缸初始位置为举升状态，夹具到位后气缸下降，夹具落到位后锁紧。夹具台车是夹具存放点到切换装置之间的搬送工具，但该装置相对比较复杂，造价相对高，一般用于大的自动焊装线夹具的切换。夹具切换装置Ⅴ结构设计巧妙，重复精度好，切换方便，夹具直接推进去，夹具上的滚珠经过一个小斜坡后到达一个平面，然后插上后面的定位销（也可以改为其他气动的定位装置），夹具切换完成。

2. 工业机器人弧焊工作站

图 8.15 所示为某基于工业机器人的弧焊柔性生产线，该条生产线对应 8 个车型。采用标准弧焊配置方案，使用标准化模块解决客户的定制化需求；具有良好的外设扩展性；附加视觉系统、烟尘过滤系统、焊缝质量检验系统，具备智能化特征。

典型的工业机器人弧焊工作站一般包括机器人系统、焊枪、焊接电源、送丝装置、焊接变位机，典型的布置方式如图 8.16 所示。该布置方式对机器人工作半径要求

图 8.15 某基于工业机器人的弧焊柔性生产线

小，焊接可达性好。相对于工业机器人点焊工作站，工业机器人弧焊工作站更加封闭。图 8.16 所示的工业机器人弧焊工作站配置了两套变位切换台（变位机），典型的变位切换台结构如图 8.17 所示。

工业机器人弧焊工作站变位切换台工作过程如下：人工推动夹具台车与切换机构对接；锁止台车后解除夹具固定装置，将夹具推向切换机构；按下按钮，定位销钉伸出将夹具定位；退出输送台车，用螺栓将夹具和变位台紧固在一起，夹具切换完成。为安全生产，变位翻转时必须具有足够大的力以将夹具锁紧，图 8.17 中局部放大区域采用螺栓锁紧。

3. 智能视觉在柔性焊接中的应用

利用激光 3D 测量原理，通过激光相机光学系统实现图像采集、图像处理抽出坐标数据，并基于其基准值自动计算补偿量，引导校准机器人的轴位移及角位移，特别适用于引导工件抓取。在广州汽车集团菲亚特 K8 车型的后盖焊装线的抓手上已成功应用。图 8.18 所示为加装激光相机的焊接机器人（广州瑞松北斗汽车装备有限公司）。

根据工件不同材质更改光学系统，如增加滤波器等对应不同材质的光学成像；通过更换激光发生器，调整激光的能量高低以及粗细；通过更换相机镜头以调整测

第8章 车辆制造中的典型智能生产线

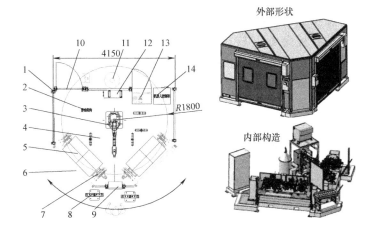

图 8.16 典型的工业机器人弧焊工作站布置方式

1—弧焊焊房 2—清枪器 3—机器人+底座 4—线槽 5—夹具
6—卷帘门 7—变位机 8—操作按钮 9—触摸屏 10—安全门
11—送丝桶 12—焊接电源 13—PLC控制柜 14—机器人控制柜

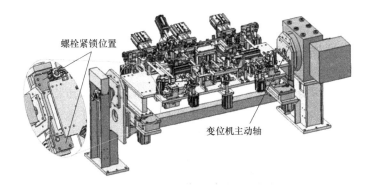

图 8.17 典型的弧焊工作站变位切换台结构

图 8.18 加装激光相机的焊接机器人

225

试视野范围及工作距离。建立图像采集和图像数据分析一体化软硬件处理方式；对应不同材质、图像及数据实时保存，根据保存的图像进行分析，修改图像检出算法，可应对环境的各种变化。

通过上述视觉系统运用，可有效对应各种环境，提高焊接系统柔性程度。如在某焊装生产线上运用智能视觉系统、焊接夹具实现小块分割，机器人的进入空间大，示教较简单，更易于新车型导入时切换。

8.3 汽车纵梁生产线及数字化车间

8.3.1 汽车纵梁及其制造工艺简介

汽车制造业是国民经济的重要支柱产业之一，汽车装备制造业的技术水平决定了汽车产品的技术水平和制造质量。随着汽车科技的发展和制造成本的不断降低，汽车市场的竞争日益激烈，汽车企业对先进装备的依赖程度越来越深，要求越来越高。目前，汽车制造业的需求正从大批量产品生产转向小批量、客制化单件产品的生产。为了在这样的市场环境中立于不败之地，必须从产品的时间、质量、成本、服务和环保等方面提高自身的竞争力，以快速响应市场的频繁变化。要求企业必须拥有由数控设备组成的自动化、柔性化生产线，满足现代汽车小批量的生产模式需求，提供快捷、质优的服务。

承载式车架作为货车的基本部件，如图8.19a所示，一般由若干纵梁和横梁组成，它将发动机和车身等总成连成一个有机的整体，经由悬挂装置、前桥、后桥支承在车轮上。车架承受着货车各总成的质量和有效载荷，并承受货车行驶时所产生的各种力和力矩，因此车架应具有足够的强度、刚度以保证车辆的使用寿命和安全性。高强度U形纵梁如图8.19b所示，是制约车架总成质量和能力的瓶颈。作为车架的主要零件和关键零件，其本身的成形精度、孔位精度以及刚性和强度对车架的质量和性能都会有很大影响。从车架纵梁本身的特点中可以看出，一根纵梁从原材料到成品需要经过成形、冲孔、切割、折弯等制造工艺才能实现。

a) 承载式车架　　　　　　　　b) 高强度U形纵梁

图 8.19　汽车纵梁典型结构及应用

传统的汽车纵梁生产工艺通常采用大型压力机加模具落料冲孔或人工钻孔方式

进行生产，不仅模具制造周期长、成本高，而且模具更换调整困难，精度差，劳动强度极高，劳动条件差，适合少品种大批量的生产，改型困难。

集机械制造、数控技术、光电技术、通信技术、液压控制技术、气动控制技术于一体的汽车纵梁数控成套生产线，满足汽车车架个性化需求，是一种高精度、柔性化工艺设备。其通过应用计算机控制技术、微电子技术、自动编程技术和远程监控技术以及精密制造技术，达到整个生产过程高效率、高精度的自动化生产，大大降低了劳动强度，既能实现大批量生产又能对多品种小批量的汽车纵梁进行柔性化的数控生产。

汽车纵梁数控成套生产线既可以在控制系统的协调控制下运行，也可以作为各自独立的系统单独运行。这样大大增加了系统应用的灵活性，用户根据需要既可以选择整条线，也可以选择一个独立的子系统，和已有的设备形成互补。与传统工艺流程相比，该成套生产线具有较高的生产柔性，并且在节材、高精度、高可靠性、高生产率和环保等方面具有更大的优势。

汽车纵梁数控成套生产线的主要特点可以概括为"五高、四节、三低、二少、一快"，即生产效率高、自动化程度高、柔性化程度高、制件精度高、可靠性高，节省原材料、节省能源、节省中间转序、节省人力，制件废品率低、生产噪声低、劳动强度低，设备投资少、维护费用少，产品变型快。

汽车纵梁数控成套生产线是用于载重汽车车架纵梁生产的专业化成套生产线，只要对成形过程中的模具、物料输送装置进行适当调整，就可以适应多种规格的车架纵梁的自动化生产，完全能够适应目前汽车行业各种品种批量生产方式，是纵梁生产装备的升级换代产品，是货车、大型客车等行业车架车间整套生产工艺急需的成套关键设备。该生产线柔性和成套性主要反映在可以适应多种规格的车架纵梁的自动化生产，能够完成从原料到成品纵梁的关键工艺，其中数控三面冲孔设备和数控纵梁折弯设备不需任何调整就能够自适应各种规格产品。目前中国第一汽车集团有限公司、东风汽车集团有限公司、中国重型汽车集团、北汽福田汽车股份有限公司、集瑞联合重工有限公司、宇通客车股份有限公司等主机生产厂及其配套厂都采用或部分采用了这种成套生产线，获得了很好的经济效益和社会效益。

8.3.2 汽车纵梁数控生产线结构

典型汽车纵梁数控生产线结构如图 8.20 所示。定尺卷料经开卷校平后，辊弯成形，制成 U 形截面的纵梁，经过自动上下料运送到数控三面冲孔设备进行冲孔，完成纵梁 98% 以上孔的加工，对于特大孔和不规则形状的材料去除，采用机器人等离子切割完成，最后根据车架前宽后窄的要求，可以对纵梁腹面进行多角度数控折弯。

汽车纵梁数控生产线主要设备包括辊弯成形生产线、三面冲孔生产线、等离子切割生产线、折弯生产线。

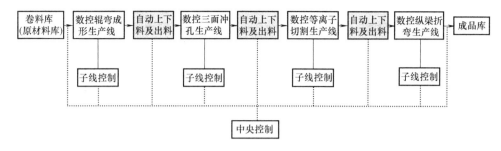

图 8.20 典型汽车纵梁数控生产线结构

汽车纵梁数控辊弯成形生产线是将连续带钢经过多个机架的逐步变形、整形使之达到所需的产品尺寸及形状的设备，总体结构如图 8.21a 所示。主要包括上料小车、悬臂式开卷机、直头引料机构、校平机、焊接平台、冷弯成形机、矫直装置、定尺液压剪切机、出料辊道、电磁下料装置、液压控制系统、电气控制系统等部分。主要技术参数见表 8.1。

辊弯成形是一种高效、节能、节材、先进的板材加工工艺。该工艺与压力机成形工艺的区别在于用局部的连续变形代替整体变形，设备的自重吨位、压力吨位和系统压力小。辊弯成形具有投资低、生产效率高、产品表面质量好、尺寸精度高、长度不受限制、可生产形状非常复杂的产品等诸多优点。针对近年来载重货车纵梁及加强梁普遍采用高强度钢的特殊要求，其抗拉强度高（610~810MPa），成形角度困难，易出现纵梁的扭曲、侧弯及纵向弯曲等问题，普遍采用了 COPRA 冷弯成形设计软件进行模具设计并对材料的变形情况和模具的受力情况进行模拟仿真分析，合理设计孔形，合理应用矫直机构，确保 U 形梁在成形过程中稳定成形。涉及的关键技术如下：

（1）成形模具柔性化设计技术　载重货车纵梁及加强梁的生产一般为多批次小批量生产，产品品种更换频繁，要求模具能够柔性化生产。按照成形纵梁工艺的孔形设计，将成形轧辊腹面部分分成数片，中间合理设计剖分式隔垫和固定隔垫，同时在成形轧辊外侧也相应布置剖分式隔垫（在直径方向上剖分成两截）和固定隔垫，当产品导致腹面宽度变化时，将成形轧辊内外隔垫按照预先设计的组合进行调换即可，不需拆换轧辊模具，即可实现柔性化的纵梁辊弯成形。

表 8.1　汽车纵梁数控辊弯成形生产线主要技术参数

性能指标名称	国内目前领先水平	国外领先水平（意大利 STAM 公司）
材料厚度/mm	5~10	4~8
钢卷宽度/mm	350~550	270~550
屈服强度/MPa	350~700	350~700

（续）

性能指标名称	国内目前领先水平	国外领先水平 （意大利 STAM 公司）
抗拉强度/MPa	510~800	510~800
定尺长度 L/mm	4800~12000	2900~13000
辊压成形生产速度/(m/min)	0~20（无级调速）	0~24（无级调速）
品种变换模具调整时间/min	30~60（人工、半自动调整）	约 10~20（自动调整）

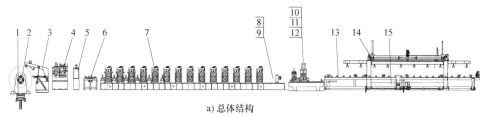

a) 总体结构

b) 意大利 STAM 公司数控辊弯成形生产线

c) 济南铸造锻压机械研究所有限公司数控辊弯生产线

图 8.21 汽车纵梁数控辊弯成形生产线总体结构及典型产品

1—上料小车 2—开卷机 3—引料装置 4—矫平机 5—料头料尾切头机 6—焊接平台
7—辊弯成形机 8—矫直机 9—测速装置 10—定尺液压剪切机 11—液压控制系统
12—电气控制系统 13—出料辊道 14—电磁下料装置 15—电动平板台车

（2）汽车纵梁及加强梁高强度材料冷弯成形模具抗磨损结构设计技术　载重货车纵梁及加强梁的槽形结构目前向高强度大翼面发展。在进行辊弯成形过程中，由于翼面高度较大,成形轧辊直径差距较大,极易造成因速差而产生的磨损。因此在轧辊设计时采用了游转辊的设计方法,即将轧辊设计成内外套式,内套较外部成形区部分厚 0.05mm 左右,辊弯成形时成形部分之间产生摩擦后由摩擦力驱动被动旋转,有效降低了轧辊的磨损,提高了模具的使用寿命。

(3) 模具快速调整技术　为适应不同品种产品的生产要求,在成形机架上一般都装有用于辊轴间距的位置调整和辊轴轴向调整机构。

(4) 液压冲切技术　槽型梁的切断较为复杂,容易产生塌角、变形、撕裂等缺陷。原有的汽车纵梁剪断方式一般有锯切、模型错切、冲切等方式。

(5) 电气控制技术　采用连续卷料生产,辊弯成形后精确定长切断,制件一次成形,形状规则,长度准确,一致性好。整线经人工上料及引料后即进入自动化生产过程,不停机随动切断,自动下料码垛,自动化程度高,生产率高。

汽车纵梁数控三面冲孔生产线由自动上下料装置、支撑滚道、多个送料机械手、多台冲孔主机、液压系统、自动润滑系统、控制系统、检测系统等组成,如图 8.22a 所示。其结构复杂,技术密集,程序编制要求高,检测报警系统完备,通过应用计算机控制技术、微电子技术、自动编程技术和远程监控技术以及精密制造技术,使整个生产过程达到高效率、高精度的自动化生产。主要技术参数见表 8.2。

表 8.2　汽车纵梁数控三面冲孔生产线主要技术参数

技术参数/性能指标	国内目前领先水平	国际领先水平（比利时 Soenen）
可加工 U 形梁抗拉强度/MPa	≈950	≈1100
可加工 U 形梁长度/mm	4000~16000	4000~12000
可加工 U 形梁厚度/mm	4~12	4~12
冲孔直径/mm	板厚~60	板厚~60
冲孔精度/mm	±0.5	±0.4
生产节拍(300 孔)/(min/根)	6.5	5
自动编程系统	有(自主开发)	无
控制系统	数控系统控制	工控机+PLC 控制

汽车纵梁数控三面冲孔生产线涉及的关键技术如下：自动编程及程序优化技术,多冲孔主机、多送料机械手等多设备协同,控制轴数多（9+2）,生产线复杂,机械装置多,如何以过滤方式多主机协调高效的冲孔,取决于工件加工程序的编制和优化。带有大模具的大主机和小孔主机对腹面同时冲孔技术。浮动式送料技术,采用可水平和垂直方向浮动适应纵梁的弯曲和变形的送料机械手,同时配置伺服位置传感器,送料可靠性及精度大大提高。梁自动翻转技术,根据梁的开口状态判断是否需要将梁翻转,翻转装置由 5 组气缸协调动作完成,结构紧凑,方便实用,能够完成各种规格的纵梁的翻转。高效节能的液压系统,反应快速,节能环保,可靠

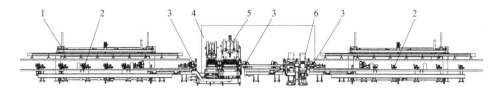

a) 总体结构

b) 比利时Soenen公司汽车纵梁数控三面冲孔生产线

c) 济南铸造锻压机械研究所有限公司汽车纵梁数控三面冲孔生产线

图 8.22 汽车纵梁数控三面冲孔生产线总体结构及典型产品
1—自动上下料系统 2—支撑滚道 3—送料机械手
4—液压系统/电气系统 5—腹面冲孔主机 6—翼面冲孔主机

性高，控制优化，节能 75% 以上。纵梁偏差的实时快速测量与定位补偿技术，对纵梁外形误差的实时检测，将现场数据最终反馈给数控系统用于补偿定位，实时动态的现场数据采集，很好地保障了每次冲孔的补偿精度。电气控制技术，采用多路总线控制，多网络连接应用，其中涉及数控系统的多通道技术、总线通信技术、系统 NC 与 PLC 之间的数据、变量交互技术等大量的控制技术。

汽车纵梁数控折弯生产线主要用于 U 形纵梁及加强梁的腹面折弯，实现产品的腹面落差，如图 8.23a 所示。主要技术参数见表 8.3。

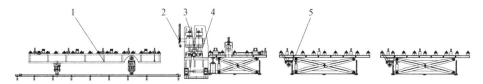

a) 总体结构

b) 丹麦STENHØJ公司汽车纵梁数控折弯生产线

c) 济南铸造锻压机械研究所有限公司汽车纵梁数控折弯生产线

图 8.23　汽车纵梁数控折弯生产线总体结构及典型产品
1—上料单元　2—检测系统　3—主机　4—模具　5—出料单元

表 8.3　汽车纵梁数控折弯生产线主要技术参数

技术参数/性能指标	国内目前领先水平	国际领先水平（丹麦 STENHØJ 公司）
纵梁板厚/mm	4~12	6~10
纵梁长度/mm	4000~12000	4000~12000
外开口尺寸/mm	180~360	190~340
纵梁翼面高度尺寸/mm	40~108	45~95
纵梁抗拉强度 R_m/(N/mm^2)	480~800	≤800

汽车纵梁数控折弯生产线可实现载重汽车纵梁及加强梁的多品种、多折弯角度的成形柔性化生产，同时可节省载重汽车改型时专用大型折弯成形模具的全部投入。为适应汽车零部件小批量生产，实现多品种、变角度的折弯要求，满足产品随时变化的需要，缩短企业新产品开发生产的周期，解决汽车生产所需的柔性化问题，关键需要生产线模具具有快换功能或模具自动调整功能，为此该生产线模具驱动装置采用非固定方式，可以使模具在规定范围内进行浮动，以适用于不同型号钳形大梁弯曲成形，更换产品时，模具自动适应，不需对模具进行任何调整，彻底贯彻了柔性化的设计理念。

载重货车纵梁及加强梁的槽形梁在进行车架纵向折弯时，极易出现失稳，形成开裂、褶皱。通过采用模具全浮动及六面夹紧结构，对折弯模具进行了精心设计，精心制造，以确保折弯出来的槽形梁制件形状稳定，质量好，完全符合车架纵梁及加强梁的加工质量要求。

载重货车纵梁及加强梁的槽形梁在进行前宽后窄（前窄后宽）车架纵向折弯时，其异形截面弯曲后的回弹角度大小不可能根据理论计算准确数据，必须由测量机构精确测出。工件折弯角度、回弹角度自动测量和自动修正技术，采用了比例伺服阀 PID 控制技术和角度闭环控制技术，可实现折弯角度实时采集，系统将其与设定角度相比较，若误差值大于设定值，则系统发出修正指令。实践证明效果相当显著。

8.3.3 汽车纵梁制造数字化车间

汽车车架对应于种类繁多的车型，有很多变化，汽车企业面临着一个瞬息万变的市场和激烈的国际化竞争环境，客户的需求正从大批量产品生产转向小批量、定制化单件产品的生产。要满足这种需求，必须在产品生产过程中的各个环节，包括时间、质量、成本、服务和环保等方面提高自身的竞争力，以快速响应市场频繁的变化。因此，车企已越来越不满足于单个自动化生产设备的应用，他们对车间的物流管理要求也越来越高，在享受单个自动化生产线带来的快捷生产的便利的同时，希望实现原材料准备、设备分配、工件程序管理、产品质量检验和产品信息管理、客户信息管理等大量繁杂工作的数字化管理。

汽车纵梁柔性制造数字化车间采用先进的辊压成形和纵梁幅面、翼面数控冲孔生产线新工艺，实现了重型、中型卡（客）车纵梁单件或小批量多种规格的车架纵梁的混流生产要求，把汽车零部件制造水平提升高到一个新高度。通过实施数字化柔性制造能给企业带来的价值包括：提高生产规划效率，降低工艺计划以及一般性的产品开发成本；通过缩短工艺规划时间和从试制到量产的时间，加快新产品投放市场的速度；依靠智能控制、数字化生产、实时检测保证产品精度，提高产品质量。

济南铸造锻压机械研究所有限公司与一汽解放青岛汽车有限公司、西安交通大学联合开发的汽车纵梁柔性制造数字化车间项目，采用数控化生产设备、物流设备和信息化管理系统，实现生产线上各主要设备的全自动化联线生产和集中监控，达到汽车纵梁生产的智能化、绿色化。整个车间根据工艺要求不同，实现订单自动生产。纵梁数字化车间生产线主要技术参数和各工序节拍见表8.4和表8.5。

表8.4 纵梁数字化车间主要技术参数

纵梁						传送形式	传送精度（上料）/mm	年产量/万根
宽度/mm	长度/mm	翼面高度/mm	厚度/mm	质量/(kg/根)	折弯高度差/mm			
220~360	4000~12000	60~108	5~12	430~600	30~100	开口向下	横向±1 纵向≤100	27.6

表8.5 纵梁数字化车间各工序节拍

工序名称	数控柔性辊弯线	数控腹面冲孔	数控翼面冲孔	等离子切割机	液压矫正机	数控折弯机
设备数量	1	6	2	4	2	4
单台设备节拍	0~24m/min	4~7min/件	2~3min/件	1~9min/件	1min/件	4.3min/件

该纵梁数字化车间布局主要包括车间总体布局设计、加工设备布局、自动化传输设备布局三个子模块。首先，根据纵梁制造车间总体地理信息模型、面积、工厂规划纲要等数据，结合纵梁加工工艺要求采用按工艺布局的车间设施基本布局方法进行总体布局设计。这种布局方式适用于产品种类多、批量小并且具有类似生产工艺的情况，因此又称为机群布局或者是功能布局，是将功能一样或者相似的设备集中在一起，这样可以提高设备的利用率，减少设备的数量，提高设备和工作人员的柔性程度。在设备布局模块中，主要实现生产线设备的建模和摆放。根据纵梁加工工艺将设备分为数控柔性辊弯设备、腹面数控冲孔设备、翼面数控冲孔设备、激光切割设备、纵梁折弯设备、自动化传输设备等，以车间布局的结果作为参考，根据设备规划的要求，对加工设备的数字模型进行合理布局。

汽车纵梁数字化车间如图8.24所示，包括1条数控柔性辊弯线、2台打码机、6台数控腹面冲孔机、2台数控翼面冲孔机、4台机器人等离子切割机、2台校直机、4台纵梁腹面折弯机等生产设备，以及自动输送系统、高速辊道系统、上下料系统、智能识别系统、在线检测装置等，其中主要的生产线单元包括数控辊弯生产线、数控腹面冲孔生产线、数控翼面冲孔生产线、机器人切割生产单元、冷弯成形生产单元、高速辊道单元、上料辊道单元、下料轨道单元。车间集成生产控制系统、网络通信系统、物料管理系统、物料输送执行机构、检测系统、信息显示与输出系统，完成生产线计划管理、设备管理、品质管理，实现生产线生产计划的优化编制、计划下达、计划修改、零件工艺路线的设定、加工程序的选择等作业。生产线MES控制各物料输送执行机构，进行生产线物料的自动分配、跨线调运等，将

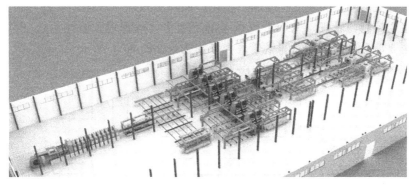

a) 纵梁数字化车间三维模型

b) 纵梁数字化车间现场

图 8.24　汽车纵梁数字化车间

物料自动输送到各生产设备，自动调用加工程序，对来料进行加工，实现生产线全自动连线生产，达到柔性化智能化生产。

汽车纵梁数字化车间按照数字化车间的设计理念，采用先进的自动化、数字化、远程化和生产程序标准化技术，使用网络信息化平台，结合数据库、计算机网络、OPC 技术、自动识别和专用组态等各种计算机软硬件技术手段，将上层的管理信息与底层的自动化设备进行有机的结合，对生产全过程实现信息化管理。其具备如下典型特点。

（1）与制造资源计划管理系统（ERP）和现场控制层（FCS）高度集成　智能化设备管理和监控系统作为企业信息化建设的重要组成部分，起到承上启下、前后贯穿的作用，它通过收集生产过程中大量的实时数据，并对实时事件进行及时的反应和处理，来进行生产过程的优化管理，既接收生产实绩数据并反馈生产结果给上一层管理系统（ERP），又把上一层管理系统的生产指令下达到现场控制层（FCS）。上下连通现场控制设备与企业管理平台，实现数据的无缝连接与共享；前后贯通所有生产线，实现全过程的一体化产品质量跟踪、一体化计划与物流调度、一体化生产控制与管理，从而形成以车间智能化设备管理和监控系统（MES）为核心的企业信息系统。MES 系统管理模型与接口如图 8.25 所示。

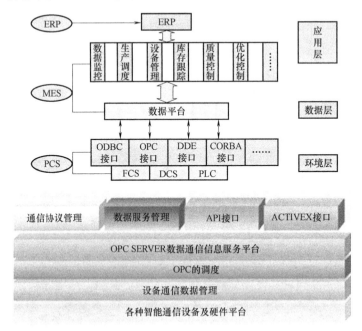

图 8.25　MES 系统管理模型与接口

主要功能包括：进行生产线的生产计划、工艺路线的编制，各在线生产设备加工程序的存储管理、选用、传输；对生产线生产状况、设备状况进行监控，并根据监控结果进行各支线生产力平衡计算，优化在线物料流转路线，控制程控桥式起重机等执行机构进行物料调运，以最大化地发挥生产线上各设备的产能，并减少操作人员工作强度和人员数量。

（2）均衡化排产　生产均衡化是实现"适时、适量、适物"生产的前提条件。为了充分利用多台数控腹面冲孔机、数控翼面冲孔机、切割机、校直机、折弯机的生产效率，提高车间总体加工速度，解决工位忙闲不均的矛盾，根据优先级、设备能力、均衡生产等方面对工序级、设备级的作业计划进行调度。

生产管理人员在 MES 上按工厂生产计划、工艺要求录入信息，MES 自动编制生成生产线的执行计划，并将辊弯线生产出的产品（纵梁及加强梁），根据各生产线设备布局及分工，按工艺要求控制物料输送机构全自动分配给后续各生产设备进行加工，同时通过网络通信系统向各设备传输物料信息，供各生产设备自动调用加工程序完成加工。即建立一套柔性物流调度与管理系统，完成生产线生产计划及物料信息的录入、编辑、修改、删除作业，对在线生产设备状况进行监控，对在线物料根据生产线实时情况进行路线优化，进行随机跨线调度、吊运和存储作业，并对生产线上各设备控制系统通过网络输送加工物料的信息和加工指令,实现物料信息的实时传递、校验和柔性设备的程序自动调用,最大限度地利用各支线设备的生产能力,避免因某一工序生产时间过长或设备故障等原因,造成其他设备等待的现象,达到无人化或少人化生产的目的。同时,可实时生成生产线及各设备的产量报表、设备状态报表等。

这种调度是基于有限能力的调度,并通过考虑生产中的交错、重叠和并行操作来准确地计算工序的开工时间、完工时间、准备时间、排队时间以及移动时间,确保在恰当的时间将恰当的物料送到恰当的设备上。

(3) 生产过程实时监控　对生产过程的实时监控是生产过程信息化的重要组成和体现,而车间生产所强调的过程分析、实时控制,又直接关系到制造过程的运行质量、产品的质量成本和所形成的最终产品的质量,因此对生产过程中所涉及的物料、设备、工具、作业等的实时监控是数字化生产车间必须具备的功能。具体包括以下内容:

1) 设备作业计划监控,实时显示生产计划的完成情况,包括已完成计划、正在执行计划、剩余生产计划、点检产品新加计划、报废产品抽离工序等信息。

2) 物料分区库存监控,对于设备上料区、缓存区、点检区、报废产品在本区各位置的数量进行实时监控。

3) 设备运行监控,实现对设备实际生产信息、设备状态记录、设备报警记录等信息进行监控。通过总控系统实时反馈设备的运转情况,以图形显示设备的运行情况并在设备出现故障时报警,便于管理人员和维修人员及时对故障进行处理。

4) 系统的中物料管理模块对各分区的物料缓存区、点检区、下料区、报废产品在本区各位置的数量和型号等信息进行实时监控。如图 8.26 所示为纵梁生产线的生产实时监控系统界面。

(4) 数字化物流跟踪和工件质量追溯　为跟踪物料在各个工序之间的流动情况,实现对物流信息的自动采集和标识,对物料的编码、标识、检测和控制对于实现数字化车间是关键。物料的生产主要有辊弯、腹面冲孔、翼面冲孔、切割、矫正、折弯等工艺过程,智能化设备管理和监控系统从辊弯开始,利用标识系统将每件物料挂上金属条码,经过腹面冲孔、翼面冲孔、切割、矫正、折弯等工艺对整个过程进行实时跟踪,通过采集点对金属条码的扫描,反映物料制造的动态情况并进行调度控制,实现对物流情况的实时监控和跟踪,再由底层 PLC 控制器把物料的加工过程实时反馈到 MES 系统中。在 MES 系统的工件追溯模块下存储着每个生产工件的加工记录,每一条加工记录都会保存在 MES 系统的数据库中,当产品出现质量问题后,可根据工件上物流码查询 MES 系统数据,实现产品的质量追溯,每个产品的加工记录可永久保存和存储,直至到产品的整个生命周期。

(5) 设备全生命周期健康检测及在线故障诊断　全生命周期的健康检测技术主要包括基于物联网的装备和产品智能信号采集与管理系统、装备全生命周期整机

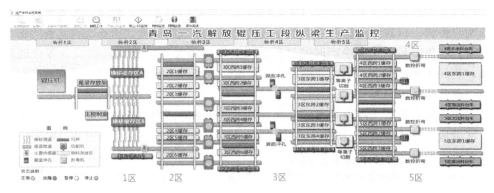

a) 车间总体监控界面

b) 物料区生产订单监控界面

图 8.26 纵梁生产线的生产实时监控系统界面

性能监测和运行可靠性监测，以及远程健康状态预警、评估服务系统等。

基于互联网的汽车纵梁智能制造车间全生命周期健康检测和故障诊断远程服务平台如图 8.27 所示。在济南铸造锻压机械研究所和西安交通大学的服务平台上建立了汽车纵梁智能制造车间的运行状态数据库，通过对车间装备和纵梁产品加工过程数据的远程网络传输，检测和分析装备整机及整个车间的数据信息，通过与历史数据比对分析、健康评估专家系统分析等，评测和预报了车间装备的健康状况，向用户推送了综合分析结果；根据产品加工过程参数和成品信息，综合分析设备运行状况，向用户提供了工艺优化建议。

通过用户的实际运行，汽车纵梁数字化车间已经显示出很好的应用效果，主要是在人力资本、生产成本、生产效率及产品质量上得到较充分的体现。目前国内一些主要商用车车架厂已有应用，相关纵梁配套生产厂家也在积极布局。综合实际应用效果，生产效率提升 121%，运营成本降低 26.8%，产品研制周期缩短 83%，产品不良品率降低 50%，能源利用率提高 39%。随着工艺技术的不断进步，相信数字化车间、智能化车间的应用会更加广泛。

第8章 车辆制造中的典型智能生产线

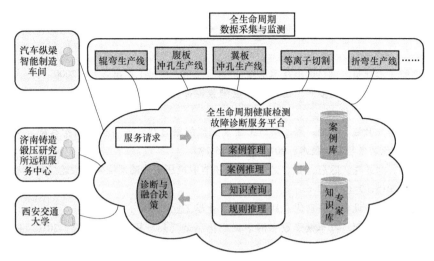

图 8.27　全生命周期健康检测和故障诊断远程服务平台

思考与练习

[1]　简述短行程前上料卧式铝挤压机优点。
[2]　简述 225MN 卧式铝挤压机生产线组成。
[3]　试讨论单牵引结构、交接式牵引机、交替式牵引机工作原理异同。
[4]　试讨论工业机器人点焊工作站组成。
[5]　简述 5 种点焊工作站常用夹具切换装置的工作原理及优缺点。
[6]　试讨论智能视觉在汽车焊装中的应用。
[7]　简述典型汽车纵梁数控生产线的组成。
[8]　试讨论均衡化排产的必要性。简述汽车纵梁数控生产线如何实现均衡化排产？

参 考 文 献

[1] 陈金德，邢建东. 材料成形技术基础［M］. 北京：机械工业出版社，2000.
[2] 迟志波，赵加蓉，何梦辉. 国内汽车纵梁数控冲孔生产线的发展动向［J］. 数控机床市场，2009（9）：51-56.
[3] 范淑琴，赵升吨，李旭，等. 新型无油泵交流伺服直驱液压机机身结构有限元分析优化［J］. 锻压装备与制造技术，2015（2）：15-19.
[4] 范淑琴，赵升吨，陈超，等. 交流伺服电机直驱液压机传动系统研究综述［J］. 精密成形工程，2015，7（2）：1-6.
[5] 樊自田. 铸造设备及自动化［M］. 北京：化学工业出版社，2009.
[6] 何春生，柳玉起. 汽车纵梁数字网络集成化制造［J］. 机械工程学报，2010，46（20）：118-124.
[7] 胡正寰，张康生，王宝雨，等. 楔横轧零件成形技术与模拟仿真［M］. 北京：冶金工业出版社，2005.
[8] 姜不居. 铸造手册：第6卷 特种铸造［M］. 3版. 北京：机械工业出版社，2010.
[9] 李旭. 新型开式快速伺服液压机及其动态特性的研究［D］. 西安：西安交通大学，2008.
[10] 李永堂，付建华，白墅洁，等. 锻压设备理论与控制［M］. 北京：国防工业出版社，2005.
[11] 马海宽. 大型覆盖件冲压用JS39-1600交流伺服压力机及其关键技术的研究［D］. 西安：西安交通大学，2012.
[12] 美国通用电气公司（GE）. 工业互联网：打破智慧与机器的边界［M］. 北京：机械工业出版社，2015.
[13] 《世界汽车车身技术及轻量化技术发展研究》编委会. 世界汽车车身技术及轻量化技术发展研究［M］. 北京：北京理工大学出版社，2019.
[14] 宋建丽，刘志奇，李永堂. 轴类零件冷滚压精密成形理论与技术［M］. 北京：国防工业出版社，2013.
[15] 隋少春，牟文平，龚清洪，等. 数字化车间及航空智能制造实践［J］. 航空制造技术，2017，526（7）：46-50.
[16] 孙友松，周先辉，黎勉，等. 交流伺服压力机及其关键技术［J］. 锻压技术，2008，33（4）：1-8.
[17] 王敏，方亮，赵升吨，等. 材料成形设备及其自动化［M］. 北京：高等教育出版社，2010.
[18] 王卫卫. 材料成形设备［M］. 2版. 北京：机械工业出版社，2011.
[19] 吴春苗. 压铸技术手册［M］. 2版. 广州：广东科技出版社，2007.
[20] 许俊芳. 基于ROBCAD焊装线的设计、规划及仿真［D］. 广州：广东工业大学，2017.
[21] 夏卫明，李辉，骆桂林，等. 125t混合伺服液压机的特点、技术方案及应用［J］. 锻压技术，2014，39（9）：74-85.
[22] 杨兵兵，于振波. 特种铸造［M］. 长沙：中南大学出版社，2010.

[23] 杨合,李落星,王渠东,等. 轻合金成形领域科学技术发展研究[J]. 机械工程学报,2010,46(12):31-42.

[24] 张大伟. 螺纹花键同步滚轧理论与技术[M]. 北京:科学出版社,2020.

[25] 张大伟. 金属体积成形过程建模仿真及应用[M]. 北京:科学出版社,2022.

[26] 张大伟,李省,赵升吨,等. 基于SimulationX的双动挤压机内置穿孔装置液压支撑系统仿真研究[J]. 机床与液压,2015,43(1):112-115,122.

[27] 张大伟,张童童,赵升吨,等. 双动挤压机内置穿孔装置液压支撑系统结构强度分析[J]. 锻压装备与制造技术,2014,49(4):36-39.

[28] 张大伟,赵升吨. 行星滚柱丝杠副滚柱塑性成形的探讨[J]. 中国机械工程,2015,26(3):385-389.

[29] 张大伟,赵升吨. 外螺纹冷滚压精密成形工艺研究进展[J]. 锻压装备与制造技术,2015,50(2):88-91.

[30] 张大伟,赵升吨,王利民. 复杂型面滚轧成形设备现状分析[J]. 精密成形工程,2019,11(1):1-10.

[31] 张大伟,赵升吨,吴士波. 一种主动旋转轴向进给三模具滚压成形螺纹件的方法:201410012625.X[P]. 2015-10-21.

[32] 张大伟,赵升吨,朱成成,等. 钛合金实心锭穿孔挤压穿孔过程有限元分析[J]. 稀有金属材料与工程,2016,45(1):86-91.

[33] 张大伟,朱成成,赵升吨. 大型筒形件对轮旋压设备及应用进展[J]. 中国机械工程,2020,31(9):1049-1056.

[34] 赵加蓉. 汽车底盘纵梁数控冲孔生产线的应用与发展[J]. 汽车制造业,2006(4):62-64.

[35] 赵升吨. 材料成形技术基础[M]. 北京:电子工业出版社,2013.

[36] 赵升吨,等. 高端锻压制造装备及其智能化[M]. 北京:机械工业出版社,2019.

[37] 赵升吨,贾先. 智能制造及其核心信息设备的研究进展及趋势[J]. 机械科学与技术,2017,36(1):1-16.

[38] 赵升吨,李泳峄,刘辰,等. 复杂型面轴类零件高效高性能精密滚轧成形工艺装备探讨[J]. 精密成形工程,2014,6(5):1-8.

[39] 赵升吨,刘家旭. 锻压手册:第3卷 锻压装备[M]. 4版. 北京:机械工业出版社,2021.

[40] 赵升吨,张鹏,范淑琴,等. 智能锻压设备及其实施途径的探讨[J]. 锻压技术,2018,43(7):32-48.

[41] 全国锻压机械标准化技术委员会. 锻压机械 型号编制方法:GB/T 28761—2012[S]. 北京:中国标准出版社,2012.

[42] 中华人民共和国工业和信息化部. 低压铸造机 型式与基本参数:JB/T 12247—2015[S]. 北京:机械工业出版社,2016.

[43] 周济. 智能制造——"中国制造2025"的主攻方向[J]. 中国机械工程,2015,26(17):2273-2284.

[44] CHEN C, ZHAO S D, CUI M C, et al. Mechanical properties of the two-steps clinched joint

[45] CUI M C, ZHAO S D, ZHANG D W, et al. Deformation Mechanism and Performance Improvement of Spline Shaft with 42CrMo Steel by Axial-infeed Incremental Rolling Process [J]. International Journal of Advanced Manufacturing Technology, 2017, 88: 2621-2630.

[46] CUI M C, ZHAO S D, ZHANG D W, et al. Finite element analysis on axial-pushed incremental warm rolling process of spline shaft with 42CrMo steel and relevant improvement [J]. International Journal of Advanced Manufacturing Technology, 2017, 90: 2477-2490.

[47] DONG P, ZHAO S D, FAN X Q, et al. Double-rotator and valve plate distribution radial piston pump [J]. Assembly Automation, 2019, 40 (2): 265-271.

[48] HAN X L, ZHAO S D, LIU C, et al. Optimization of geometrical design of clinching tools in clinching process with extensible dies [J]. Proceedings of the Institution of Mechanical Engineers, Part C: Journal of Mechanical Engineering Science, 2017: 231 (21): 3889-3897.

[49] HE Y P, ZHAO S D, ZOU J, et al. Study of utilizing differential gear train to achieve hybrid mechanism of mechanical press [J]. Science in China, Series E: Technological Sciences, 2007, 50 (1): 69-80.

[50] XU F, ZHAO S D, CAI J, et al. The experimental analysis of the shear strength of round joints [J]. Proceedings of the Institution of Mechanical Engineers, Part B: Journal of Engineering Manufacture, 2014, 228 (10): 1280-1289.

[51] ZHANG D W, ZHANG Q, FAN X G, et al. Review on joining process of carbon fiber-reinforced polymer and metal: methods and joining process [J]. Rare Metal Materials and Engineering, 2018, 47 (12): 3686-3696.

[52] ZHANG D W, ZHANG Q, FAN X G, et al. Review on joining process of carbon fiber-reinforced polymer and metal: applications and outlook [J]. Rare Metal Materials and Engineering, 2019, 48 (1): 44-54.

[53] ZHANG D W, ZHAO S D. New method for forming shaft having thread and spline by rolling with round dies [J]. The International Journal of Advanced Manufacturing Technology, 2014, 70: 1455-1462.

[54] ZHAO S D, XU F, GUO J H, et al. Experimental and numerical research for the failure behavior of the clinched joint using modified Roussier model [J]. Journal of Materials Processing Technology, 2014, 214 (10): 2134-2145.

[55] ZHOU J, LI P G, ZHOU Y H, et al. Toward new-generation intelligent manufacturing [J]. Engineering, 2018, 4 (1): 11-20.

[56] ZHU M Z, ZHAO S D, DONG P, et al. Design and analysis of a novel double-servo direct drive rotary valve with high frequency [J]. Journal of Mechanical Science and Technology, 2018, 32 (9): 4313-4323.